Al Ghasâli

Das Elixier
der Glückseligkeit

W0065271

Eugen Diederichs Verlag

Aus den persischen und arabischen Quellen
in Auswahl übertragen von Hellmut Ritter
Mit einem Vorwort von Annemarie Schimmel

Die Kalligraphie auf dem Umschlag zeigt das islamische
Glaubensbekenntnis, die Kalligraphie neben dem Innentitel besagt
»Es gibt keine Gottheit als IHN«

CIP-Kurztitelaufnahme der Deutschen Bibliothek
Ġazzālī, Abū-Ḥamid Muḥammad Ibn-Muḥammad al-:
Das Elixier der Glückseligkeit / Al Ghasâli.
[Aus d. pers. u. arab. Quellen in Ausw. übertr. von Hellmut Ritter].
3. Aufl., (6.–8. Tsd.). – Köln : Diederichs, 1984.
(Diederichs Gelbe Reihe ; 23: Islam)
ISBN 3-424-00623-8
NE: Ritter, Hellmut [Übers.]; GT

3. Auflage 1984
© 1959 by Eugen Diederichs Verlag GmbH & Co. KG, Köln
Alle Rechte vorbehalten
Umschlaggestaltung: Eberhart May
Druck und Bindung: Wagner, Nördlingen
ISBN 3-424-00623-8

INHALT

VORWORT

Was ist Glückseligkeit? Erkenntnis Gottes, die gleichbedeutend mit Liebe Gottes ist; Liebe Gottes, die sich in der Liebe
zum Mitmenschen manifestiert; und es ist die Weisheit des
Herzens, jenes Herzens, das der Regent im Reiche des Leibes ist
und direkten Zugang zur geistigen Welt hat.

So könnte man wohl die Quintessenz jenes Elixiers geben,
das der große mittelalterliche Theologe des Islam, Abû Hâmid
al-Ghasâli, der Nachwelt hinterlassen hat.

Schon vor mehr als einem halben Jahrhundert hat Hellmut
Ritters Übertragung des *Elixiers der Glückseligkeit* aus arabischen und persischen Quellen die Gestalt al-Ghasâlis dem
deutschen Leser nahegebracht. Sein Werk ist inzwischen zu
einem Klassiker der deutschen islamkundlichen Literatur geworden, dessen Bedeutung auch für den heutigen Menschen
nicht hoch genug eingeschätzt werden kann.

Ghasâli steht an einem kritischen Punkt der islamischen
Geistesgeschichte, dem Beginn des 6. Jahrhunderts der islamischen Zeitrechnung. Man könnte ihn daher legitim als ›Erneuerer des 6. Jahrhunderts‹ bezeichnen, da nach der Überlieferung
zu Beginn jedes Jahrhunderts ein Mann auftreten wird, der den
Islam reinigt und belebt. In den vorangegangenen fünf Jahrhun-
derten hatte sich die islamische Mystik zur vollen Blüte entwik-
kelt; die dogmatische Theologie hatte sich in immer feinere
Details verästelt; die juristischen Systeme der vier Rechtsschulen schienen bereits zu erstarren. Philosophen hatten versucht,
das Weisheitsgut des Hellenismus in die islamische Geisteswelt
einzufügen; heterodoxe Bewegungen, wie die der ultraschiiti-
schen Ismailis, drohten mit ihren esoterischen Lehren und dem
absoluten Autoritätsanspruch ihrer Führer dem Staat gefährlich
zu werden. Ghasâlis Heimat war kurz vor seiner Geburt unter
die Herrschaft der türkischen Seldschuken gekommen, die sich
als Verteidiger des gesetzestreuen Islam verstanden und als

Repräsentanten des abbasidischen Kalifen von Bagdad wirkten. Sie errichteten zahlreiche Kollegien für das Studium der von ihnen bevorzugten asch'aritischen Glaubenslehren; an der wichtigsten dieser Madrasen, der Nizâmiyya in Bagdad, lehrte Ghasâli.

Abû Hâmid al-Ghasâli nahm an allen geistigen und politischen Strömungen seiner Zeit teil – aktiv, kritisch, oder ablehnend, wie er das in seiner Autobiographie geschildert hat. Erst in der zweiten Hälfte seines Lebens, um sein vierzigstes Lebensjahr, gelang ihm der Sprung in den reinen Glauben, ›seine persönliche Himmelfahrt‹, wie Temple Gairdner es nennt. Die islamische Mystik, der Sufismus, veränderte sein Leben. Als geschulter Theologe und Pädagoge konnte er die Werte, die er durch eigene mystische Erfahrung gewonnen hatte, auch seinen Mitmenschen zugänglich machen. Sein Hauptwerk, ›Die Wiederbelebung der Wissenschaften von der Religion‹, dessen persische Kurzfassung das Elixier der Glückseligkeit ist, hat die Frömmigkeit der Muslime stark beeinflußt und geformt.

Die islamische Mystik, genannt Sufismus (nach dem Gewand aus Wolle, sûf, das die frühesten Asketen trugen), wuchs organisch aus dem islamischen Glauben: ständige Lektüre des Korans, des unerschaffenen Wortes Gottes; nächtliche Gebete, wie sie im Koran empfohlen sind, Reue und strikte Selbstdisziplin waren die Grundlagen einer asketischen Frömmigkeit, deren fordernde Härte uns heute oft erschreckend anmutet. Das Element der Liebe, unabdingbar für echte Mystik, wurde durch eine Frau eingeführt. Von dieser Râbi'a von Basra (st. 801) lernten die Sufis, alles Irdische, alle selbstsüchtigen Wünsche um der reinen Liebe Gottes willen aufzugeben, nicht mehr an Paradies oder Hölle zu denken, sondern nur an Gott allein.

Die mystische Bewegung fand Anhänger von Nordafrika bis nach Ost-Iran, sie nahm bald neuplatonische, christliche und gnostische, später auch einige indische Elemente auf; aber ihr Zentrum und Ziel war und blieb die Erfahrung der göttlichen Einheit, das existentielle tauhîd, ›Einheitsbekenntnis‹, das sich in späterer Zeit in manchen Strömungen, vor allem in der persisch-türkischen Dichtung, zu einer Art Pantheismus ausweiten sollte.

Der mystische Pfad wurde in seinen einzelnen Stufen und Stationen definiert, der Adept angeleitet, von der Reue über Armut, Geduld, Gottvertrauen und Zufriedenheit bis hin zur Liebe und Erkenntnis aufzusteigen, wobei er ständig den ›größeren Heiligen Krieg‹ mit seiner Triebseele zu führen hatte. Die unerbittliche psychologische Einsicht des Irakers Muhâsibi (st. 857), dessen Innenschau Ghasâli stark beeinflußt hat, die kühnen Paradoxe des Persers Bâyesid Bismit (st. 874), die feurigen hymnischen Gebete des Ägypters Dhu'n-Nûn (st. 859), die freudvolle Hoffnung des Predigers Jahja i Mu'âdh (st. 871) und etwas später die tiefschürfende, verhaltene Weisheit des größten Meisters der Frühzeit, Dschunaid von Bagdad (st. 910) trugen zur Formung des klassischen Sufismus bei.

Die orthodoxen, legalistischen Kreise wurden hin und wieder beunruhigt durch überschwängliche mystische Enthusiasten, und selbst die nüchternen Bagdader Sufis wandten sich von einem Mann wie Hallâdsch ab, der behauptete: *anâ'l-Haqq* ›Ich bin die absolute Wahrheit‹ (später meist übersetzt ›Ich bin Gott‹) und der zum ersten Märtyrer des mystischen Islam wurde (hingerichtet 922); denn das letzte Geheimnis der Beziehung zwischen Mensch und Gott ist nicht mitteilbar; sein Mysterium kann nur in Leiden und Tod kundgetan werden.

Nach Hallâdschs Tod suchten eine Reihe von mystischen Theologen zu beweisen, daß der Sufismus mit dem orthodoxen Islam vereinbar, ja gleichbedeutend sei. Gleichzeitig entstanden erste Lehrbücher über das korrekte Benehmen des Mystikers in jeder Lebenslage, Schriften, in denen das Verhalten gegenüber den Mitmenschen geregelt wurde und die weitgehend zur Formung des Idealverhaltens der muslimischen Gesellschaft späterer Zeit beigetragen haben.

Zu Ghasâlis Lebzeiten (1058–1111) blühte der Sufismus in Iran, ein Gebiet, aus dem zahlreiche frühere Mystiker stammten. Das ›Sendschreiben‹ seines Landsmannes und ihm theologisch nahestehenden Kuschairi ist bis heute das bekannteste Handbuch gemäßigter Mystik geblieben. Zur gleichen Zeit aber entstanden die wunderbaren persischen Gebete des Schutzpatrons von Herat, des von der seldschukischen Regierung wegen seiner fundamentalistisch-hanbalitischen Haltung verfolgten

Abdallâh-i Ansâri, entstanden auch die ersten Sachbücher in persischer Sprache (so Hudschwîris Werk in Lahore); und der frühere Hofdichter Sanâ'i, zum Sufismus bekehrt, begann, mystische Weisheit in poetischer Form mitzuteilen und damit eine neue Kunstform in Iran einzuführen.

Ghasâli stand inmitten dieser Bewegungen, kühl und beobachtend als Wissenschaftler und Verfasser zahlreicher philosophischer und theologischer Werke, deren einige selbst im christlichen Mittelalter im Kampf gegen den Averroismus verwendet wurden. Die mystische Lebenshaltung war ihm vertraut, war doch sein jüngerer Bruder Ahmad Ghasâli einer der subtilsten Liebesmystiker Irans, dessen schmales aber gewichtiges Buch ›Gedanken über die Liebe‹* die persische und indomuslimische dichterisch-mystische Tradition tief beeinflussen sollte. Aber es bedurfte einer schweren Krisis, bevor Abû Hâmid al-Ghasâli alle bisher beschrittenen Pfade verwarf und sich dem Weg des Herzens aufschloß. Nach Abschluß seiner Wanderjahre, die ihn durch den Nahen Osten führten, entstand sein Hauptwerk, ›Die Wiederbelebung der Wissenschaften von der Religion‹. Es ist in vierzig Kapitel gegliedert in deren Mitte das Kapitel über den Propheten Muhammad gewissermaßen das Herzstück bildet. Den vierzig Tagen, die der Sufi-Adept in der Klausur verbringen muß, entsprechend führt auch Ghasâli seine Leser von Stufe zu Stufe, bis er endlich die mystischen Stationen der Armut, des Gottvertrauens und der Sehnsucht erklärt und so den Menschen langsam näher an das Geheimnis des Todes heranführt. Dieser Tod hat für den Liebenden keinen Schrecken mehr, sondern ist die Brücke, die ihn dem ewig ersehnten Geliebten nahebringt, in dessen unendlichen Tiefen das Herz immer neue Wunder erfahren wird; denn da Gott unendlich ist, hat auch die Liebe und die Sehnsucht kein Ende. Ghasâlis Werk hat die Muslime in aller Welt beeinflußt. Er gab ihnen die beste Einführung in die Wissenschaft des Herzens, welche die Grundlage für alles wahrhaft religiöse, und das heißt sinnvolle, Leben bildet. Theologen haben sein Werk in den Madrasen gelehrt und eingehend kommentiert, mystische Dichter wie

* Deutsch von Richard Gramlich, Wiesbaden (Steiner) 1977

Maulânâ Rumi haben tief aus seinem Reichtum geschöpft, seine klare, sachliche Beweisführung in dichterischen Überschwang verwandelnd.

Das Elixier der Glückseligkeit, in die meisten islamischen Sprachen übersetzt, ist vielen Menschen zu einem echten Elixier geworden, da es eine Lebensweise lehrt, die aus der Gottesliebe erwächst und sich in Nächstenliebe ausdrückt. Und es scheint uns, daß diese einfache Lehre noch nach 900 Jahren ebenso relevant für den suchenden Menschen in unserer Zeit ist, wie sie es für Ghasâlis Zeitgenossen war, die, dogmatischer Haarspalterei überdrüssig, durch ihn zu einer verinnerlichten Frömmigkeit geführt wurden.

Ghasâli ist gelegentlich mit St. Augustin verglichen worden, und selbst wenn der Vergleich seiner Autobiographie mit Augustins ›Confessiones‹ nicht völlig korrekt ist, so weist doch Augustins Wort: »Unruhig ist unser Herz, bis es ruhet in Dir, o Herr« auf die gleiche Zentral-Erfahrung des Menschen hin, der Ghasâli in seinem Werk immer wieder Ausdruck gab, die Erfahrung, von der der Koran sagt: ›Wahrlich, durch das Gedenken an Gott werden die Herzen stille‹ (Sura 13, 28). Das Herz und die Seele aber, die solchen Frieden gefunden haben, wirken in der Welt durch die unerschöpfliche Kraft der göttlichen Liebe und können das Ideal der ›Freunde Gottes, die keine Furcht kennen und nicht betrübt sind‹ (Sure 10/65) in ihrem Leben und Wirken verwirklichen.

Der Perser Abu Hâmid ibn Muhammed *al-Ghasâli* at-Tûsi asch-Schâfii wurde 450 d. H. (1058) zu Tûs in Chorasân geboren und in seiner Heimatstadt sowie in Nisabur erzogen. Er genoß den Unterricht des damaligen Hauptes der schafiitischen Rechtsschule, des Imâm al-Haramain und zeichnete sich früh durch große Selbständigkeit des Urteils und erstaunliche Gelehrsamkeit aus. Nach dem Tode seines Lehrers begab er sich an den Hof des Seldschukenwesirs Nisâm al-Mulk, der ihn 484 (1091) als Lehrer an der von ihm in Bagdad gegründeten und nach ihm benannten Hochschule anstellte. Dort gelangte er bald zu großer Berühmtheit, lehrte und schrieb über kanonische Rechtswissenschaft und widmete sich gleichzeitig dem Studium der verschiedenen philosophischen und religiösen Lehrsysteme seiner Zeit. Schon nach vierjähriger Lehrtätigkeit gab er jedoch infolge einer inneren Krise, die mit seinem Eindringen in die sufische Mystik zusammenhing, sein Lehramt auf und begab sich nach Damaskus, wo er zwei Jahre in strengster Abgeschiedenheit verbrachte. Ende 490 (1097) machte er die Pilgerfahrt und führte dann neun Jahre lang ein unstetes Wanderleben, predigte die Abkehr von der Welt und die Vorbereitung auf das Jenseits und kehrte schließlich in seine Heimat zurück. Im Jahre 499 (1106) nötigte ihn Fachr al-Mulk, der Sohn seines alten Gönners Nisâm al-Mulk, der Wesir des Seldschukenfürsten Sandschar, einen Lehrstuhl an der Nisâmijje-Medrese in Nisabur anzunehmen. Das Lehramt bekleidete er jedoch nur kurze Zeit, er zog sich bald ganz in seine Heimat zurück und verbrachte den Rest seines Lebens als Lehrer an einer Medrese und an einem Sufikonvent. Er starb am 14. Dschumâda II 505 (12. Dezember 1111).

Die innere menschliche Entwicklung, die von dem Rahmen

dieser Daten umspannt wird, hat uns Ghasâli selbst in seiner Schrift »Der Befreier vom Irrtum« (Al-munqidh min ed-dalâl)[1] geschildert. Wir sehen ihn in seiner Jünglingszeit beherrscht von einem schier unersättlichen Wissensdrang. Die normalen Studienfächer der orthodoxen Theologie und Jurisprudenz beherrschte er bald mit viel bewunderter Meisterschaft; doch eine innere Anlage, die ihm verbot, irgend etwas auf autoritativem Wege anzunehmen, irgendein anderes Kriterium der Wahrheit anzuerkennen als sein eigenes Denken, trieb ihn in seinen Studien weit über den Rahmen der traditionellen Gelehrsamkeit hinaus. Schon früh hatte er die Möglichkeit des Autoritätsglaubens verloren und wußte, daß er sie nie wieder finden würde, »denn es ist eine Bedingung des Autoritätsglaubens, daß er seinem Träger nicht bewußt ist. Sobald der Autoritätsgläubige merkt, daß er autoritätsgläubig ist, zerbricht das Glas seines Glaubens, und die Scherben lassen sich nie wieder zusammenflicken.« So studierte er in rastlosem Eifer die Lehren aller Sekten und Philosophen seiner Zeit mit solcher Gründlichkeit, daß er von sich sagen konnte, es habe keinen Philosophen gegeben, dessen System er nicht vollkommen zu verstehen sich bemüht, keinen dogmatischen Dialektiker, dessen Beweisführung er nicht bis zu Ende nachgeprüft, keinen Sufi, in dessen Geheimnisse er nicht einzudringen versucht habe, keinen Ketzer, dessen Ketzerei er nicht auf den Grund gegangen sei. Ja, es wurde ihm geradezu vorgeworfen, daß er einer Sekte, der Bâtinijja, deren Schoß der Mörder seines Gönners Nisâm al-Mulk entstammte, in die Hände gearbeitet habe, denn er habe in seiner Streitschrift gegen sie ihre Lehre so klar dargestellt, wie sie es selbst nie hätte tun können.

Doch diese umfassende Kenntnis aller herrschenden Lehrmeinungen, Schulen und Sekten konnte Ghasâlis Durst nach Gewißheit nicht stillen. Welche hatte recht? Wieweit hatte jede recht? Die Beobachtung, daß rings um ihn her die

[1] Traduction nouvelle du traité de Ghasâli intitulé »Le préservatif de l'erreur et notices sur les extases (des soufis)«, par M. C. Barbier de Meynard, Journal Asiatique, 1877, S. 5–94

Menschen die verschiedensten Anschauungen und Denkweisen als selbstverständliche Wahrheiten von Eltern und Lehrern übernahmen, beunruhigte ihn und machte ihn mißtrauisch gegen jedes autoritativ übermittelte Wissen. Er sah die Christenkinder als Christen, die Judenkinder als Juden und die Kinder von Muslimen im Islam aufwachsen und erinnerte sich jenes Ausspruchs des Propheten: »Jedes Neugeborene wird mit der ursprünglichen Anlage zum Islam geboren, erst seine Eltern machen es zum Juden oder zum Magier.« Was gehörte denn von all den Glaubenssätzen innerhalb und außerhalb der islamischen Orthodoxie, die ja von ihren Bekennern als *die* Wahrheit gepriesen wurde, zu jener ursprünglichen Anlage, und was war spätere Zutat der Eltern- und Erzieherautorität? Das festzustellen, wollte er sich bemühen. Aber er sah bald ein, daß vor dem Versuch, die Lehren und Dogmen der verschiedenen Schulen und Sekten auf ihren Wahrheitsgehalt zu prüfen, erst die Frage nach dem Kriterium der Wahrheit selbst untersucht werden müsse. Denn nur solche Erkenntnis wollte Ghasâli als wirkliche Wahrheit gelten lassen, bei der jeder Irrtum undenkbar und jeder Zweifel ausgeschlossen wäre, und die auch durch kein Beweiswunder erschüttert werden könnte. So wenig sollte sich die Gewißheit dessen, was er als wahr anerkennen wollte, durch ein Wunder erschüttern lassen dürfen wie die Überzeugung, daß zehn mehr ist als drei, ihm dadurch ins Wanken gebracht werden könnte, daß jemand zum Beweise des Gegenteils einen Stab in eine Schlange zu verwandeln sich anheischig machte und der Behauptung auch die Tat folgen ließe.

Die Suche nach den Grundlagen der Wahrheit trieb ihn zunächst in die absolute Skepsis hinein. Hatte er sich nie einer äußeren Lehrautorität fügen können, so verfolgte ihn jetzt die Furcht, er könne sich einer falschen inneren Autorität anvertrauen. Die Sinneswahrnehmung erwies sich vor dem Forum des Intellekts bald als ein unzuverlässiger Zeuge. Aber konnte es nicht eine weitere Instanz geben, vor der sich auch die Kompetenz des Intellekts als unzureichend erwiese, so daß auch die axiomatischen intellektuellen Wahrheiten, der Satz des Widerspruchs, in nichts zerfließen würde? »Die sensuelle Erkenntnis sprach zu mir: Wieso bist du sicher, daß es dir mit deinem Vertrauen auf die intellektuelle Erkenntnis besser gehen wird als mit dem Vertrauen auf die sensuelle Erkenntnis? Erst hattest du Vertrauen zu mir, da kam der Richter des Intellekts und strafte mich Lügen. Wenn er nicht gewesen wäre, hättest du weiter an meine Wahrhaftigkeit geglaubt. Vielleicht gibt es aber hinter der intellektuellen Erkenntnis noch einen anderen Richter, der, wenn er einmal zutage tritt, den Intellekt ebenso Lügen straft, wie der Intellekt die Sinne Lügen strafte. Daß ein solcher Richter sich bisher noch nicht gezeigt hat, beweist nicht, daß er sich nicht eines Tages zeigen könnte.« Die Erfahrungen des Traumlebens schienen die Richtigkeit dieser Argumentation zu bestätigen. Glaubt man nicht auch im Schlaf fest an die Richtigkeit dessen, was man im Traume sieht, bis das Erwachen die Nichtigkeit der Traumgebilde erweist? Wäre nicht ein Zustand denkbar, der sich zu unserem Wachsein so verhielte wie das Wachsein zum Traum, so daß unser Wachsein im Verhältnis zu ihm nur ein Traum wäre? Vielleicht war jener Zustand der Sufis, von dem sie behaupteten, daß sie darin Dinge sähen, die nicht mit den rational erfaßbaren Dingen übereinstimmten, eben dieser Zustand des wahren Wachseins? Oder war vielleicht der Tod der Augenblick des eigentlichen Erwachens und dieses irdische Leben nichts als ein trügerischer Traum? Hieß es doch in der Überlieferung vom Propheten: »Die Menschen schlafen, und wenn sie sterben, so erwachen sie!«

Dieser quälende Zustand verzweifelter Skepsis dauerte etwa zwei Monate. Da endlich »zündete Gott ein Licht in seiner Brust an«, und der feste Grund, der seinen Füßen entwichen war und den ihm keine Deduktionen wiedergeben konnten, die Gewißheit der Axiome, kehrte ihm zurück. Wie ein göttliches Gnadengeschenk, eine »Befreiung der Brust«, empfand er diese Rückkehr der alten Sicherheit.

Mit dem so wiedergewonnenen geistigen Rüstzeug machte er sich nun an die Arbeit, die er sich vorgenommen hatte: die kritische Prüfung aller herrschenden Schul- und Sektenlehren. Diese ließen sich dabei in vier große Gruppen einordnen: 1. Die scholastischen Dogmatiker (Mutakallimûn), 2. die Verehrer eines verborgenen Imâms als alleiniger Lehrautorität (Bâtinijja), 3. die Philosophen, 4. die Sufis.

Die Auseinandersetzung Ghasâlis mit diesen Gruppen, insbesondere mit den ersten dreien, gehört zu den bedeutsamsten Leistungen, die der Islam auf philosophischem Gebiete aufzuweisen hat. Besonders berühmt geworden ist seine Destructio philosophorum (Tahâfut al-falâsifa), die zusammen mit der ebenso berühmten Gegenschrift des Averroes auch im Abendland bekannt wurde[1].

Die Auseinandersetzung mit der vierten Gruppe, den Sufis, war auf rein intellektuellem Boden, durch Lesen ihrer Schriften und Prüfen ihrer Argumente nicht möglich. Handelte es sich doch bei ihnen um eine praktische Regelung des persönlichen Lebens, um eine erzieherische, heilende Behandlung der Seele, bei der es nicht auf die Kenntnis, sondern auf die Anwendung der Erziehungs- und Heilmethoden ankam. Loslösung von der Welt und alleinige Richtung alles Strebens auf Gott und das Jenseits, das war die Grundforderung der sufischen Lehre, von der nicht nur das Heil der Seele, sondern auch die Möglichkeit des Eindringens in die besondere mystische Art der Erkenntnis abhing.

Ghasâli begann sich selbst zu prüfen, sich Rechenschaft darüber abzulegen, wie es bei ihm mit der Erfüllung dieser Forderung, deren Berechtigung er, der unerschütterlich an dem Glauben an Gott, den Propheten und das Jenseits festhielt, bejahen mußte, bestellt sei. War er von allen Bindungen an die Welt frei? War sein Streben so dem Jenseits zugewandt, daß alle weltliche Neigung davor verschwand? War sein Interesse bei seinem so erfolgreichen Wirken als Lehrer von dreihundert Schülern rein auf Gott gerichtet?

Hatte der intellektuelle Zweifel an der Richtigkeit seines Denkens ihn in eine schwere innere Krise gebracht, so trieb ihn der religiöse Zweifel an der eigenen Persönlichkeit in

[1] Vgl. hierzu J. Obermann, »Der philosophische und religiöse Subjektivismus Ghazâlis«, Wien und Leipzig, W. Braumüller, 1921; und Goldziher, in der Kultur der Gegenwart, I, 5, S. 62 ff.

die Verzweiflung. Er erkannte, daß nicht Liebe zu Gott und dem Jenseits, sondern Ruhm- und Ehrsucht die Motive seien, die ihn bei der höchsten und edelsten Betätigung seiner Persönlichkeit, deren er fähig war, der Ausübung des Lehramts, beseelten. Mit dieser Einsicht brach alles zusammen, was den Inhalt seines Lebens bisher ausgemacht hatte; er sah sich an dem Abgrund zur Hölle stehen und fühlte doch nicht die Kraft in sich, sich zurückzureißen und seinem Leben eine neue Richtung zu geben. »Den einen Tag nahm ich mir fest vor, Bagdad zu verlassen und mich von dem bisherigen Dasein loszusagen, am anderen Tage gab ich den Entschluß wieder auf; ich setzte den einen Fuß vor und den anderen zurück; brachte ich es am Morgen zu einem reinen Verlangen, nur nach dem Jenseits zu streben, so stürmte am Abend das Heer der Begierden wieder auf mich ein und lähmte meinen Entschluß. Auf der einen Seite hielt mich die irdische Begierde an ihren Ketten in Bagdad fest, auf der andern Seite rief der Herold des Glaubens: ›Auf! auf! Nur eine kleine Lebensspanne ist dir noch übrig, und eine lange Reise liegt vor dir. All das Wissen und Wirken, in dem du lebst, ist nichts als Augendienst und eitler Wahn. Wenn du dich jetzt nicht vorbereiten willst zur Ewigkeit, wann willst du es dann tun, und wenn du jetzt nicht ein Ende machen willst, wann willst du dann ein Ende machen?‹ Hatte ich mich aber dann entschlossen zu gehen, so flüsterte mir der Satan zu: ›Das ist nur eine flüchtige Stimmung, hüte dich, ihr nachzugeben, denn sie geht bald vorüber; und wenn du diese glänzende Stellung, dieses wohlgeordnete Dasein, wo du vor allen Sorgen und Betrübnissen und allen Angriffen der Gegner sicher bist, aufgibst – du weißt nicht, wie sehr sich deine Seele daran gewöhnt hat, und wieder zurückkommen kannst du nicht.‹«

Dieser qualvolle Zustand innerer Zerrissenheit und Unentschlossenheit begann im Monat Redscheb des Jahres 488 (d. H.) und dauerte ein halbes Jahr. Da kam die Entscheidung, unabhängig von Ghasâlis Willen. »Gott verschloß meine Zunge, so daß ich nicht mehr unterrichten konnte. Ich strengte mich mit aller Kraft an, wenigstens einen Tag die Vorlesung abzuhalten, um meiner Schüler willen, aber meine Zunge brachte kein einziges Wort hervor, ich konnte nicht.« Diese physische Unterbindung seiner Wirksamkeit stürzte Ghasâli in die größte Betrübnis, zugleich versagte auch der übrige Körper den Dienst, er konnte nichts mehr genießen und wurde so krank, daß die Ärzte die Behandlung aufgaben. »Als ich nun meine Ohnmacht fühlte und alle Entscheidungskraft verloren hatte, da flüchtete ich mich in meiner Not zu Gott, so wie ein Mensch in der letzten Not, der keinen Ausweg mehr hat, sich zu Gott flüchtet; und Gott, der den erhört, der ihn in der Not anruft, erhörte mich und machte meinem Herzen die Abwendung von Ruhm und Reichtum und den Abschied von Weib und Kind und Freunden leicht.« Unter dem Vorwand, nach Mekka reisen zu wollen, begibt sich Ghasâli nach Syrien. Zwei Jahre bleibt er in Damaskus, seine Tage in Einsamkeit auf dem Minaret der großen Moschee zubringend. Von da geht er nach Jerusalem und setzt, im Felsendome eingeschlossen, seine einsamen Übungen fort. Es folgt die Wallfahrt und jenes achtjährige unstete Wanderleben, das ausgefüllt ist mit der Arbeit an seinem neuen größten Werke und mit Predigten an das Volk, das er ermahnt, der Welt zu entsagen und sich ganz dem Jenseits zuzuwenden.

Was er in diesen Jahren der Einsamkeit innerlich erlebt hat, deutet er nur an, er spricht es nie offen aus. Von den letzten Erfahrungen seines inneren Menschen hat er nie den Schleier weggezogen.

> »Es war, was war, was ich nie sagen werde,
> Du denke gut davon und frage nicht!«

Es ist kein Zweifel, daß es sich um Erlebnisse mystischen Schauens handelt, von der Art, wie er sie als »Zustände« der Sufis in seinen Werken mehrfach schildert.

Doch wir kennen und besitzen die Früchte, die die Zeit der Zurückgezogenheit in seinem Geiste getragen hat. Ghasâli erkannte in dieser Zeit, so erzählt er in seiner Selbstbiographie weiter, daß der Weg der Sufis der sei, der zu Gott führt. Die Weisheit der Gelehrten, die Doktrin der Philosophen vermochten nicht die Seele zu bessern und zu befreien, das konnte allein die praktische Befolgung der sufischen Lehre, daß man das Herz von allem außer Gott frei machen müsse. Und auf diesem Wege schloß sich ihm eine neue Quelle der Erkenntnis auf. Das innere Fenster nach der übersinnlichen Welt öffnete sich ihm, und damit gewann er etwas, was für ihn von der höchsten Bedeutung werden sollte, das Verständnis für das Wesen des Prophetentums. Denn er erkannte, daß das, was die Sufis erlebten, eine Vorstufe, ein schwacher Abglanz dessen sein müßte, was den Propheten in voller Klarheit und Vollkommenheit zuteil ward. Aber nicht einer kleinen auserwählten Klasse von Heiligen war diese Möglichkeit der Erkenntnis vorbehalten, sie ist für Ghasâli etwas weit Universaleres, sie ist das, was das eigentliche Wesen des Menschen überhaupt ausmacht. Jeder Mensch hat als Anlage das in sich, was die Propheten in größter Vollkommenheit besitzen, jeder Mensch hat in sich ein aus dem Jenseits stammendes Organ, das ihn mit jener anderen Welt, aus der er stammt, verbindet, ihm die Erkenntnis Gottes und die Liebe zu ihm möglich macht, und dessen Bestimmung darin besteht, dereinst in die Heimat zurückzukehren und in dem Anschauen der göttlichen Schönheit seine Glückseligkeit und Ruhe zu finden. Dieses Organ, diese verborgene göttliche Substanz, auf der der »Adel« des Menschen und sein Vorrang vor den Tieren beruht, nennt Ghasâli das »Herz«. Bei jedem Menschen ist dieses »Herz« anfangs begraben im Leibe, der sein Vehikel ist und dessen Bedürfnisse den Menschen zunächst so in Anspruch nehmen, daß er auf jene göttliche Substanz des Herzens, die er verborgen in sich trägt, nicht achtet und sie wohl gar verkommen läßt. Es bedarf erst der heiligen Zucht, der heilenden Behandlung, der »alchemistischen Läuterung«, um das Gold jener Substanz ans Licht zu bringen, das Herz in die ihm gebührende Königsherrschaft über die Welt des Leibes einzusetzen und ihm so die Reise zur Gottheit, dem Ziel seiner Bestimmung, zu ermöglichen. Die Propheten aber sind die Führer und Erzieher der Menschheit auf diesem Wege. Ihnen ist von Gott die Kenntnis der Mittel, die zu dieser Reinigung der Seele dienen, die Kenntnis des »Elixiers der Glückseligkeit«, gegeben worden, auf dem Wege eben jener besonderen Erkenntnis, von der der gewöhnliche Mensch im Schlaf, der Sufi in seinen inneren Offenbarungen einen Hauch zu verspüren vermag. Wer daher sein »Herz« frei machen und seiner wahren Bestimmung zuführen will, der muß sich an das halten, was die Gottesgesandten gelehrt haben, vertrauensvoll die Medizin nehmen, die sie vorschreiben, auch wenn er ihren Sinn nicht immer versteht. Wird ein Kind, dessen Vater ein berühmter Arzt ist, sich weigern, die Medizin zu nehmen, die ihm der Vater reicht, weil es ihre Wirkungsweise nicht durchschaut? Ist es nicht denkbar, daß der Prophet über Erkenntnisse verfügt, die uns gewöhnlichen Menschen so wenig zugänglich sind wie dem Blindgeborenen das Verständnis für die Farbe? Kann nicht in äußeren Vorschriften, deren Sinn wir nicht ergründen können, eine geheime Weisheit liegen? Wenn die Philosophen reden von dem geheimen Sinn der Zahlenkombinationen eines magischen Quadrates, von der Bedeutung der geometrischen Konstellationen des Himmels, kann dann nicht in dem Zahlenverhältnis der Niederwerfungen, die im Morgen-, im Mittags- und im Abendgebet vorgeschrieben sind, eine geheime Weisheit verborgen sein?

Wir sehen, die Fragen, die Ghasâli in seiner Jugend gequält haben, sind nunmehr für ihn gelöst. Er weiß jetzt, welches jene »ursprüngliche Anlage« jedes neugeborenen Menschen ist, die zu erkennen er sich durch Prüfung aller Schul- und Lehrmeinungen vergebens gemüht hatte. Sie ist nichts anderes als eben der Besitz des »Herzens«, jenes göttlichen Organs, das aus der »Substanz der Engel« gebildet ist und jene verborgene Verwandtschaft des Menschen mit der Gottheit begründet, die in dem Worte des Propheten angedeutet ist: »Gott schuf Adam nach seinem Bilde.«

Und auch die Furcht vor der Autorität, die Angst vor einer höheren Erkenntnisart, einer Instanz, die alle vorhergehende Erkenntnis als nichtig erwiese, ist geschwunden. Ghasâli erkennt willig an, daß der Prophet über Erkenntnisse verfügt, die dem gewöhnlichen, unvollkommenen

Menschen nicht zugänglich sind. Willig gibt er sich dieser Autorität hin, das Gehorchenmüssen quält ihn nicht mehr. Ihm ist ja in dem »inneren Fenster« des Herzens ein Abbild jener Quelle der Erkenntnis gegeben, aus der die Propheten schöpfen, so daß ihm diese nicht mehr als etwas Fremdes, Bedrückendes gegenübersteht.

Aus diesen in den zehn Jahren der Einsamkeit gewonnenen Erkenntnissen baut sich nun Stein um Stein das gewaltige Gebäude seines großen Hauptwerkes auf, der »Neubelebung der Religionswissenschaften« (Ihjâ 'ulûm ed-dîn). Hier will Ghasâli im einzelnen zeigen, auf welche Weise der Mensch mit den vom Propheten gelehrten Mitteln sich von allen falschen Bindungen befreien, alle Gefahren, die ihm auf dem Wege zu dem Ziele seiner Bestimmung drohen, vermeiden und, von »Station« zu »Station« vorwärtsschreitend, in sich die Eigenschaften zur Vollendung bringen kann, die ihn geschickt machen, das Ziel, die ewige Glückseligkeit im Anschauen der Gottheit zu erreichen.

Je klarer Ghasâli diese Erkenntnisse wurden, je deutlicher sich ihm der Sinn der Vorschriften des Gesetzes, die Weisheit des Korans und der Sunna enthüllte, desto mehr mußte sich bei ihm das Verlangen regen, dem blinden Zeitalter, das er teils in totem Ritualismus erstarrt, teils in eine verzweifelte Indifferenz gegenüber allem religiösen Leben versunken, teils einer verblendeten Überschätzung religiöser Erregungen und flüchtiger Gefühle verfallen sah, den Weg zum Heil zu zeigen, den er für sich gefunden hatte.

Bei dieser Aufgabe, die sich Ghasâli stellte, hat er sich vielleicht als Träger einer göttlichen Mission gefühlt. Gott hatte versprochen, zu Beginn jedes Jahrhunderts seine Religion »neu zu beleben«; vielleicht war gerade er dazu auserkoren, die Erneuerung der Religion in diesem Jahrhundert anzubahnen. Als ihn am Ende des fünften Jahrhunderts Fachr al-Mulk mit allen Mitteln zu bewegen suchte, in Nisabur seine Lehrtätigkeit wieder aufzunehmen, sah er darin den Ruf Gottes. Er wurde in diesem Gedanken bestärkt durch den einstimmigen Rat seiner Freunde, mit denen er sich darüber beriet, ob er den Ruf annehmen sollte oder nicht. Einige von ihnen hatten sogar bedeutungsvolle Träume gehabt, aus denen hervorging, daß der Entschluß Ghasâlis Gutes für das kommende Jahrhundert bedeuten würde. Dies Gefühl, der von Gott gesandte Erneuerer der Religion des sechsten Jahrhunderts zu sein, ist vielleicht auch bei der Wahl des Titels seines Hauptwerkes, der »Neubelebung der Religionswissenschaften«, von bestimmendem Einfluß gewesen[1].

Lange blieb jedoch Ghasâli nicht im öffentlichen Lehramt. Nach kurzer Lehrtätigkeit zog er sich ganz nach Tûs zurück, wo er bis zum Ende seines Lebens seine Zeit zur Hälfte den Schülern einer Medrese und zur anderen Hälfte den Jüngern eines Sufikonvents, den er in der Nähe seines Hauses eingerichtet hatte, widmete.

Von seinem Sterben wird berichtet, daß er gerade in der Lektüre des Buches »Über die Standhaftigkeit beim Sterben«, von Ibn Dschausija, begriffen gewesen sei, als er sein Ende herannahen fühlte. Da habe er die Waschung vollzogen, sich das Leichentuch geben lassen, habe es geküßt und auf seine Augen gelegt und gesagt: »Ich höre und gehorche, zum Eintritt beim König.«

Der Tod hatte für ihn seine Schrecken verloren. Er bedeutete für ihn nichts anderes als ein endliches Hingelangen an das Ziel, zu dem er den Weg so unermüdlich gesucht und am Ende auch gefunden hatte.

[1] siehe H. Bauer in »Der Islam«, IV, 159

DAS ELIXIER
DER GLÜCKSELIGKEIT

IM NAMEN GOTTES, DES GNADENREICHEN ERBARMERS!

Lob und Preis gleich der Zahl der Sterne des Himmels, der Tropfen des Regens, der Blätter der Bäume, der Sandkörner der Wüste, der Atome der Erde und des Himmels sei dem einigen Gott, der da ist herrlich und gewaltig, groß und erhaben, ruhmvoll und voll Glanzes, dessen vollkommene Herrlichkeit kein Geschöpf begreifen und dessen wahres Wesen niemand erkennen kann, denn er selbst. Denn das Geständnis der Ohnmacht, ihn in Wahrheit zu erkennen, ist die letzte Erkenntnis der Aufrichtigen, das Bekenntnis des Unvermögens, ihn nach Gebühr zu loben und zu preisen, der höchste Lobpreis der Engel und Propheten, Erschrecken über die ersten Strahlen seiner Herrlichkeit ist die letzte Grenze alles Verstandes der Verständigen, verwirrtes, bestürztes Erschauern das äußerste Ziel, das die »Wegschreiter« und »Jünger«, die seiner Schönheit Nähe suchen, erreichen.

Die Hoffnung auf seine Erkenntnis ganz aufgeben, heißt sein Wesen aller Bestimmung berauben; der Anspruch, ihn vollkommen zu erkennen, entspringt dem Wahn, er sei menschlichem Wesen ähnlich und vergleichbar. Blendung ist aller Augen Los, die seines Wesens Schönheit selber schauen wollen, notwendige Erkenntnis aber ist der Lohn des Verstandes, der seine Wunderwerke betrachtet. Möge keines Menschen Sinn grübeln über das Wie und Was seines erhabenen Wesens, möge aber auch keines Menschen Herz einen Augenblick ablassen, seine Wunderwerke zu betrachten und zu bedenken, auf was und auf wem ihr Sein beruht. Denn dann wird es mit Notwendigkeit erkennen, daß alle Dinge Spuren seiner Macht, Lichtstrahlen seines Wissens,

25

wundersame Zeugnisse seiner Weisheit, Abglanz seiner Schönheit sind; daß alles von ihm und durch ihn ist, ja daß er selber alles ist. Denn nichts außer ihm hat wirkliches Sein, sondern das Sein aller Dinge ist nur der Abglanz von dem Lichte seines Seins. Und gesegnet sei der Auserwählte, Muhammed, der Fürst der Propheten, der Wegweiser und Wegführer der Gläubigen, der Treuhänder der Geheimnisse des Herrn, der Erwählte und Erkorene Gottes, und gesegnet seien seine Gefährten und Nachkommen, deren jeder ein Anführer der Gemeinde, ein Pfadfinder auf dem Weg des heiligen Gesetzes ist.

Wisse: Der Mensch ist nicht zum Scherz und für nichts erschaffen, sondern hoch ist sein Wert und groß seine Würde. Wohl ist er nicht von Ewigkeit her, aber für die Ewigkeit ist er bestimmt; wohl ist sein Leib irdisch und von der niederen Welt, doch sein Geist ist aus der oberen Welt und göttlich; die Substanz seines Wesens ist wohl anfangs getrübt und vermischt mit den Eigenschaften des Viehs, der Raubtiere und der Teufel; doch in dem Tiegel des heiligen Kampfes wird sie frei von aller Trübung und Unreinigkeit und würdig des Wohnens in der Nähe der Gottheit. Von der tiefsten Tiefe bis zur höchsten Höhe liegt alles Niedrige und alles Hohe im Bereich seines Tuns. Die tiefste Tiefe erreicht er, wenn er auf den Stand des Viehs, der Raubtiere und der Teufel herabsinkt und zum Sklaven der Begierde und des Zornmutes wird; zu seiner höchsten Höhe aber erhebt er sich, wenn er den Stand der Engel erreicht, so daß er Befreiung findet von Zornmut und Begierde, und diese beiden seine Sklaven werden, er aber ihr König wird. Erlangt er dies Königtum, so wird er würdig, Gottes Diener zu sein; diese Würdigkeit aber ist die Eigenschaft der Engel und die Stufe höchster Vollendung für den Menschen. Und ward ihm einmal die Lust der vertrauten Nähe der Schönheit Gottes zuteil, dann kann er keine Stunde mehr von dem Anschauen dieser Schönheit lassen; sie anzublicken wird sein Paradies, und das Paradies der Lust der Augen, des Bauches und der Zeugungsglieder wird ihm dann verächtlich scheinen.

Da aber die Substanz des Menschen zu Anfang ihrer Erschaffung unvollkommen und unedel ist, kann sie aus dieser Unvollkommenheit zur Vollkommenheit nicht anders geführt werden denn durch heiligen Kampf und heilende Behandlung. Doch wie jenes Elixier, das dem Kupfer und dem Messing die Lauterkeit und Klarheit reinen Goldes verleiht, gar schwer zu finden und nicht jedermann bekannt ist, so ist auch dies Elixier, das die Substanz des Menschen aus tierischer Niedrigkeit zu englischer Lauterkeit und Köstlichkeit erheben soll, damit er dadurch die ewige Glückseligkeit erlange, gar schwierig zu finden und wird nicht von jedermann gekannt.

In diesem Buche will ich nun die Mischung dieses Elixiers der ewigen Glückseligkeit beschreiben und habe es darum *»Das Elixier der Glückseligkeit«* genannt. Der Name Elixier kommt ihm ja mit größerem Rechte zu als dem jener anderen Kunst. Denn das Gold unterscheidet sich vom Kupfer durch nichts anderes als die gelbe Farbe und die Schwere, und die Frucht jenes Elixiers ist nichts als der Genuß dieser Welt. Wie lange aber währet diese Welt, und worin bestehen ihre Wonnen? Und zwischen den Eigenschaften der Tiere und den Eigenschaften der Engel ist eine Kluft wie von der tiefsten Tiefe zur höchsten Höhe. Die Frucht dieses Elixiers aber ist die ewige Glückseligkeit, deren Dauer kein Ende hat und deren Wonne nicht aufhört und durch nichts in ihrer Reinheit getrübt wird.

Wisse: So wie man das Elixier nicht in der Vorratskammer jedes alten Weibes findet, sondern nur in den Schatzhäusern der Großen und Könige, so ist auch das Elixier der ewigen Glückseligkeit nicht allerorts zu finden, sondern nur in dem

Schatzhause der göttlichen Herrlichkeit; die Schatzhäuser Gottes aber sind im Himmel die Substanzen der Engel und auf Erden die Herzen der Gottesgesandten. Wer daher dies Elixier anderswo sucht als bei den Propheten, der geht den falschen Weg und wird ein Opfer der Falschmünzerei, und nur Wahn und Einbildung ist das Ergebnis seines Tuns. Zur Zeit der Auferstehung aber wird sein Bankerott an den Tag kommen und die Falschmünzerei sich herausstellen und sein Wahn schamvoll offenbar werden, und es wird von ihm heißen: »Wir haben die Decke von dir genommen, und heute siehst du scharf[1].«

Von den großen Wohltaten Gottes ist eine die, daß er hundertvierundzwanzigtausend Gesandte zu der Menschheit gesandt hat, die die Menschen das Rezept dieses Elixiers lehren und ihnen sagen sollten, wie man das Herz in den Tiegel des heiligen Kampfes legen und die bösen Eigenschaften, aus denen die Schlechtigkeit und Trübung des Herzens stammt, daraus entfernen und sie mit guten Eigenschaften bekleiden müsse. Darum rühmt sich Gott, so wie er sich seines Königtums und seiner heiligen Reinheit rühmt, auch der Entsendung der Propheten, und verlangt Dankbarkeit dafür, da er sagt: »Es preist Gott, was im Himmel und auf Erden ist, den König, den Heiligen, den Mächtigen, den Weisen. Er ist es, der unter die Unwissenden einen Gesandten schickte aus ihrer Mitte, ihnen seine Zeichen[2] vorzulesen und sie zu läutern und sie das Buch und die Weisheit zu lehren, wenn sie auch zuvor in klarem Irrtum waren[3].« »Sie zu reinigen«, das heißt: sie rein zu machen von dem bösen Wesen, den Eigenschaften des Viehs; »sie das Buch und die Weisheit zu lehren«, das heißt: sie mit den Eigenschaften der Engel zu bekleiden und zu schmücken.

Der Zweck des Elixiers ist, daß der Mensch von allem, was nicht taugt – das sind die Eigenschaften der Unvollkommenheit – gereinigt und befreit werde, und daß er mit allem, was

[1] Sure 50,21   [2] Die Suren des Korans   [3] Sure 62,1-2

not tut – das sind die Eigenschaften der Vollkommenheit – geschmückt und geziert werde. Die Hauptsache aber an diesem Elixier ist dies, daß man sich von der Welt ab- und Gott allein zuwende, so wie es Gott zuerst seinen Gesandten gelehrt hat, da er spricht: »Gedenke des Namens deines Herrn und weihe dich ihm in vollkommener Weihung[1].« »In vollkommener Weihung«, das bedeutet, daß er sich von allen Dingen losmachen und sich ganz ihm ergeben soll. Dies ist die Summe und Zusammenfassung dessen, was dies Elixier bedeutet, die Erklärung im einzelnen aber ist gar lang. Den Eingang bildet die Erkenntnis von vier Dingen, dann kommen vier Pfeiler des Handelns, deren jeder zehn Hauptstücke umfaßt.

Der erste Eingang ist, *daß man sich selbst erkenne*, der zweite, *daß man Gott erkenne*, der dritte, *daß man die diesseitige Welt erkenne*, der vierte, *daß man die jenseitige Welt erkenne*. Diese vier Erkenntnisse sind die Eingänge der Erkenntnis des Islam; die Pfeiler aber, das Handeln des Islam, sind vier an Zahl, zwei davon beziehen sich auf die äußeren und zwei auf die inneren Dinge.

Die beiden, die sich auf die äußeren Dinge beziehen, sind: 1. Die Übung des Gehorsams gegen Gott, das heißt *der Gottesdienst*, und 2. das Bewahren der Zucht und Sitte im Tun und Lassen und in der Lebensführung, das heißt *das tätige Leben*. Die beiden, die sich auf die inneren Dinge beziehen, sind: 1. Das Reinigen des Herzens von allen bösen Charaktereigenschaften, wie Zorn, Geiz, Neid, Hochmut und Eitelkeit, welche die *ins Verderben stürzenden Dinge* heißen und die gefährlichen Engpässe des Weges der Religion, und 2. das Schmücken des Herzens mit guten Charaktereigenschaften, wie Geduld, Dankbarkeit, Liebe, Hoffnung, Gottvertrauen, welche die *rettenden Dinge* heißen.

Der erste Pfeiler handelt also vom *Gottesdienst*; er hat 10 Hauptstücke: 1. Über das Bekenntnis der Leute der Sunna;

[1] Sure 73,8

2. über das Suchen nach der heiligen Wissenschaft; 3. über die Reinheit; 4. über das Gebet; 5. über das Almosen; 6. über das Fasten; 7. über die Wallfahrt; 8. über das Lesen des Korans; 9. über das »Gedenken« Gottes und die Gebete; 10. über die Einrichtung der Koranlitaneien.

Der zweite Pfeiler handelt *von der Zucht und Sitte des tätigen Lebens*; er hat gleichfalls 10 Hauptstücke: 1. Über die Zucht und Sitte des Essens; 2. über die Zucht und Sitte der Ehe; 3. über die Zucht und Sitte des Erwerbs und Handels; 4. über das Streben nach dem Erlaubten; 5. über die Zucht und Sitte des Freundschafthaltens; 6. über die Zucht und Sitte des Einsamlebens; 7. über die Zucht und Sitte des Reisens; 8. über die Zucht und Sitte des Musikhörens und der Ekstase; 9. über die Zucht und Sitte der Förderung des Guten und Verhinderung des Schlechten; 10. über die Beschützung der Untertanen und das Regieren.

Der dritte Pfeiler handelt von den Dingen, die die Engpässe des Weges der Religion sperren, welche man *die ins Verderben stürzenden Dinge* nennt; er besteht gleichfalls aus 10 Hauptstücken: 1. Über die Erziehung der Seele; 2. über die Heilung der Begierden des Bauches und der Zeugungsglieder; 3. über die Heilung des zügellosen Redens und der Übel der Zunge; 4. über die Heilung der Krankheit des Zornes, des Hasses und Neides; 5. über die Heilung der Liebe zur Welt; 6. über die Heilung der Liebe zu Geld und Gut; 7. über die Heilung der Ruhm- und Ehrsucht; 8. über die Heilung der Scheinheiligkeit und Heuchelei im Gottesdienst; 9. über die Heilung des Hochmuts und der Eitelkeit; 10. über die Heilung der Verblendung und Sorglosigkeit.

Der vierte Pfeiler handelt über *die rettenden Dinge*; er hat gleichfalls zehn Hauptstücke: 1. Über die Bekehrung und das Herauskommen aus dem Unrechttun; 2. über den Dank und die Geduld; 3. über die Furcht und die Hoffnung; 4. über die Armut und Weltentsagung; 5. über die reine Absicht, die Lauterkeit und Aufrichtigkeit; 6. über die

Selbstprüfung und Selbstbeobachtung; 7. über die Meditation; 8. über das Gottvertrauen und das Einheitsbekenntnis; 9. über die Liebe und die Sehnsucht zu Gott; 10. über das Gedenken an den Tod und das Jenseits.

Dieses ist das Verzeichnis der Pfeiler und Hauptstücke des Buches *Das Elixier der Glückseligkeit*. Alle diese vier Eingänge und vierzig Hauptstücke wollen wir in diesem Buche für die Leute persischer Zunge darlegen und wollen alle hohen und schwer faßbaren Ausdrücke und alle Dunkelheit und Schwierigkeit des Sinnes vermeiden, damit auch das gewöhnliche Volk es begreifen kann. Wer aber genauer eindringen will, der muß sich an die arabisch geschriebenen Bücher halten, wie ›*Das Buch der Neubelebung der Religionswissenschaften*‹ und das Buch ›*Die Juwelen des Koran*‹ und die anderen Schriften, die über diesen Gegenstand auf arabisch verfaßt sind. Denn dieses Buch ist bestimmt für die Leute aus dem Volk, die darum gebeten haben, daß ihnen diese Gegenstände auf persisch dargelegt würden; daher darf der Ausdruck der Rede nicht über die Grenzen ihres Verständnisses hinausgehen – Gott lasse ihre Absicht bei dieser Bitte und meine bei ihrer Gewährung lauter sein und halte sie rein von der Beimischung der Heuchelei und der Trübung der Verstellung. Er halte uns die Hoffnung auf seine Barmherzigkeit und den Weg zum Rechten offen und mache ihn uns leicht und gewähre uns seinen Beistand, damit das, was die Zunge spricht, auch in der Tat bewährt werde, denn Worte ohne Taten sind verloren, und Befehlen ohne selber Handeln zieht die Strafe des Jenseits nach sich. Davor behüte uns Gott!

VON DER SELBSTERKENNTNIS

Wisse: Der Schlüssel zur Erkenntnis Gottes ist die Selbsterkenntnis. Darum ist gesagt worden: »Wer sich selbst erkannt hat, der hat seinen Herrn erkannt«, und darum heißt
es im Worte Gottes: »Wir werden sie unsere Zeichen sehen
lassen an den Enden der Erde und in ihnen selbst, auf daß
ihnen offenbar werde, daß es die Wahrheit ist[1].«

Es gibt nichts, was dir näher wäre, als du selbst. Wenn du
dich aber selbst nicht kennst, wie willst du dann andere
kennen? Sagst du: »Ich kenne mich doch!« so irrst du dich,
denn solche Erkenntnis taugt nicht zum Schlüssel für die
Erkenntnis Gottes. Auch die Tiere kennen so viel von sich
selbst wie du von dir. Dies äußere Haupt und dies Gesicht,
diese Hand und diesen Fuß, dies Fleisch und diese Haut,
die kennst du, sonst nichts; von deinem Inneren aber weißt
du gerade so viel, daß du issest, wenn du hungrig bist, die
Menschen angreifst, wenn du zornig wirst, und nach Be-
gattung strebst, wenn die Begierde über dich kommt. Darin
aber sind dir alle Tiere gleich.

Darum sollst du nach Erkenntnis deines wahren Wesens
streben, was du bist, woher du gekommen bist, wohin du
gehst, und zu welchem Zweck du für diese paar Tage in
diese Karawanserei gekommen bist, wozu du erschaffen
bist, worin dein Glück besteht und wodurch du glücklich
wirst, worin dein Elend besteht und wodurch du elend wirst.

Die Eigenschaften, die in deinem Innern vereinigt sind,
sind teils Eigenschaften des Viehs, teils solche der Raubtiere,
teils solche der Teufel und teils solche der Engel. Welches
von diesen Wesen bist du nun? Welches von ihnen ist deine

[1] Sure 41,53

wahre Substanz, und welche sind dir fremd und nur geliehenes Gut?

Solange du das nicht weißt, kannst du nicht nach deinem Glücke suchen, denn jedes dieser vier Wesen findet in etwas anderem seine Nahrung und sein Glück. Die Nahrung und das Glück des Viehs ist Essen und Schlafen und Begatten. Gehörst du also zum Vieh, so befleißige dich der Werke des Bauches und der Zeugungsglieder Tag und Nacht.

Die Nahrung und das Glück der Raubtiere ist: Schlagen und Töten und Rasen, Nahrung und Glück der Teufel: Böses anstiften, Betrügen und Überlisten. Gehörst du also zu ihnen, so tue ihre Werke, auf daß du zu deiner Ruhe und zu deinem Glücke gelangest.

Die Nahrung und das Glück der Engel aber ist das Anschauen der göttlichen Schönheit, und Begierde und Zornmut und die Triebe des Viehs und der Raubtiere finden keinen Weg zu ihnen. Wenn du also von der Substanz der Engel bist, so bemühe dich, daß du Gott erkennest und den Weg zum Anschauen seiner Schönheit findest und dich frei machest von der Herrschaft der Begierde und des Zornmutes, und suche zu erkennen, wozu die Triebe der Raubtiere und des Viehs in dich gelegt sind, ob sie dir dazu anerschaffen sind, daß sie dich zu ihrem Sklaven machen, so daß du ihnen dienen und Tag und Nacht frönen mußt, oder dazu, daß du sie zu deinen Sklaven machst und auf der Reise, die dir auferlegt ist, dir von ihnen Frondienste leisten läßt. Denn du sollst den einen zu deinem Fahrzeug und den andern zu deiner Waffe machen und die wenigen Tage, die du in dieser Karawanserei verbringst, sie in deinem Dienst verwenden, auf daß du mit ihrer Hilfe den Samen der Glückseligkeit erwerbest. Dann aber sollst du sie unter deine Füße treten und deinen Blick richten auf die Stätte der Glückseligkeit, die von den Erwählten die Gegenwart Gottes, von dem gemeinen Volke aber Paradies genannt wird.

Dies alles mußt du wissen, um auch nur ein wenig von dir

selbst zu erkennen. Wer aber dies nicht weiß, der wird auf dem Wege des Glaubens Beschämung finden, und das wahre Wesen der Religion wird ihm verborgen bleiben.

Willst du dich selbst erkennen, so wisse, daß du aus zwei Dingen geschaffen bist. Das eine ist diese äußere Hülle, die man Leib nennt und mit dem äußeren Auge sehen kann. Das andere ist jenes Innere, das man bald Seele, bald Geist und bald Herz nennt, und das nur von dem inneren Auge erkannt werden kann. Dies Innere ist dein wahres Wesen, alles andere ist nur sein Gefolge, sein Heer und seine Dienerschaft. Wir wollen es das Herz nennen. Wenn wir also von dem Herzen sprechen, so wisse, daß wir damit das wahre Wesen des Menschen meinen, das man sonst bald Geist, bald Seele nennt, nicht aber jenes Stück Fleisch, das in der linken Seite deiner Brust sitzt; denn das hat keinen Wert, und auch die Tiere und die Toten besitzen es, und man kann es mit dem äußeren Auge sehen. Alles aber, was man mit diesem Auge sehen kann, gehört dieser Welt an, der Welt des Augenscheins. Das wahre Menschenherz aber ist nicht von dieser Welt, sondern ist als Fremdling zu kurzer Wanderung in diese Welt gekommen. Jenes äußere Stück Fleisch ist sein Reittier, und alle Glieder des Leibes sind seine Streitkräfte, es selbst aber ist des ganzen Leibes König. Die Erkenntnis Gottes und das Schauen der göttlichen Schönheit ist seine Wesensbestimmung, ihm gelten Pflichtgebot und göttliche Anrede, Lohn und Strafe, seiner ist die Seligkeit und das Elend. Der Leib aber ist in alledem nur sein Gefolge.

Die Erkenntnis seines Wesens und seiner Eigenschaften ist der Schlüssel zur Erkenntnis Gottes. Darum bemühe dich, es zu erkennen, denn es ist eine edle Substanz von der Art der Substanz der Engel, und sein Ursprungsort ist die Gottheit, dorther kam es, und dorthin wird es gehen. Hierher aber ist es als Fremdling gekommen und nur um

37

Handel zu treiben und Samen zu säen. Was aber dieses Handeltreiben und Säen bedeutet, das wirst du später erfahren, so Gott will.

Wisse, um das Wesen des Herzens zu erkennen, mußt du zuerst von seinem Dasein wissen; dann mußt du wissen, was sein wahres Wesen ist; dann, welches seine Streitkräfte sind und welches seine Beziehung zu diesen Streitkräften ist; endlich, wie ihm die Erkenntnis Gottes zuteil wird und wie es zur Glückseligkeit gelangt.

Was nun das Dasein anlangt, so ist es unmittelbar einleuchtend, denn an seinem Dasein kann der Mensch nicht zweifeln. Das Dasein beruht aber nicht auf diesem äußeren Leibe, denn den haben auch die Toten und leben doch nicht, sondern wir meinen mit diesem Herzen den Geist, ohne den der Leib tot ist.

Wenn ein Mensch die Augen schließt und seinen Leib vergißt samt Himmel und Erde und allem, was das Auge sehen kann, so hat er notwendig eine Kenntnis von seinem Dasein und ein Bewußtsein seiner selbst, auch wenn er von seinem Leib und Erde und Himmel und allem, was darinnen ist, kein Bewußtsein hat. Wenn ein Mensch das recht betrachtet, so wird er etwas von dem Wesen des Jenseits begreifen und erkennen, daß, wenn ihm auch der Leib fortgenommen würde, er selbst doch bleiben und keineswegs zu Nichts werden würde.

Auf die Frage nach dem Wesen und der besonderen Beschaffenheit des Herzens aber hat das heilige Gesetz zu antworten nicht erlaubt. Darum hat der Gesandte Gottes, als man ihn danach fragte, keine Erklärung dafür gegeben. Es heißt im Worte Gottes: »Sie fragen dich nach dem Geiste. Sprich: Der Geist ist von dem Befehle meines Herrn[1].« Mehr zu sagen war ihm nicht erlaubt, als daß der

[1] Sure 17,87

38

Geist ein göttliches Wesen sei und zu der Welt des Befehls gehöre. »Ist seiner nicht das Erschaffen und der Befehl[1]?« Die Welt des Befehls und die Welt des Erschaffens sind zwei getrennte Welten. Alle Dinge, die auf die Begriffe des Maßes, der Ausdehnung und der Größe anwendbar sind, gehören zur Welt des Erschaffens, denn das Wort *chalq*, »Erschaffen«, bedeutet ursprünglich »Maßbestimmung«. Das menschliche Herz aber hat keine Ausdehnung und Größe und ist daher auch keiner Teilung fähig. Denn wenn es der Teilung fähig wäre, so müßte es denselben Gegenstand gleichzeitig mit dem einen Teil seiner selbst wissen und mit dem anderen Teil nicht wissen können und daher gleichzeitig wissend und nichtwissend sein können. Das ist aber undenkbar.

Wenn nun aber dieser Geist auch der Teilung nicht fähig und der Begriff der Ausdehnung nicht auf ihn anwendbar ist, so ist er gleichwohl erschaffen. Da nun das Wort *chalq* neben der Bedeutung der Maßbestimmung auch die Bedeutung des Erschaffens hat, so gehört der Geist in diesem Sinne zu der Welt des Erschaffens, in jenem anderen zur Welt des Befehls, aber nicht zur Welt des Erschaffens, denn die Welt des Befehls besteht aus den Dingen, auf die die Begriffe des Maßes und der Ausdehnung nicht anwendbar sind.

Darum sind diejenigen im Irrtum, die geglaubt haben, daß der Geist von Ewigkeit her sei. Ebenso irrten diejenigen, die sagten, er sei ein Akzidens, denn das Akzidens besteht nicht durch sich selbst, sondern ist Gefolge eines anderen. Der Geist aber ist doch das eigentliche Wesen des Menschen, und der gesamte Leib ist sein Gefolge. Wie soll er da ein Akzidens sein? Endlich irrten auch diejenigen, die behaupteten, daß er ein Körper sei. Denn der Körper ist der Teilung fähig, der Geist aber nicht.

[1] Sure 7,52. Der Vers wird als ein Hinweis auf die beiden Welten: die sinnliche (Welt des Erschaffens *chalq*) und die intelligible (Welt des Befehls *amr*) aufgefaßt

Es gibt aber noch ein anderes Ding, das man Geist nennt und das der Teilung fähig ist, das ist der Lebensgeist, den auch die Tiere haben. Der Geist aber, den wir hier Herz nennen, das ist das Organ der Erkenntnis Gottes, den haben die Tiere nicht, und er ist weder Körper noch Akzidens, sondern eine Substanz von der Art der Substanz der Engel.

Das Wesen dieses Geistes zu begreifen, ist schwer, und eine Erklärung davon zu geben, ist nicht erlaubt. Für die ersten Schritte auf dem Wege der Religion ist diese Kenntnis auch nicht vonnöten. Denn dieser Weg beginnt mit dem heiligen Kampfe, und wer nach Gebühr diesen Kampf kämpft, dem fällt jene Erkenntnis von selber zu, ohne daß er sie von jemand anders zu hören brauchte. Denn diese Kenntnis gehört zu der Gnadenleitung, von der es im Worte Gottes heißt: »Und die, die um unseretwillen kämpfen, die wollen wir wahrlich unsere Wege führen[1].« Wer aber diesen Kampf noch nicht vollendet hat, zu dem darf man nicht von dem Wesen des Geistes reden.

Vor dem Beginn des Kampfes aber muß man die Streitkräfte des Herzens kennen. Denn wer die Streitkräfte nicht kennt, der kann den Streit nicht führen.

Wisse: Der Leib ist das Königreich des Herzens, und in diesem Königreiche sind dem Herzen mancherlei Streitkräfte untertan: »Niemand kennt die Heere deines Herrn außer ihm[2].«

Das Herz ist geschaffen für die jenseitige Welt, und seine Aufgabe ist das Suchen seiner Glückseligkeit. Seine Glückseligkeit aber besteht in der Erkenntnis Gottes. Die Erkenntnis Gottes erlangt das Herz durch die Erkenntnis der Werke Gottes. Diese gehören der Sinnenwelt an, und daher erlangt das Herz die Erkenntnis der Wunder der Welt durch die Sinne, diese aber bedürfen wiederum zu ihrem Bestehen des Leibes. So ist also die Erkenntnis für das Herz

[1] Sure 29,69 [2] Sure 74,34

40

das Wild, die Sinne sein Jagdnetz, der Leib sein Fahrzeug und zugleich der Träger des Netzes. Das ist der Grund, warum das Herz des Leibes bedarf.

Der Leib ist zusammengefügt aus Wasser, Erde, Wärme und Feuchtigkeit, und daher schwach und in steter Gefahr, zugrunde zu gehen, sei es von innen her durch Hunger und Durst, sei es von außen her durch Wasserflut und Feuersbrunst oder Angriffe von Feinden, reißenden Tieren und dergleichen.

Zur Stillung des Hungers und Durstes bedarf der Mensch der Speise und des Trankes. Dazu aber bedarf er zweier Heerscharen, nämlich einer äußeren: das sind Hand und Fuß, Mund und Zähne und Magen, und einer inneren, der Begierde nach Speise und Trank. Auch zur Abwehr der äußeren Feinde bedarf er zweier Heerscharen, einer äußeren: das sind Hand und Fuß und Waffe, und einer inneren: der Kraft des Zornmutes. Da es aber unmöglich ist, eine Nahrung zu suchen, die man nicht sieht, und einen Feind abzuwehren, den man nicht erblickt, so bedarf es ferner der verschiedenen Arten der Wahrnehmung, von denen die einen wieder äußere sind, nämlich die fünf Sinne: Sehen, Hören, Riechen, Schmecken, Tasten, und die anderen innere, welche gleichfalls fünf an der Zahl sind und ihr Quartier im Gehirn haben: Es sind die Kräfte der Vorstellung, des Denkens, des Gedächtnisses, der Erinnerung und der Einbildung. Jede dieser Kräfte hat ihre besondere Aufgabe, und wenn eine von ihnen versagt, so nimmt der ganze Mensch Schaden am ewigen und am zeitlichen Heile.

Alle diese Streitkräfte, die äußeren wie die inneren, sind dem Herzen untertan, und das Herz ist ihrer aller Anführer und König. Befiehlt er der Zunge, so redet sie, befiehlt er der Hand, so greift sie, befiehlt er dem Fuß, so schreitet er, befiehlt er dem Auge, so blickt es, befiehlt er der Denkkraft, so denkt sie. Sie alle sind so gemacht, daß sie mit natürlicher Willigkeit seine Befehle ausführen zur Wartung und Hütung des Leibes, damit er seine Wegzehrung einnehmen und sein Wild erjagen, den Handel des Jenseits abschließen und den Samen seiner Glückseligkeit ausstreuen könne. Der Gehorsam dieser Streitkräfte gegen das Herz ist gleich dem Gehorsam der Engel gegen Gott: Sie können keinem seiner Befehle zuwiderhandeln, sondern führen sie mit Willigkeit und Eifer aus.

Die Kenntnis der Streitkräfte des Herzens im einzelnen ist eine langwierige Sache. Darum soll dir ein Gleichnis sagen, was gemeint ist: Der Leib des Menschen gleicht einer Stadt. Hand und Fuß und die übrigen Glieder sind die Handwerker in dieser Stadt, die Begierde ist der Verwalter der Steuereinkünfte, der Zornmut die Polizei, das Herz ist der König der Stadt und die Vernunft sein Wesir. Der König bedarf dieser Diener alle, um sein Reich recht zu regieren. Allein die Begierde, der Verwalter der Steuereinkünfte, ist lügnerisch, unverschämt und Verwirrung stiftend; alles was der Wesir, die Vernunft, sagt, ist ihm zuwider, und sein ganzes Streben geht nur darauf, das gesamte Vermögen des Landes unter dem Vorwand der Steuererhebung an sich zu reißen. Der Zornmut aber, die Polizei, ist boshaft, hart, gewalttätig und heftig und liebt Töten, Zerstören und Blutvergießen. So wie nun der König einer solchen Stadt sich in allen Dingen mit dem Wesir berät und den lügnerischen und begehrlichen Steuerverwalter im Zaume hält und nicht auf ihn hört, wenn er dem Wesir widerspricht, sondern die Polizei über ihn setzt, um ihn an unverschämten Übergriffen zu hindern, und wie er anderseits auch die Polizei klein und demütig hält, so daß sie mit keinem Schritt ihre Befugnisse überschreitet, und auf solche Weise sein Reich in Ordnung hält, so muß auch der König Herz dem Rate des Wesirs Vernunft folgen und Begierde und Zornmut seiner Aufsicht unterstellen, nicht aber die Vernunft zum Diener jener beiden machen; dann wird das Reich des Leibes gedeihen, und der Weg zur Glückseligkeit, zu Gottes Gegenwart wird ihm nicht abgeschnitten werden. Wenn er aber die Vernunft zum Sklaven der Begierde und des Zornmutes werden läßt, so geht das Reich zugrunde, und der König gerät in Elend und Verderben.

Aus alledem hast du ersehen, daß Zornmut und Begierde geschaffen sind, um für Speise, Trank und die Erhaltung des Leibes zu sorgen. Sie sind also beide des Leibes Diener, Speise und Trank aber sind die Nahrung des Leibes, der Leib aber ist dazu geschaffen, Träger der Sinne zu sein, er ist also der Diener der Sinne, die Sinne wiederum sind geschaffen, um der Vernunft als Späher und Werkzeug zu dienen, damit sie das wunderbare Wirken Gottes erkennt, sie sind also die Diener der Vernunft; die Vernunft aber ist geschaffen, um für das Herz eine Fackel und Leuchte zu sein, bei deren Licht es die Gottheit schaut, und dieses Schauen der Gottheit, das ist sein Paradies. So ist also die Vernunft die Dienerin des Herzens; und das Herz ist geschaffen zum Schauen der göttlichen Schönheit. Wenn das Herz das tut, so ist es ein rechter Knecht und Diener Gottes; und dieser Dienst ist gemeint in dem Worte Gottes: »Die Geister und Menschen habe ich nur dazu geschaffen, damit sie mir dienen[1].« Darum also ist das Herz geschaffen und dieses Reich und Heer ihm übergeben und dieses Reittier des Leibes ihm anvertraut worden, damit es aus der Welt des Staubes hinaufreise zu den höchsten Himmelshöhen.

Will es nun dieser Wohltat gerecht werden und die Pflicht der Gottesknechtschaft erfüllen, so muß es sich als König an die Spitze seines Reiches setzen und die Gottheit zu seinem Richtpunkt und Wegziel, das Jenseits zu seiner Heimat und Ruhestätte, den Leib zu seinem Reittier, diese irdische Welt zu seiner Karawanserei, Hand und Fuß zu seinen Dienern, die Vernunft zu seinem Wesir, die Begierde zu

[1] Sure 51,56

43

seinem Schatzverwalter und den Zornmut zu seiner Polizei machen. Die Sinne mache es zu seinen Spähern, deren jeder mit einer anderen Welt betraut ist, um die Nachrichten aus aller Welt zusammenzutragen; die Vorstellungskraft, die vorn im Gehirn wohnt, sei sein Postmeister, der alle Meldungen der Späher sammelt, das Gedächtnis in den hinteren Teilen des Gehirns der Kanzleivorsteher, der die Meldungen von dem Postmeister entgegennimmt und aufbewahrt, um sie zu ihrer Zeit dem Wesir, der Vernunft, vorzulegen, damit er das Reich nach den Meldungen, die aus dem Lande eingegangen sind, verwalte und die rechten Maßnahmen für die Reise des Königs treffe.

Sieht es aber, daß einer aus dem Heere, etwa die Begierde oder der Zornmut oder sonst einer, sich wider den König empört, ihm den Gehorsam verweigert und ihm den Weg verlegen will, so rüste es sich zum heiligen Krieg, um den Empörer zur Ordnung zurückzubringen. Doch darf sein Streben nicht dahin gehen, die Empörer zu töten, denn das Reich kann ohne sie nicht bestehen, sondern es sei allein darauf bedacht, sie zum Gehorsam zurückzuführen, damit sie ihm auf der Reise, die vor ihm liegt, Helfer, nicht Feinde, Freunde, nicht aber Räuber und Wegelagerer seien.

Wenn das Herz also handelt, wird es glückselig und der Wohltat gerecht werden, und es wird zu seiner Zeit das Ehrenkleid des Lohnes für seinen Dienst empfangen. Handelt es aber anders und empört sich, so wie die rebellischen Wegelagerer und Feinde, so verleugnet es die Wohltat und wird elend werden und schwere Strafe leiden.

Wisse: Das Herz ist mit jeder dieser Streitkräfte, die in seinem Innern wohnen, durch eine besondere Beziehung verbunden, durch jede von ihnen entsteht in ihm eine besondere Charaktereigenschaft. Die einen dieser Eigenschaften sind schlecht und stürzen den Menschen ins Verderben, die anderen sind gut und führen ihn zur Glückseligkeit.

Alle diese Eigenschaften aber, so viel ihrer auch sind, zerfallen insgesamt in vier Arten: in Eigenschaften des Viehs, Eigenschaften der Raubtiere, Eigenschaften der Teufel und Eigenschaften der Engel. Denn da die Kraft der Begierde in den Menschen gelegt ist, tut er die Werke des Viehs, das gierige Sichvollessen und Begatten; und da die Kraft des Zornmutes in ihn gelegt ist, tut er die Werke des Hundes, des Wolfes und des Löwen, das ist Schlagen, Töten und die Menschen anfallen mit der Hand und mit der Zunge. Da die Anlage zu Trug und List, Verstellung und Verführung der Menschen in ihn gelegt ist, tut er die Werke der Teufel; und da die Vernunft in ihn gelegt ist, tut er die Werke der Engel, das sind: Wissenschaft und frommen Wandel lieben, alles häßliche Tun meiden, nach Eintracht unter den Menschen streben, sich zu edel und hoch für schimpfliche Taten achten, sich freuen an der Erkenntnis Gottes in seinen Werken, sich schämen der Torheit und Unwissenheit.

So kann man sagen, daß in der Natur des Menschen vier Wesen zusammenwohnen: ein Hund, ein Schwein, ein Teufel und ein Engel. Der Hund ist häßlich und abscheulich, nicht wegen seiner äußeren Gestalt, seiner Beine und seines Felles, sondern wegen seiner Eigenschaft, die Menschen anzufallen. Auch das Schwein ist abscheulich, nicht wegen seiner äußeren Gestalt, sondern wegen seiner Leidenschaft und Gier nach schmutzigen und gemeinen Dingen. Von solcher Art ist der Hunde- und Schweinegeist, und ihn hat der Mensch in sich, und ebenso, wie wir beschrieben haben, ist auch der Teufel- und der Engelgeist.

Es ist aber dem Menschen geboten, mit dem Lichte der Vernunft, welches ein Abglanz von dem Lichte der Engel ist, die List und Verstellung des Teufels aufzudecken, damit er gedemütigt dastehe und ihn nicht mehr verführen kann, so wie der Gesandte Gottes sagt: »Jeder Mensch hat seinen Teufel, auch ich habe meinen, doch Gott hat mir zum Siege über ihn geholfen, so daß ich ihn gebändigt halte und er mir nichts Böses mehr befehlen kann.«

Weiter ist ihm geboten, das Schwein der Begierde und den Hund des Zornmutes zu bändigen und unter die Aufsicht der Vernunft zu stellen, so daß sie ohne ihren Befehl sich nicht regen können. Wenn er so verfährt, dann entstehen in ihm jene guten Eigenschaften, die zum Samen seiner Glückseligkeit werden. Handelt er aber anders und macht er sich zu ihrem Sklaven, so entstehen in ihm die bösen Eigenschaften, die zum Samen seines Elends werden. Würde ihm dann im Schlafen oder im Wachen sein Zustand im Bilde gezeigt, so sähe er sich zum Dienste vor einem Schweine oder einem Hunde oder einem Teufel aufgeschürzt.

Wenn ein Mensch einen Muslim gefangen der Hand eines Ungläubigen überläßt, so weiß man, wie es um ihn steht. Wer aber einen Engel in der Gefangenschaft eines Hundes, eines Schweines und eines Teufels schmachten läßt, mit dem steht es noch viel schlimmer. Die meisten Menschen stehen freilich, wenn man gerecht richtet und Abrechnung hält, Tag und Nacht nur zum Dienste ihrer Lüste aufgeschürzt, und ihr Zustand ist so, wie wir geschildert haben, mögen sie auch äußerlich der Gestalt des Menschen gleichen.

Morgen aber, am Tage der Auferstehung, wird es ans Licht kommen, und die Gestalt wird dem Sinn entsprechen. Den Menschen, der von der Begierde und Leidenschaft beherrscht war, wird man in der Gestalt eines Schweines sehen, und den, den der Zornmut beherrschte, in der Gestalt eines Hundes oder Wolfes. Das ist der Grund, warum ein Wolf oder Hund, den man im Traume sieht, einen gewalttätigen Menschen, ein Schwein einen schmutzigen Menschen bedeutet. Denn der Schlaf ist das Abbild des Todes; in dem Maße, wie der Schläfer durch den Schlaf dieser Welt entrückt wird, folgt die Gestalt dem Sinn, so daß er dann

46

jeden Menschen in der Gestalt sieht, die seinem inneren Wesen entspricht. Doch das ist ein großes Geheimnis, dessen Erklärung über den Rahmen dieses Buches hinausgeht.

Da du nun weißt, daß in deinem Innern diese vier Gewaltigen und Befehlshaber wohnen, so beobachte dich selbst in deinem Tun und Lassen und sieh zu, welchem von den vieren du gehorchst, und erkenne recht, daß durch jede Handlung, die du begehst, eine Eigenschaft in deinem Herzen entsteht, die darin bleibt und dich in die andere Welt begleitet. Diese Eigenschaften nennt man Charaktereigenschaften, und alle Charaktereigenschaften entstehen also aus jenen vier Gewaltigen. Wenn du dem Schwein der Begierde gehorchst, so entstehen in dir die Eigenschaften der Unsauberkeit, Schamlosigkeit, Gier, Schmeichelei, Niedrigkeit, Mißgunst, Schadenfreude und andere. Bändigst du aber die Begierde und hältst sie in Zucht und Gehorsam, so entstehen in dir Genügsamkeit, Selbstbeherrschung, Schamhaftigkeit, Gehorsam, Höflichkeit, Keuschheit, Mäßigung und Unbegehrlichkeit.

Gehorchst du dem Hunde Zornmut, so entstehen in dir Unbesonnenheit, Großsprecherei, Hochmut, Großmannssucht, Geringschätzung und Verachtung der Mitmenschen und Streitsucht. Hältst du aber den Hund in Zucht, so entstehen Geduld, Ausdauer, Nachsicht, Standhaftigkeit, Tapferkeit, Besonnenheit, Mut und Edelmut.

Gehorchst du dem Teufel, dessen Sinnen und Trachten stets darauf gerichtet ist, den Hund und das Schwein aufzuhetzen und frech zu machen und List und Ränke zu lehren, so entstehen in dir die Laster der Hinterlist, der Treulosigkeit, der Verführung zum Schlechten, der Falschheit, Verschlagenheit, Verstellung und Betrügerei. Hältst du ihn aber gebändigt und läßt dich durch seine Betrügerei nicht täuschen und kommst der Streitkraft der Vernunft zu Hilfe, so entstehen in dir Klugheit, Kenntnis, Wissen, Weisheit, Rechtschaffenheit, gute Sinnesart, Seelengröße und Herrschersinn.

Diese guten Eigenschaften in dir gehören zu den guten, dauernden Dingen und sind der Same der Glückseligkeit. Die Handlungen, aus denen der schlechte Charakter entsteht, nennt man Sünde, und die, aus denen der gute Charakter entsteht, Gehorsam; und alles Tun und Lassen der Menschen gehört immer einer dieser beiden Klassen an.

Das Herz gleicht einem klaren Spiegel, diese häßlichen Eigenschaften aber dem Ruß und der Dunkelheit, die ihn trübe machen, so daß es die Gottheit nicht sehen kann und von ihr geschieden bleibt. Die guten Eigenschaften aber sind gleich einem Lichte, das in das Herz dringt und es reinigt von aller Sünde und Finsternis.

Darum spricht der Gesandte Gottes: »Laß auf jede schlechte Tat eine gute folgen, daß sie sie auslöscht«; denn am Jüngsten Tage wird das Herz entweder dunkel oder licht auf dem Felde der Auferstehung erscheinen. »Niemand aber entrinnt, denn der, der zu Gott mit einem unversehrten Herzen kommt[1].«

In seiner ursprünglichen Anlage gleicht das Herz dem Stahl, daraus man einen blanken Spiegel machen kann, in dem das Bild der ganzen Welt erscheint, wenn er nach Gebühr gehütet wird. Läßt man aber den Stahl verkommen, so wird er rostig und taugt nicht mehr zum Spiegel. Darum heißt es im Worte Gottes: »Nein: sondern ihre Taten haben einen Schleier über ihr Herz gebreitet[2].«

Wenn du nun sagst: »Wenn im Menschen die Eigenschaften des Viehs, der Raubtiere, der Teufel und der Engel vereinigt sind, woher weiß ich dann, daß sein eigentliches Wesen die Substanz der Engel ist, und daß die anderen ihm fremd und zufällig sind, und woher weiß ich, daß er dazu geschaffen ist, in sich die Eigenschaften der Engel zur Ent-

[1] vgl. Sure 26,89   [2] Sure 83,14

faltung zu bringen, und nicht die anderen?«, so wisse: Das erkennst du durch die Einsicht, daß der Mensch etwas Edleres und Vollkommeneres ist als das Vieh und die Raubtiere. Jedes Ding aber, für das es eine ideale Vollkommenheit gibt, die die höchste Stufe darstellt, die es erreichen kann, ist für diese Stufe der Vollkommenheit geschaffen. So ist das Pferd etwas Edleres als der Esel, denn der Esel ist geschaffen zum Lastentragen, das Pferd aber dazu, in Kampf und Streit unter dem Reiter, so wie es sich gebührt, zu laufen und zu traben. Zwar ist auch ihm die Kraft gegeben, Lasten zu tragen, wie dem Esel; doch ist ihm noch eine höhere Vollkommenheit gegeben, die dem Esel nicht gegeben ist, und wenn es unfähig ist, die Stufe seiner Vollkommenheit zu erreichen, so macht man ihm einen Tragsattel, und es sinkt auf die Stufe des Esels herab. Das aber bedeutet für das Pferd Verkümmerung und Untergang.

So meinen manche Leute, daß der Mensch zum Essen, Schlafen und Begatten geschaffen sei und damit das ganze Leben hinbringen solle. Andere wieder wähnen, er sei geschaffen, um andere zu besiegen, zu unterwerfen und zu beherrschen, wie die Araber, Türken und Kurden. Aber beide Meinungen sind verkehrt, denn Essen und Begatten geschieht durch die Begierde, und die ist auch den Tieren gegeben. Ja die Tiere übertreffen den Menschen sogar im Essen, und im Begatten bringen es die Spatzen weiter als der Mensch. Warum sollte also deswegen der Mensch von edlerem Range sein als sie? Besiegen und Unterwerfen aber geschieht durch den Zornmut, und der ist auch den Raubtieren gegeben.

So besitzt der Mensch alles, was den Raubtieren und dem Vieh gegeben ist; aber darüber hinaus ist ihm noch ein Vorzug gegeben: die Vernunft, mit der er Gott erkennen und Gottes wunderbares Wirken wahrnehmen und sich selbst von der Gewalt des Zornmutes und der Begierde befreien kann. Das aber ist die Eigenschaft der Engel, und durch diese Eigenschaft herrscht der Mensch über das Vieh und die Raubtiere, und sie sind ihm dienstbar samt allem, was auf Erden ist, wie es im Worte Gottes heißt: »Er hat euch dienstbar gemacht alles, was auf Erden ist[1].«

Das wahre Wesen des Menschen ist also das, worin seine Vollkommenheit und sein Adel besteht. Die anderen Eigenschaften aber sind ihm fremd und nur geliehenes Gut und sind ihm nur zur Hilfe und Unterstützung gesandt. Daher kommt es, daß, wenn der Mensch stirbt, weder Zornmut noch Begierde bleiben; aber seine Substanz bleibt, entweder klar und licht, geschmückt mit der Erkenntnis Gottes und von der Art der Engel, um ihr Gefährte und ein Glied jener himmlischen Schar zu werden, die ewig die Gegenwart der Gottheit genießt »im Sitze der Wahrhaftigkeit bei einem mächtigen König[2]«, oder aber dunkel und beschämt das Haupt niedersenkend; dunkel, weil sie durch die Finsternis der Sünde mit Rost bedeckt ist, beschämt sein Haupt niedersenkend, weil er seine Seele zur Ruhe gesetzt hatte mit Begierde und Zornmut. Alles aber, woran seine Begierde hing, hat er auf dieser Welt zurücklassen müssen. Darum ist sein Antlitz dieser Welt zugewandt, weil dort das Ziel seines Begehrens und Strebens liegt. Diese Welt aber liegt unter jener Welt, und darum muß er sein Haupt niedersenken.

Das ist der Sinn des Wortes Gottes: »Sähest du dann die Sünder ihr Haupt vor ihrem Herrn niedersenken[3].« Dieses Menschen Aufenthalt wird im »Kerker« bei den Teufeln sein. Aber nicht jeder weiß, was »Kerker« bedeutet; darum heißt es im Worte Gottes: »Und was lehrt dich wissen, was der ›Kerker‹ ist[4]?«

Die Wunder der Welt des Herzens sind unendlich viele an Zahl. Auf einem aber beruht des Herzens Adel, das ist vor allem wunderbar, wenn auch die meisten Menschen seiner nicht achten.

[1] Sure 22,64   [2] Sure 54,55   [3] Sure 32,12   [4] Sure 83,8

Ein Zwiefaches ist es, worauf des Herzens Adel beruht: *Das Wissen und die Macht.*

Der Adel, der auf dem Wissen beruht, ist wiederum etwas Zwiefaches. Das eine kann jedermann begreifen, aber das andere ist geheimnisvoller als das erste, nicht jedem bekannt und gar seltener Art. Das erste, allen offenbare, ist dies, daß das Herz die Kraft der Erkenntnis aller Wissenschaften und Künste besitzt, durch die der Mensch alle Künste versteht und das, was in den Büchern steht, liest und begreift, so wie die Geometrie, die Rechenkunst, die Heilkunde, die Sternkunde und die Rechtswissenschaft. Obgleich das Herz eine Einheit ist, die sich nicht teilen läßt, so haben doch alle diese Wissenschaften in ihm Raum, ja die ganze Welt ist in ihm nicht mehr, als ein Atom im Meere ist. Mit der Bewegung eines Augenblicks erhebt es sich denkend von der Erde zu den höchsten Himmelshöhen und durchmißt die Welt vom Aufgang bis zum Untergang. Gebunden an die Welt des Erdenstaubes mißt der Mensch die ganze Himmelssphäre aus, erkennt eines jeden Sternes Maß und nennt durch die Meßkunst die Zahl seiner Ellen. Er lockt mit List den Fisch herauf von des Meeres Grund und den Vogel herab aus dem Reich der Lüfte und macht die stärksten Tiere, das Kamel, den Elefanten und das Pferd sich dienstbar und alles, was es in der Welt an wunderbaren Wissenschaften gibt, macht er zu seinem Gewerbe.

All dies Wissen aber erlangt er auf dem Wege der fünf Sinne. Daher ist es ein äußeres Wissen, und jedermann kennt den Weg dazu.

Wunderbarer aber als alles dies ist jenes Fenster, das im Innern des Herzens nach der übersinnlichen Welt des Himmels geöffnet ist, gleichwie außerhalb des Herzens fünf Türen nach der sinnlichen Welt geöffnet sind. Diese sinnliche Welt heißt die Körperwelt, die übersinnliche die Geisterwelt. Die meisten Menschen kennen nur die mit den Sinnen wahrnehmbare Körperwelt, doch das ist oberflächlich und unbegründet; und als Weg der Erkenntnis kennen sie nur den der Sinne, und auch das ist oberflächlich.

Der Beweis dafür, daß es im Innern des Herzens noch ein Fenster der Erkenntnis gibt, beruht auf zwei Dingen. Das eine ist der Schlaf; denn wenn im Schlafe sich das Tor der Sinne schließt, tut sich das innere Fenster auf, und aus der übersinnlichen Welt und der himmlischen Urtafel beginnt sich die verborgene Welt zu zeigen, so daß der Schläfer das, was in Zukunft geschehen wird, sieht und erkennt, bald in voller Klarheit, so wie es wirklich sein wird, bald in Bildern, die der Deutung bedürfen.

Nach dem Äußeren urteilend aber meint das Volk, daß der Mensch im Wachen für die Erkenntnis geschickter sei, da er ja allein dann sehen könne. Von der übersinnlichen Welt sieht er freilich im Wachen nichts, und was er im Schlafe sieht, sieht er nicht vermittels der Sinne[1].

Doch das Wesen des Traumes zu erklären, ist hier nicht der Ort. Nur so viel muß man wissen: Das Herz ist gleich einem Spiegel, und auch die himmlische Urtafel ist einem Spiegel gleich, in dem die Urbilder aller seienden Dinge enthalten sind. Wie nun die Bilder von dem einen Spiegel in den anderen fallen, wenn man die Spiegel einander gegenüberstellt, so erscheinen auch die Bilder der Urtafel in dem Herzen, wenn es rein und frei von allen sinnlichen Eindrücken ist und mit jener übersinnlichen Welt in Verbindung tritt. Solange es aber von sinnlichen Eindrücken in Bann gehalten wird, ist es von der Verbindung mit der übersinnlichen Welt abgesperrt. Im Schlafe ist das Herz frei von allen sinnlichen Eindrücken, und die seiner Substanz eigene Kraft, die übersinnliche Welt zu schauen, tritt dann hervor. Freilich bleibt, wenn die Sinne durch den Schlaf daniedergehalten werden, die Einbildungskraft noch am Werke und macht, daß das Herz die Dinge, die es wahrnimmt, in der Verkleidung von phantastischen Bildern sieht und sie ihm nicht

[1] Übersetzung unsicher

52

klar und deutlich und von aller Verschleierung und Verdeckung frei erscheinen. Erst mit dem Tode verschwinden Einbildungskraft und Sinne, dann schaut das Herz alle Dinge ohne Hülle und Phantasiebilder, und dann wird zu ihm gesagt: »Wir nehmen deine Hülle von dir, und dein Blick ist heute scharf[1].« Und weiter: »O Herr, wir haben gesehen und gehört, o sende uns zurück, denn wir wollen recht handeln, denn nun haben wir Gewißheit[2].«

Der zweite Beweis aber ist der, daß es keinen Menschen gibt, der nicht solche wahren Ahnungen und Einfälle, die durch Eingebung in seine Seele traten, erlebt hätte. Denn solche Dinge kommen nicht auf dem Wege der Sinne, sondern treten im Herzen auf, man weiß nicht, von wannen sie kommen.

Soviel genügt, um einzusehen, daß nicht alles Wissen aus der Sinnenwelt stammt, und hieraus magst du erkennen, daß das Herz nicht aus dieser Welt ist, sondern aus der übersinnlichen Welt stammt. Die Sinne aber, die ihm für diese Welt anerschaffen sind, sind ihm für die Schau jener Welt hinderlich, und solange es nicht von ihnen frei ist, kann es zu jener Welt den Weg nicht finden.

Glaube aber nicht, daß das Fenster des Herzens nach der übersinnlichen Welt sich allein im Schlafe und im Tode erschließe. Denn so ist es nicht. Sondern wenn sich ein Mensch im Wachen selbst kasteit und sein Herz von Zornmut und Begierde und allem schlechten Wesen und allem Bösen dieser Welt reinigt und sich dann an einem einsamen Orte niedersetzt, die Augen schließt, die Sinne stillegt und sein Herz in Verbindung setzt mit der höheren Welt, indem er im Geiste, nicht mit der Zunge, beständig spricht: »Allâh! – Allâh!«, so lange, bis er das Bewußtsein verliert von sich selbst und der ganzen Welt und von nichts mehr weiß als von Gott, dann öffnet sich ihm, obgleich er wachend ist,

[1] Sure 50, 21 [2] Sure 32, 12

jenes Fenster, und das, was andere nur im Schlafen sehen, schaut er im Wachen. Die Geister der Engel erscheinen ihm in herrlichen Gestalten, und er sieht die Propheten und empfängt von ihnen Belehrung und Beistand, und das Reich der Erde und des Himmels wird ihm gezeigt. Wem dieser Weg sich eröffnet hat, der schaut unbeschreibliche und gewaltige Dinge. Wenn der Gesandte Gottes sagt: »Es ward mir die Erde sichtbar, und es wurden mir gezeigt die Länder des Aufgangs und des Untergangs«, oder wenn es im Worte Gottes heißt: »Und so zeigten wir Abraham das Reich des Himmels und der Erde«[1], so ist das in diesem Zustand geschehen. Ja, alles Wissen der Propheten ist auf diesem Wege zu ihnen gekommen, nicht auf dem Weg der Sinne und des lernenden Studiums. Der Anfang dessen aber ist immer der heilige Kampf, wie es im Worte Gottes heißt: »Weihe dich ihm in Weihe[2]«, das heißt: Mache dich von allen Dingen los und ledig, gib dich ihm ganz hin und kümmere dich nicht um die Geschäfte dieser Welt, denn die wird Gott schon selbst zum Rechten lenken. »Er ist der Herr des Aufgangs und des Untergangs, es gibt keinen Gott außer ihm, darum nimm dir ihn zum Sachwalter[2]!« Und wenn du ihn zu deinem Sachwalter genommen hast, halte dich selber frei und mische dich nicht unter die Menschen, sondern »ertrage, was sie sagen, und sondere dich ab von ihnen in Freundlichkeit[2]«.

Diese Worte sind eine Unterweisung zur Kasteiung und zum heiligen Kampfe, durch den das Herz frei werden soll von der Feindschaft gegen die Menschen, von der irdischen Begierde und der Inanspruchnahme durch die Sinnendinge. Dies ist der Weg der Sufis, und ebenso ist dies der Weg des Prophetentums.

Wissen zu erwerben aber durch lernendes Studium, das ist der Weg der Gelehrten. Auch er ist von hohem Wert, doch ist er gering im Vergleich zu dem Wege des Prophetentums und dem Wissen der Propheten und Heiligen, das ohne

[1] Sure 6,75 [2] Sure 73,8-10

54

menschliche Unterweisung unmittelbar von Gott ihren Herzen zufließt.

Die Wahrheit dieses Weges der Erkenntnis ist vielen Menschen durch eigene Erfahrung oder durch Vernunftbeweis offenbar geworden. Wenn du dies aber weder durch eigenes Erleben, noch durch Lehre, noch durch Vernunftbeweis begreifen kannst, so sollst du wenigstens daran glauben und es für wahr halten, damit du nicht von allen drei Stufen ausgeschlossen bleibst und zum Ungläubigen wirst. Denn es ist eines der Wunder der Welten des Herzens, durch das der Adel des menschlichen Herzens offenbar wird.

Glaube aber nicht, daß dies allein den Propheten vorbehalten sei. Nein, die Substanz jedes Menschen trägt die natürliche Anlage dazu in sich, so wie jeder Stahl von Natur geeignet ist, zu einem Spiegel geformt zu werden, darin das Bild der ganzen Welt widerscheint. Wie aber der Stahl, wenn er vom Rost befallen wird und verdirbt, diese Fähigkeit verliert, so verfällt auch jedes Herz, wenn irdische Leidenschaft, Begierden und Sünde es überwältigen und sich darin festsetzen, der Verrostung und Verschleierung und verliert jene ursprüngliche Fähigkeit. »Jedes Neugeborene wird mit der rechten Anlage geboren, erst seine Eltern machen es zum Juden, zum Christen oder zum Magier.« Daß diese Anlage allen Menschen gemein ist, wird auch durch das Wort Gottes bewiesen: »Ich ließ sie selbst bezeugen: Bin ich nicht euer Herr? Da sagten sie: Ja[1].«

Jeder vernünftige Mensch, den man fragt: »Ist zwei mehr als eins?« antwortet: »Ja.« Auch wenn nicht alle vernünftigen Menschen dies mit dem Ohr gehört und mit der Zunge ausgesprochen haben, so liegt doch die Anerkennung dieser Wahrheit ihnen allen in Fleisch und Blut. Ebenso wie nun die Anlage zu dieser Erkenntnis jedem Menschen eingeboren ist, so ist auch die Erkenntnis der Gottheit jedem

[1] Sure 7,171

Menschen eingeboren, wie es im Worte Gottes heißt: »Wenn du sie fragst, wer sie geschaffen hat, so antworten sie gewißlich: Gott[1]!« und weiter: »Die göttliche Anlage, mit der er den Menschen geschaffen hat[2].«

So ergibt sich durch Vernunftbeweis und Erfahrung, daß jene Fähigkeit den Propheten nicht allein vorbehalten ist. Der Prophet ist ja auch nur ein Mensch, wie es im Worte Gottes heißt: »Sprich: Ich bin nur ein Mensch wie ihr[3].«

Wenn aber einem Menschen dieser Weg eröffnet ist, darin alles, was zum Heil der Menschheit dient, gezeigt wird, und er dazu aufruft, so nennt man das, was ihm gezeigt wurde, »heiliges Gesetz« (Scheria) und ihn selbst einen »Propheten« und sein besonderes Erleben »Prophetenwunder«. Wenn er sich aber mit dem Aufrufen nicht befaßt, so nennt man ihn einen »Heiligen« und seine besonderen Erlebnisse »Heiligenwunder«. Denn nicht jeder, dem dies zuteil ward, muß sich mit dem Aufrufen der Menschheit befassen, sondern Gott kann bestimmen, daß er sich nicht mit dem Aufrufen befaßt, sei es, daß zu jener Zeit das heilige Gesetz noch frisch und ein neuer Aufruf nicht nötig ist, sei es, weil es für das Amt des Aufrufens besondere Bedingungen gibt, die in der Person dieses Heiligen nicht erfüllt sind.

Daher mußt du redlich glauben an die Heiligen und ihre Wunder und rüsten, daß der Anfang dieser Dinge an den heiligen Kampf gebunden ist, und daß sie sich willkürlich nicht hervorbringen lassen[4]. Aber nicht jeder, der säet, erntet; nicht jeder, der wandert, gelangt ans Ziel; und nicht jeder, der sucht, findet; sondern je kostbarer ein Ding ist, um so mehr Bedingungen sind daran geknüpft, und um so seltener ist es zu finden.

Dies ist die erhabenste Stufe des Menschen der Erkenntnis. Ohne den heiligen Kampf aber und ohne einen erfahrenen Meister, der den Weg schon gegangen ist, ist das Suchen danach vergeblich. Und wenn diese beiden Bedingungen

[1] Sure 43,87   [2] Sure 30,29   [3] Sure 18,110   [4] unsicher

erfüllt sind, aber der Gnadenbeistand Gottes fehlt und von Ewigkeit her diese Glückseligkeit für ihn nicht beschlossen ist, so wird er doch nicht ans Ziel gelangen. Das aber gilt auch für das Erreichen der Stufe eines Imâms im äußeren Wissen und für alle menschlichen Willenshandlungen.

So hast du nun ein Beispiel von dem Adel der Substanz des Menschen, die man Herz nennt, auf dem Gebiete des Wissens kennengelernt. Jetzt aber wisse, daß es auch auf dem Gebiete der Macht einen Adel gibt, der sonst nur Engeln eigen ist und an dem die anderen lebenden Wesen nicht teilhaben.

So wie die Körperwelt den Engeln dienstbar ist, so daß sie mit Zulassung Gottes, wenn sie es richtig und für die Menschen nötig finden, im Frühjahr Sturm heraufführen und die Tiere im Mutterschoß und die Pflanzen in der Erde bilden und aufs beste gestalten, und wie jede dieser Verrichtungen einer besonderen Schar von Engeln anvertraut ist, so ist auch dem Herzen des Menschen, das von der Art der Substanz der Engel ist, Macht gegeben, sich einen Teil der Körperwelt dienstbar zu machen.

Die besondere Welt jedes einzelnen ist sein Leib. Der Leib aber ist dem Herzen dienstbar, denn in dem Finger ist ja kein Herz und auch kein Wissen und kein Wille, sondern wenn das Herz es befiehlt, so krümmt sich der Finger auf sein Geheiß; und wenn in dem Herzen der Zornmut aufsteigt, so strömt der Schweiß aus allen Gliedern hervor gleich dem Regen; und wenn die Begierde in ihm aufsteigt, so kommt ein Sturmwind auf und fährt nach dem Werkzeug der Begierde; und wenn es ans Essen denkt, so springt die Kraft, die unter der Zunge ihren Sitz hat, zum Dienste auf, und der Speichel beginnt zu fließen, um die Speisen anzufeuchten, so daß sie zum Essen taugen. Doch das ist ja wohlbekannt, daß das Herz über den Leib herrscht und er ihm dienstbar ist.

Du mußt aber wissen, daß es manchen Herzen, die auf höherer Stufe stehen und stärker als die anderen und der Substanz der Engel ähnlicher sind, möglich ist, auch andere Körper außerhalb ihres eigenen Leibes zum Gehorsam zu zwingen. Wenn die Furcht vor einem solchen Menschen einen Löwen befällt, so wird er zahm und ihm gehorsam; und wenn ein solcher Mensch seinen Willen auf einen Kranken richtet, so wird er gesund, und wenn auf einen Gesunden, so wird er krank. Richtet er seine Gedanken auf einen Menschen, daß er zu ihm kommen soll, so entsteht eine Bewegung in dessen Innerem; richtet er seinen Willen darauf, daß es regnen soll, so regnet es. Alles das ist möglich, wie die Vernunft beweist und durch die Erfahrung wohl bezeugt wird. Hierzu gehört auch das, was man böses Auge oder Zauber nennt. Es ist die Wirkung der menschlichen Seele auf andere Körper. Wenn z. B. eine mißgünstige Seele ein schönes Tier ansieht und sich aus Neid den Tod des Tieres in Gedanken vorstellt, so kann das Tier auf der Stelle zugrunde gehen. Es heißt in der Überlieferung: »Das Auge bringt den Mann ins Grab und das Kamel in den Kessel.«

Auch dies gehört also zu den wunderbaren Kräften, die im Herzen wohnen. Wenn solche besondere Fähigkeit sich bei einem Menschen findet, der das Volk zu Gott aufruft, so nennt man das ein Prophetenwunder; ruft er aber das Volk nicht auf, so ist es ein Heiligenwunder; und wenn ein solcher Mensch diese Fähigkeit zum Guten gebraucht, so nennt man ihn Propheten oder Heiligen, gebraucht er sie aber zum Bösen, so nennt man ihn Zauberer. Zauber, Heiligenwunder und Prophetenwunder kommen alle aus der besonderen Kraft des menschlichen Herzens, doch sind die Unterschiede zwischen ihnen groß. Das aber zu erklären, geht über die Grenzen dieses Buches hinaus.

Wer alles das, was wir gesagt haben, nicht weiß, der weiß nicht, was das Prophetentum bedeutet, nur den Laut des

Wortes kennt er vom Hörensagen. Denn das Prophetentum und die Heiligkeit ist eine der Stufen des Adels des
menschlichen Herzens. Ihr Wesen beruht auf drei besonderen Eigenschaften. Die erste besteht darin, daß dem Propheten und Heiligen das, was dem gewöhnlichen Menschen im
Traum offenbart wird, im Wachen offenbart wird; die zweite
darin, daß die Seele der gewöhnlichen Menschen nur auf
ihren eigenen Körper, seine Seele aber auch auf Körper
außerhalb seines eigenen Leibes wirkt in einer solchen Weise,
daß es den Menschen zum Heil gereicht, so daß kein Unheil
daraus entsteht; die dritte besteht darin, daß das Wissen,
das die gewöhnlichen Menschen sich auf dem Wege der
Erlernung aneignen, ihm ohne Erlernung aus dem eignen
Innern zuteil wird. Denn so wie es möglich ist, daß ein
kluger Mensch von klarem Herzen mancherlei Wissenschaft
aus sich selbst heraus gewinnt ohne Erlernung, so ist es
auch möglich, daß ein noch klügerer Mensch von noch kla-
rerem Herzen alle Wissenschaft, ja noch mehr aus sich
selbst heraus erkennt. Dieses Wissen nennt man das »un-
mittelbare« Wissen nach dem Worte Gottes: »Und wir
lehrten ihn ein Wissen, unmittelbar von uns[1].« Wer dieser
drei besonderen Eigenschaften teilhaftig ist, der gehört
zu den großen Propheten oder großen Heiligen. Und wer
eine dieser Eigenschaften besitzt, nimmt die ihr entsprechende Stufe ein. Bei allen dreien aber gibt es große Unterschiede, denn es kann Menschen geben, die ein wenig
von allen dreien besitzen, und andere, die viel davon besitzen. Die Vollkommenheit des Gesandten Gottes aber be-
ruhte darauf, daß er aller drei Eigenschaften in höchster
Vollkommenheit teilhaftig war.

Da nun Gott es den Menschen möglich machen wollte, den
Weg zu seiner Prophetenschaft zu finden, damit sie ihm
folgten und den Weg zur Glückseligkeit von ihm lernten,
gab er jedem Menschen ein Abbild von diesen drei beson-

[1] Sure 18,64

deren Eigenschaften. Er gab ihnen den Traum als Abbild der ersten Eigenschaft, wahre physiognomische Erkenntnis als Abbild der zweiten und richtige Einfälle auf dem Gebiete der Wissenschaften als Abbild der dritten Eigenschaft. Denn es ist dem Menschen nicht möglich, an etwas zu glauben, von dessen Art ihm nichts eigen ist, denn das, wovon er kein Abbild hat, kann er sich nicht vorstellen. Aus diesem Grunde kann niemand Gott vollkommen erkennen, außer Gott selbst. Doch dies näher zu erläutern würde uns hier zu weit führen, und wir haben es in dem Buch, das von der Bedeutung der Namen Gottes handelt, mit klaren Beweisen auseinandergesetzt. Was wir sagen wollen, ist nur dies: Daß wir es nun für möglich halten, daß außer diesen drei Eigenschaften die Propheten und Heiligen noch weitere besondere Eigenschaften besitzen, von denen wir nichts wissen, weil uns das entsprechende Abbild fehlt. So wie wir also sagen, daß Gott niemand vollkommen erkennen kann außer Gott selbst, meinen wir auch, daß auch den Gesandten Gottes vollkommen nur ein Gottgesandter und der, der auf noch höherer Stufe steht, erkennen kann. Daher kann von den Menschen den Propheten nur der Prophet würdigen; wir aber wissen nur so viel, und nicht mehr. Wenn wir z. B. keinen Schlaf hätten und einer uns erzählte, daß ein Mensch hinfalle und sich nicht bewege und nicht sehe und nicht höre und nicht spräche und von dem, was am Tage und zu der Zeit, wo er sehend und hörend ist, geschähe, nichts wisse und nichts wissen könne, so würden wir das nicht glauben, denn was der Mensch nicht gesehen hat, glaubt er nicht. Darum heißt es im Worte Gottes: »Sie hielten für Lüge das, was sie mit ihrem Wissen nicht umfaßten, und wenn die Deutung zu ihnen kommt...[1]«. Und weiter: »... und da sie sich nicht von ihm leiten ließen, und sie werden sprechen: Dies ist eine alte Lüge[2]«. Wundere dich aber nicht darüber, daß die Propheten und Heiligen Eigenschaften

[1] Sure 10,40   [2] Sure 46,10

haben, von denen die anderen nichts wissen und durch die sie Lust empfinden und höchst erhabene Erlebnisse haben, denn du siehst ja, daß ein Mensch, der keinen Sinn für Poesie hat, keine Lust an dem Hören des Rhythmus empfindet, und daß kein Mensch ihm das Verständnis dafür beibringen kann, weil er von dieser Empfindungsart nichts weiß, so wie der Blindgeborene den Sinn für die Farbe und die Lust des Schauens nicht versteht. Darum brauchst du dich nicht zu wundern, wenn die Allmacht Gottes manche Wahrnehmungsmöglichkeiten erschafft, die auf der Stufe des Prophetentums liegen und von denen niemand unterhalb dieser Stufe Kunde haben kann.

Aus dem bisher Gesagten ist die Würde der Substanz des menschlichen Herzens klar geworden, und ebenso auch, worin der Weg der Sufis besteht. Wenn du aber die Sufis hast sagen hören, daß das gelehrte Wissen eine Scheidewand vor diesem Wege sei, und dieses abgestritten hast, so streite diese Behauptung nicht mehr ab, denn es ist die Wahrheit. Denn alle Sinnendinge und alles Wissen, das auf dem Wege der Sinnendinge zustande kommt, wird, wenn du dadurch dich in Anspruch nehmen läßt, zu einer Scheidewand für diese inneren Erfahrungen. Denn das Herz gleicht einem Wasserbecken und die fünf Sinne fünf Bächen, durch die das Wasser sich von außen in das Becken ergießt. Wenn du willst, daß das klare Wasser aus dem Grunde des Beckens emporquellen soll, so mußt du jenes Wasser ganz daraus entfernen und all den schwarzen Schlamm, den es mitgeführt hat, heraustun und all die Bäche verstopfen, so daß durch sie kein Wasser mehr hineinkommt und dann den Grund des Beckens aufgraben, damit das reine klare Wasser aus dem Innern des Beckens emporquillt. Solange aber das Becken mit dem Wasser, das von außen kam, angefüllt ist, ist es unmöglich, daß das Wasser aus dem Innern aufquillt. So kann auch jenes Wissen, das aus dem Innern des Herzens

aufsteigen soll, nicht aufquellen, solange das Herz nicht
frei ist von allem, was von außen hereingekommen ist. Wenn
aber ein Gelehrter sich von allem angelernten Wissen frei
macht und sein Herz nicht dadurch gefangen sein läßt, so
wird ihm das frühere Wissen nicht zu einer Scheidewand,
und es ist dann möglich, daß er jene Eröffnung erlebt, ebenso
wie wenn er sein Herz von den Einbildungen und Sinnen-
dingen frei macht, die früheren Einbildungen für ihn nicht
zur Scheidewand werden.

Die Ursache des Entstehens der Scheidewand aber ist dies:
Wenn jemand den Glauben der Leute der Sunna und die
Beweise dafür, so wie sie in der Disputation und Dialektik
ausgesprochen werden, gelernt hat und sich allein darauf
verläßt und meint, außer diesem seinem Wissen gäbe es kein
anderes Wissen mehr und, wenn in seinem Herzen sich etwas anderes regt, sagt: »Das widerspricht dem, was ich gehört habe, und alles, was dem widerspricht, ist falsch«, so
ist es unmöglich, daß einem solchen Menschen die Wahrheit
der Dinge offenbar werde. Denn jene Glaubenssätze, die das
gemeine Volk lernt, sind nur das Gehäuse für die Wahrheit,
nicht die Wahrheit selbst. Die wahre Erkenntnis besteht
darin, daß man jene Wahrheiten von dem Gehäuse unterscheiden lernt, so wie das innere Mark von der umgebenden
Haut. Und wisse: Wenn einer die Methode der Dialektik
als Verteidigungsmittel für jene Glaubenssätze erlernt, so
wird ihm die Wahrheit dann nicht offenbar, wenn er meint,
daß das, was er nun an Wissen besitzt, alles sei, und diese
Meinung wird für ihn dann zur Scheidewand. Und da diese
Meinung die Leute, die etwas in dieser Weise erlernt haben,
zu beherrschen pflegt, so sind diese zumeist von jener andern Stufe der Erkenntnis abgeschieden. Wenn sich aber
ein solcher Mensch von dieser Meinung frei macht, so
wird ihm das gelehrte Wissen nicht zur Scheidewand, ja
wenn er dann diese Eröffnung erlebt, so gelangt er zur Stufe
der Vollkommenheit, und er geht den Weg sicherer als der,

der nie zuvor in das gelehrte Wissen eingedrungen ist. Denn dieser kann lange Zeit in irgendeiner falschen Einbildung befangen bleiben, und ein unbedeutender Stoff des Zweifels[1] kann für ihn zur Scheidewand werden. Vor dieser Gefahr ist der Gelehrte sicher. Darum mußt du den Sinn des Satzes, daß das gelehrte Wissen eine Scheidewand sei, wohl verstehen und es nicht bestreiten, wenn du von jemandem hörst, daß er zur Stufe der Enthüllung gelangt sei.

Was aber diese nichtigen Libertinisten und Heuchler anlangt, die in diesem Zeitalter aufgetreten sind, so haben sie nicht einmal diese niedrige Stufe erreicht, sondern sie haben sich ein paar hochtönende sufische Redensarten angeeignet und tun den ganzen Tag nichts anderes, als sich zu waschen und mit Handtuch und Gebetsteppich und Flickenrock herumzulaufen und das gelehrte Wissen und die Gottesgelehrten zu schmähen. Diese Leute sind des Todes würdig, denn sie sind die Teufel der Menschheit und Feinde Gottes und seines Gesandten. Denn Gott und sein Gesandter haben das gelehrte Wissen und die Gottesgelehrten gerühmt und alle Welt dazu aufgerufen, nach diesem Wissen zu streben. Wie dürfte ein solcher Scheinheiliger und Heuchler, der weder innere Erfahrungen hat, noch von der Gottesgelehrsamkeit etwas weiß, sich vermessen, jenen Satz im Munde zu führen?

Ein solcher Mensch gleicht einem, der gehört hat, daß das Elixier besser ist als das Gold, weil man damit unendlich viel Gold herstellen kann, und der dann, wenn man Schätze von Gold vor ihm ausbereitet, nichts davon nehmen will, sondern sagt: »Wozu taugt das Gold, was hat es für einen Wert? Das Elixier muß man haben, aus dem das Gold entsteht«, und das Gold nicht nimmt, obwohl er das Elixier nie im Leben gesehen hat und nichts davon weiß. Er bleibt ein Betrüger und Bankrotteur und Hungerleider und hat

[1] Gemeint ist offenbar ein bei gelehrter Gesetzeskenntnis nicht mögliches Versehen in dem, was gesetzlich erlaubt und verboten ist

nur sein kindliches Vergnügen an dem an sich richtigen Satz, daß das Elixier besser ist als Gold, und macht ein großes Geschwätz darüber. Die Offenbarungen der Propheten und Heiligen sind dem Elixier und das Wissen der Gottesgelehrten ist dem Golde zu vergleichen. Gewiß ist an sich der, der das Elixier besitzt, höher zu stellen als der, der das Gold besitzt. Nur eins ist dabei zu bemerken: Wenn jemand vom Elixier gerade so viel besitzt, daß er damit hundert Denare Gold, aber nicht mehr, herstellen kann, so steht er nicht über dem, der tausend Denare fertiges Gold besitzt. Und so, wie zwar vom Elixier viel geschrieben und geredet wird und viele danach suchen, aber in der ganzen Welt nur wenig wirklich gefunden wird, und die meisten Menschen, die danach suchen, nichts als falsche Münze zutage fördern, so ist es auch mit dem wahren Wesen des Sufitums. Es kommt unter diesen Leuten nur selten vor, und das, was vorkommt, ist gar wenig, und nur selten wird die Vollkommenheit erreicht. Darum mußt du wissen, daß dem, der etwas von den Erfahrungen der Sufis erlebt hat, deshalb durchaus nicht der Vorrang vor jedem Gelehrten zukommt, denn die meisten dringen nur ein wenig in die ersten Anfänge des Sufitums ein, fallen aber dann wieder ab und dringen nicht bis zum Ende vor, andere wieder sind bloß in Melancholie und Einbildung befangen, wohinter gar nichts Echtes steckt, glauben aber, das sei etwas. So geht es von zehn dieser Leute neun. So wie es im Traum wirkliche Offenbarungen gibt und wirre Traumphantasien, so ist es auch mit jenen Erfahrungen. Nein, den Vorrang vor den Gottesgelehrten hat nur der, der in jenen Dingen so zur Vollkommenheit gelangt ist, daß er alles gelehrte Wissen, das mit der Religion zusammenhängt und das die anderen durch Erlernen sich aneignen, ohne Erlernen weiß. Und das ist sehr, sehr selten. Du sollst also wohl an den Weg des Sufitums und an den Vorrang der Sufis glauben und um der Heuchler willen, die in dieser Zeit aufgetreten sind, dich in dem Glauben an sie nicht irremachen lassen; wenn aber einer von ihnen das gelehrte Wissen und die Gottesgelehrten schmäht, so wisse, daß er damit nur seine Nichtigkeit beweist.

Wenn du nun sagst: »Wodurch wird denn bewiesen, daß die Glückseligkeit des Menschen in der Erkenntnis Gottes besteht?«, so wisse: Die Glückseligkeit besteht für jedes Ding in dem, woran es seine Lust hat und worin es seine Befriedigung findet. Für jedes Ding aber bedeutet Lust das, was seiner Natur gemäß ist; das seiner Natur Gemäße aber ist das, wozu es geschaffen ist.

So besteht die Lust der Begierde in der Erfüllung ihrer Wünsche, die Lust des Zornmutes in der Rache an den Feinden, die Lust des Auges in schönen Gestalten, die Lust des Ohres in lieblichen Tönen und Melodien. Dementsprechend besteht auch die Lust des Herzens in dem, was seine besondere Eigenart ist und um derentwillen es geschaffen ist, *das ist die Erkenntnis des wahren Wesens der Dinge.* Denn das ist die besondere Eigenart des menschlichen Herzens, Begierde und Zornmut aber und die Wahrnehmung der sinnlichen Dinge mit den fünf Sinnen, das haben auch die Tiere.

Daher liegt in der Natur des Menschen ein Drang, nach dem, was er nicht weiß, zu forschen, so lange, bis er es weiß, und an allem, was er weiß, hat er Freude und Lust und ist stolz darauf, mag es etwas noch so Geringes sein. Wenn man z. B. einem, der das Schachspiel kennengelernt hat, verbietet, es andere zu lehren, so wird ihn das schwer ankommen, denn die Freude daran, ein so merkwürdiges Spiel gelernt zu haben, treibt ihn an, sich damit vor anderen zu brüsten.

Wenn nun die Lust des Herzens in der Erkenntnis der Dinge besteht, so ergibt sich weiter, daß, je größer und edler der Gegenstand der Erkenntnis ist, um so größer auch die Lust daran sein wird.

Jemand, der die Geheimnisse des Wesirs kennt, wird darüber Freude empfinden, lernt er aber die Geheimnisse des Königs und seine Pläne bei der Verwaltung des Reiches kennen, so wird seine Freude noch größer sein; und wer durch die Wissenschaft der Geometrie Gestalt und Maße der Himmelssphären erkennt, hat größere Freude als der, der das Schachspiel versteht; und wiederum ist die Freude dessen, der weiß, wie man im Schachspiel die Figuren ziehen muß, größer als die dessen, der nur die Spielregeln kennt. So ist alles Wissen um so edler, je edler sein Gegenstand ist, und um so größer ist die Lust daran.

Es gibt aber kein edleres Wesen als Gott, den Erhabenen, denn auf ihm beruht der Adel aller Dinge, er ist der Herr und König der ganzen Welt, und alle Wunder der Welt sind Spuren seines Wirkens. Daher gibt es keine Erkenntnis, die edler und lustvoller wäre als die Erkenntnis Gottes, und keinen Anblick, der schöner wäre als der Anblick der Gottheit. Das aber ist das der Natur des Herzens Gemäße, denn das seiner Natur Gemäße ist für jedes Ding seine besondere Eigenart, um derentwillen es geschaffen ist.

Wenn aber aus einem Herzen der Trieb nach dieser Erkenntnis verschwunden ist, so gleicht es einem kranken Körper, bei dem der Trieb nach Nahrung abgestorben ist und dem der schmutzige Lehm lieber ist als Brot. Wird er nicht geheilt, so daß die natürliche Begierde wieder in ihn zurückkehrt und jene schädliche Begierde ihn verläßt, so wird er unselig in dieser Welt und gerät ins Verderben. So ist auch der Mensch, in dessen Herz die Begierde nach anderen Dingen die Begierde nach der Erkenntnis Gottes verdrängt hat, krank, und wenn sein Herz nicht geheilt wird, so wird er in jener Welt unselig werden und ins Verderben geraten.

Alle Begierden und Empfindungen und Lüste, die am Leibe hängen, hören mit dem Tode auf, die Lust der Erkenntnis aber, die ihren Sitz im Herzen hat, wird durch den

Tod des Leibes noch vervielfältigt, denn das Herz geht nicht durch den Tod zugrunde, und die Erkenntnis bleibt bestehen und wird nur noch klarer, und die Lust wird noch vervielfältigt, denn all die Mühe, die die anderen Begierden ihm machten, ist dann von ihm genommen. Die vollständige Erklärung dessen aber wird sich in dem Kapitel *über die Liebe* am Schlusse dieses Buches ergeben.

Was wir hier gesagt haben über die Substanz des Herzens, mag für diese Schrift genügen. Wer weitere Erklärung wünscht, der sehe nach, was wir in dem Buch *über die Wunder des Herzens* darüber gesagt haben. Aber auch mit diesen beiden Büchern gelangt der Mensch noch nicht zur vollkommenen Erkenntnis seiner selbst, denn es ist darin nichts als die Erklärung einiger Eigenschaften des Herzens enthalten. Das aber ist nur der eine Grundpfeiler des Menschen, der andere ist sein Leib, und auch dessen Schöpfung ist gar wunderbar. In jedem seiner äußeren und inneren Organe liegt ein tiefer Sinn und eine wunderbare Weisheit verborgen.

In dem Leibe des Menschen gibt es viele tausend Adern, Nerven und Knochen, jede von anderer Form und Eigenschaft, jede für einen anderen Zweck bestimmt. Von alledem weißt du nicht viel mehr, als daß die Hand zum Greifen und der Fuß zum Gehen und die Zunge zum Sprechen da ist. Daß aber das Auge aus zehn verschiedenen Schichten zusammengesetzt ist, von denen nicht eine fehlen darf, wenn nicht das Sehen Schaden leiden soll, und welchem Zwecke jede dieser Schichten dient und aus welchem Grunde sie zum Sehen nötig ist, das weißt du nicht, obgleich es doch klar ist, von welcher Wichtigkeit das Auge ist. Allein über die Wissenschaft des Auges sind viele Bände geschrieben worden. Und wenn du das nicht weißt, so wirst du erst recht nicht wissen, wozu deine inneren Organe, Leber, Milz, Gallenblase, Niere und die anderen alle, geschaffen sind.

Die Leber ist dazu da, die vom Magen zu ihr gelangenden verschiedenen Speisen zu einem einheitlichen Stoff von der Farbe des Blutes umzuwandeln, damit sie zur Ernährung der Leibesglieder tauglich werden. Wenn nun so das Blut in der Leber gekocht wird, so bleibt davon ein Ruß zurück, das ist die schwarze Galle. Diese schwarze Galle wegzunehmen, ist die Aufgabe der Milz. Dabei erscheint auf ihrer Oberfläche ein gelber Schaum, das ist die gelbe Galle. Diese wird dann von der Gallenblase fortgenommen. Wenn danach das Blut aus der Leber kommt, so ist es dünn und wässerig und ohne Zusammenhalt. Darum ist die Niere da, die die Aufgabe hat, dem Blut das Wasser zu entziehen, so daß es nun ohne schwarze und gelbe Galle und mit festem Zusammenhalt in die Adern strömen kann. Stößt der Gallenblase ein Schaden zu, so bleibt die gelbe Galle im Blut, und es entsteht die Gelbsucht und andere cholerische Krankheiten. Stößt der Milz etwas zu, so bleibt die schwarze Galle im Blut, und es entstehen melancholische Krankheiten. Stößt der Niere etwas zu, so bleibt das Wasser im Blut, und es entsteht die Wassersucht.

So ist jedes äußere und innere Organ des menschlichen Körpers für eine bestimmte Verrichtung geschaffen, ohne die der Körper zu Schaden kommt.

Ja, der Leib des Menschen ist im Kleinen ein Abbild der großen Welt, denn jeder Teil der großen Welt hat in ihm sein Gegenstück. Die Knochen sind gleich den Bergen, der Schweiß gleich dem Regen, das Haar gleicht der Bewaldung, die Hirnschale dem Himmelsgewölbe, die Sinnesorgane den Sternen, und so weiter. Ja alle Arten der Geschöpfe haben im Menschen ihr Gegenbild, so das Schwein, der Wolf, der Hund, das Vieh, die Teufel, die Geister und die Engel, wie wir oben beschrieben haben. Selbst jedes Handwerk, das es auf Erden gibt, hat im menschlichen Leib sein Gegenstück: Die Kraft, die im Magen ihren Sitz hat, gleicht dem Koch, der das Essen gar macht; die, welche die geklärten Speisen zur Leber und die Rückstände ins Gedärm sendet, dem Ölpresser; die Kraft, die der Speise in der Leber die Farbe des Blutes gibt, dem Färber; die, welche das Blut in der Frauenbrust in weiße Milch und in den Hoden in den weißen Samentropfen verwandelt, gleicht dem Bleicher, die, welche die Nahrungsteilchen aus der Leber an sich zieht, gleicht dem Importeur; die, welche in der Niere das Wasser aus dem Blut zieht und in die Blase laufen läßt, dem Wasserholer; die, welche die Rückstände hinausbefördert, dem Ausfeger; die Kraft, die die gelbe und weiße Galle im Innern des Körpers zum Aufwallen bringt, um ihn zugrunde zu richten, gleicht einem bösen Schurken; die aber, die die Galle und die Krankheiten abwehrt, einem rechtschaffenen Vorsteher, und so ließe sich das noch lange weiter ausführen.

Du aber sollst aus alledem erkennen, wieviel verschiedene Kräfte in deinem Innern für dich tätig sind. Wenn du im süßen Schlummer liegst, so gönnen sie sich in deinem Dienste keinen Augenblick Ruhe. Du aber kennst sie nicht einmal und weißt ihnen für das, was sie in deinem Dienst geleistet haben, keinen Dank. Wenn dir jemand einen Tag seinen Sklaven zu deiner Bedienung sendet, so dankst du ihm dein Leben lang dafür, dessen aber, der dir so viel tausend Sklaven und Handwerker zu deiner Bedienung gesandt hat, die das ganze Leben nicht einen Augenblick von deinem Dienste ablassen, gedenkst du nicht.

Die Kenntnis des Baues des menschlichen Leibes und des Nutzens seiner Glieder nennt man die Wissenschaft der Anatomie, und das ist eine erhabene Wissenschaft, die aber von den Menschen vernachlässigt und wenig studiert wird. Die sie aber studieren, tun es nur, um Meister in der Heilkunde zu werden. Die Heilkunde aber ist ein geringes Ding, und wenn sie auch unentbehrlich ist, so hat sie doch mit der Gottesverehrung nichts zu schaffen.

Wer aber diese Dinge betrachtet, um das wunderbare Wirken Gottes darin zu sehen, dem müssen notwendig drei Eigenschaften Gottes offenbar werden. Zum ersten wird er erkennen, daß der Erbauer dieses Leibes, der Schöpfer dieses Körpers allmächtig ist, daß seine Macht keinen Mangel und kein Unvermögen kennt und daß er alles machen kann, was er will. Nichts auf der Welt ist wunderbarer als dies, daß er aus einem Samentropfen einen solchen Körper schaffen kann. Für den, der dieses kann, muß das Wiederbeleben nach dem Tode wahrlich noch viel leichter sein.

Zum zweiten wird er erkennen, daß Gott allwissend ist, daß sein Wissen alle Dinge umfaßt. Denn alle diese Wunderdinge mit ihrer wunderbaren Weisheit wären unmöglich, wenn nicht ihr Schöpfer Allwissenheit besäße.

Zum dritten endlich wird er erkennen, daß Gottes Güte, Freundlichkeit und Erbarmen gegen seine Knechte unendlich ist. Denn mit allem, was nötig war, hat er sie reichlich versehen. Er gab ihnen einmal das, was zum Leben unerläßlich ist, wie Herz und Leber und Gehirn, die Grundorgane des lebenden Wesens, sodann alles das, wonach sie zwar ein Bedürfnis haben, was sie aber nicht unbedingt zum Leben brauchen, wie Hand und Fuß, Zunge und Auge und alles andere; und endlich gab er ihnen solche Dinge, für die weder eine unbedingte Notwendigkeit noch ein Bedürfnis vorhanden ist, sondern die nur zum Schmuck und zur Verschönerung dienen, so wie die Schwärze des Haares, die Röte der Lippen, die Rundung der Augenbrauen, das Ebenmaß der Wimpern und anderes mehr. Diese Güte und Fürsorge hat er aber nicht allein den Menschen zuteil werden lassen, sondern auch allen anderen Geschöpfen bis zur Mücke, Wespe und Fliege herab, denn auch diesen gab er alles, dessen sie bedürfen und schmückte ihre Gestalt und ihr Äußeres mit schönen Zeichnungen und Farben.

So ist also die Betrachtung des menschlichen Körperbaus in seinen Einzelheiten ein Schlüssel zur Erkenntnis der Eigenschaften Gottes, und aus diesem Grunde ist sie eine edle Wissenschaft, nicht darum, weil der Arzt ihrer bedarf. Denn so wie dir die Größe eines Dichters oder Schriftstellers oder Künstlers um so bedeutender erscheint, je mehr du von den wunderbaren Werken der Dichtung, der Schriftstellerei und der Kunst kennst, so sind auch die Wunder der Schöpfung Gottes ein Schlüssel zur Erkenntnis der Größe des Schöpfers.

So gehört auch diese Wissenschaft zur Selbsterkenntnis, doch ist sie gering im Vergleich zu der Wissenschaft vom Herzen, denn sie ist nur eine Wissenschaft vom Leibe, und der Leib ist nur das Reittier, der Reiter aber das Herz. Der Zweck der Schöpfung aber ist der Reiter, nicht das Reittier. Das Reittier ist da um des Reiters willen, nicht der Reiter um des Reittiers willen.

Dies alles aber haben wir nur gesagt, damit du einsiehst, daß es dir nicht so leicht ist, dich selbst vollkommen zu erkennen, wenngleich dir nichts näher ist als du selbst. Wer sich aber selbst nicht kennt und doch behauptet, etwas anderes zu kennen, der gleicht dem Bankrotteur, der für sich selber kein Essen beschaffen kann, aber behauptet, daß alle Armen der Stadt von seinem Brot äßen, und über solche Erbärmlichkeit kann man sich doch nicht genug verwundern.

Da du nun aus alledem den Adel, die Würde und die Erhabenheit der Substanz des menschlichen Herzens erkannt hast, so wisse, daß dir diese kostbare Substanz einst gegeben wurde, dann aber deinem Blick entzogen worden ist. Wenn du sie nun nicht wiedersuchst, sondern verloren sein läßt und dich nicht darum kümmerst, so leidest du schweren Verlust und Schaden. Darum bemühe dich, dein Herz wiederzusuchen und aus dem irdischen Getriebe herauszuholen und seiner wahren Würde zuzuführen. Denn seine wahre Würde und Ehre wird erst in jener Welt sich zeigen. Da wartet seiner Freude ohne Kummer, Bestehen ohne Vergehen, Kraft ohne Schwäche, Erkenntnis ohne Zweifel, Schönheit ohne Trübung. In dieser Welt aber beruht sein Adel auf dem, was es geschickt und würdig macht, zu jener wahren Ehre und Würde zu gelangen.

Denn davon abgesehen ist auf Erden nichts unvollkommener und hilfloser als der Mensch. Er ist ein Sklave des Hungers und des Durstes, der Wärme und der Kälte, der Krankheit und der Schmerzen, des Kummers und der Sorge. Alles, was ihm Lust und Befriedigung gewährt, bringt ihm Schaden, und alles, was ihm nützlich ist, ist mit Bitterkeit und Mühe verbunden. Wenn ein Mensch Ehre und Ansehen hat, so hat er es durch Wissen oder Macht oder durch hohes Wollen und Streben oder durch Schönheit und Gestalt. Wenn du aber sein Wissen genau betrachtest, wer ist dann unwissender als er? Verschiebt sich nur ein Äderchen in seinem Gehirn, so ist er in Gefahr, zu sterben oder wahnsinnig zu werden, ohne die Ursache, noch das Heilmittel zu wissen; ja er kann das Heilmittel vor sich haben und mit den Augen sehen, ohne es zu wissen.

Betrachtest du dir seine Macht und Kraft genau, wer ist dann ohnmächtiger als er? Er kann sich gegen keine Fliege wehren; der Stich einer Mücke genügt, um ihn zu töten; und wenn eine Wespe ihn mit dem Stachel sticht, so hat er weder Ruhe noch Schlaf.

Betrachtest du aber den hohen Flug seines Strebens, so genügt eine Unze Silber, die er verliert, um seinen Ärger zu erregen, ein Bissen Speise, der ihm entgeht, wenn er hungrig ist, um ihn ohnmächtig zu machen. Gibt es etwas Kläglicheres als dies?

Wenn du endlich seine Schönheit und Gestalt betrachtest: Eine Haut ist es, die über einen Misthaufen gespannt ist. Wenn er sich zwei Tage lang nicht wäscht, so treten so abscheuliche Dinge bei ihm auf, daß ihm vor sich selber übel wird, und Gestank geht von ihm aus. Und kann man sich etwas Abscheulicheres und Widerwärtigeres denken als das, was er stets im Leibe hat und mit sich herumträgt und täglich zweimal mit eigener Hand abwaschen muß?

Der Scheich Abu Saîd[1] kam eines Tages mit einer Schar Sufis an einem Orte vorbei, wo man eine Abortgrube aushob und der Unrat sich auf den Weg ergoß. Da bogen sie alle nach der Seite aus und hielten sich die Nase zu, der Scheich aber blieb dabei stehen und sprach: »Ihr Leute, wißt ihr, was dieser Unrat zu mir sagt?« Sie sprachen: »Was sagt er, o Scheich?« Er sprach: »Er sagt: Gestern war ich noch auf dem Markte, und alle leerten ihre Geldbeutel, um mich zu erwerben; eine Nacht war ich bei euch, da wurde ich so. Müßte ich nicht eher vor euch fliehen als ihr vor mir?«

Ja, wirklich, so ist es: Der Mensch ist auf dieser Erde ein gar mangelhaftes, ohnmächtiges und armseliges Geschöpf, sein Markttag aber wird morgen, am Jüngsten Tage sein. Wenn er das Elixier auf die Substanz seines Herzens wirken läßt, so wird er von der Stufe der Tiere sich zu der Stufe der Engel erheben. Wendet er sich aber der Welt und ihrer Begierde zu, so wird es morgen dem Hunde und dem Schweine besser gehen als ihm. Denn jene werden zu Staub und aller Mühe ledig, er aber bleibt in der Qual.

Darum muß der Mensch, wenn er seinen Adel und seine Würde erkannt hat, auch seine Unvollkommenheit und Ohnmacht und Armseligkeit erkennen. Denn auch diese Seite der Selbsterkenntnis ist ein Schlüssel zur Erkenntnis des höchsten Gottes.

[1] Abu Saîd ibn Abilchair, berühmter Mystiker, gest. 440 d. H. (1049). Zu ihm vergleiche jetzt das grundlegende Buch von Fritz Meier, Abu Sa'id-i Abu'l-Hair, Teheran-Paris 1976

VON DEM RECHTEN UMGANG
MIT DEN MENSCHEN

Diese irdische Welt ist eine Karawanserei auf dem Wege zu Gott, und alle Menschen finden sich in ihr als Reisegenossen zusammen. Da sie aber alle nach demselben Ziele wandern und gleichsam eine Karawane bilden, so müssen sie Frieden und Eintracht miteinander halten und einander helfen und ein jeder die Rechte des andern achten.

Wir wollen über den Umgang mit den Menschen in drei Kapiteln handeln. Das erste Kapitel soll handeln:

Vom Wesen der Freundschaft und Bruderschaft in Gott; das zweite:

Von den Pflichten der Freundschaft und Bruderschaft; und das dritte:

Von den Pflichten gegen die Muslime, die Nachbarn, die Anverwandten und die Sklaven.

VON DER FREUNDSCHAFT UND
BRUDERSCHAFT IN GOTT

Von der Vortrefflichkeit der Freundschaft und Bruderschaft, ihren Bedingungen, ihren Stufen und ihrem Nutzen

Wisse: Das Freundschafthalten ist eine Frucht guter Sinnesart, die Entfremdung aber eine Frucht böser Sinnesart. Denn gute Sinnesart bedingt Liebe und Befreundung und Einmütigkeit; böse Sinnesart aber Haß, Neid und Verfeindung. Und wo der Baum gut ist, da muß auch die Frucht gut sein. Welch hohen Rang aber die gute Sinnesart in der Gottesverehrung einnimmt, das liegt am Tage. Sie ist es, die Gott an seinem Propheten rühmt, da er sagt: »Siehe, du bist von hoher Sinnesart[1].« –

Man fragte den Gesandten Gottes: »Was ist das Beste, was dem Menschen gegeben ist?« Er sagte: »Die gute Sinnesart.« Und weiter sprach der Gesandte Gottes: »Ich bin gesandt, um die gute Sinnesart zur Vollendung zu bringen.« – Und weiter sprach der Prophet: »Sei guter Sinnesart, o Abu Hureira[2]!« Da sprach Abu Hureira: »Was ist gute Sinnesart, o Gesandter Gottes?« Er sprach: »Daß du das Band knüpfest zu dem, der es zerreißt; daß du verzeihst dem, der dir Unrecht tut; daß du gibst dem, der dich beraubt.«

Und es liegt am Tage, daß das Freundschafthalten und das Aufhören der Entfremdung die Frucht der guten Sinnesart ist; und wo der Baum gut ist, da ist auch die Frucht gut.

Wie sollte es anders sein? Sind doch genug Gottesworte, Überlieferungen und Erzählungen von den Alten auf uns

---

[1] Sure 68,4 [2] bekannter Überlieferer von Aussprüchen Muhammeds, gest. 57/58 d. H. (676–7)

gekommen, die die Freundschaft selber preisen, insbesondere, wenn Frömmigkeit, Gottesverehrung und Gottesliebe das verbindende Band sind.

Gott sagt in seinem heiligen Worte, um die große Güte zu zeigen, die er den Menschen durch die Gnadengabe der Freundschaft erwiesen hat: »So du aufwendetest alles, was auf Erden ist, nicht vermöchtest du ihre Herzen zu verbinden; Gott aber verbindet sie[1].« Und wiederum: »So seid ihr denn durch seine Gnade Brüder geworden[2]«, nämlich durch das Freundschafthalten. Hingegen tadelt er die Trennung und warnt vor ihr, da er spricht: »Haltet alle fest am Stricke Gottes und trennet euch nicht[2]«, und wie es weiter heißt.

Der Gesandte Gottes sagt: »Am nächsten von euch sitzen mir die, so die schönste Gesinnung haben, die den Sitz neben sich behaglich machen, die Freundschaft halten und Freundschaft gewähren.« – Und weiter: »Mit wem Gott Gutes vorhat, dem beschert er einen frommen Freund, der erinnert ihn, wenn er Gott vergißt, und hilft ihm, wenn er sich erinnert.« Und wiederum: »Zwei Brüder, die einander treffen, sind gleich zwei Händen, deren eine die andere wäscht; und nicht treffen zwei Gläubige zusammen, ohne daß Gott dem einen Gutes vom anderen beschert.« –

Abu Idrîs al-Chaulâni[3] sagte zu Muâdh[4]: »Ich habe dich lieb in Gott.« Da sagte er zu ihm: »Freue dich! Denn ich habe den Gesandten Gottes sagen hören: ›Am Jüngsten Tage werden rings um Gottes Thron Sitze aufgestellt werden für eine Schar von Menschen, deren Gesichter leuchten wie der Mond in der Nacht der Fülle. Die Menschen werden in Angst sein, sie aber werden nicht in Angst sein; die Menschen werden sich fürchten, sie aber werden sich nicht fürchten. Das sind die Heiligen Gottes, die keine Furcht

[1] Sure 8,64   [2] Sure 3,98   [3] Rechtsgelehrter der ersten Omaijadenzeit, gest. 80 d. H. (700)   [4] seinem angeblichen Lehrer, einem Genossen des Propheten, gest. 17 oder 18 d. H. (639)

kennen noch traurig sind.‹ Man fragte ihn: ›Wer sind diese, o Gesandter Gottes?‹ Er sprach: ›Das sind die, die sich in Gott lieben.‹« –

Und weiter spricht der Gesandte Gottes: »Wo immer zwei sich in Gott lieb haben, da liebt Gott den am meisten, der seinen Gefährten am meisten liebt.« – Und weiter: »Gott spricht: ›Meine Liebe gehört denen, die einander besuchen um meinetwillen und Freundschaft miteinander halten um meinetwillen und einander von ihrem Gut gewähren um meinetwillen und einander helfen um meinetwillen‹.« Und weiter: »Gott spricht am Jüngsten Tage: Wo sind die, die einander liebten um meinetwillen? Heute, da es keinen Schatten gibt, in dem sich die Menschen bergen können, will ich sie in meinem Schatten bergen[1].«

Und weiter: »Wenn ein Mensch sich aufmacht, seinen Bruder zu besuchen, so sendet ihm Gott einen Engel auf den Weg, der spricht: ›Wohin gehst du?‹ Er sagt: ›Ich will meinen Bruder N. besuchen.‹ Spricht der Engel: ›Hast du ein Anliegen an ihn?‹ Er sagt: ›Nein.‹ Spricht der Engel: ›Bist du verwandt mit ihm?‹ Er sagt: ›Nein.‹ Spricht der Engel: ›Hat er dir eine Wohltat erwiesen?‹ Er sagt: ›Nein.‹ Spricht der Engel: ›Warum gehst du dann zu ihm?‹ Er sagt: ›Ich gehe um Gottes willen und habe ihn lieb.‹ Da spricht der Engel: ›Gott hat mich zu dir gesandt, um dir zu verkünden, daß er dich liebt um deiner Liebe willen, die du zu jenem Bruder hast, und dir das Paradies verspricht[1].‹«

Der Gesandte Gottes sagt weiter: »Der festeste Halt des Glaubens ist die Liebe in Gott und der Haß in Gott.« Darum muß der Mensch auch Feinde haben, die er in Gott haßt, wie er Freunde und Brüder hat, die er in Gott liebt.

Gott sprach zu einem seiner Propheten: »Du hast dich von der Welt abgekehrt, dafür hast du Ruhe vor der Welt und ihren Sorgen gewonnen; du hast mir gedient, dafür bist du zu Ehren gelangt; aber bist du um meinetwillen freundlich

[1] nach p

78

zu einem Freund und feindlich zu einem Feind gewesen?« –
Und Jesus offenbarte er: »Wenn du mir dientest mit dem
Gottesdienst aller Bewohner des Himmels und der Erde,
und es wäre nicht die Liebe in Gott und der Haß in Gott
dabei, so wäre es dir nichts nütze[1].«

Jesus sprach: »Suchet die Liebe Gottes durch den Haß
gegen die Frevler, suchet Gottes Nähe durch die Entfernung
von ihnen, suchet Gottes Wohlgefallen durch den Zorn auf
sie.« Da sagte man zu ihm: »O Geist Gottes, mit wem sollen
wir denn zusammen sein?« Er sprach: »Mit dem, dessen
Anblick euch Gottes gedenken läßt, dessen Wort euer Wissen mehrt und dessen Handeln eure Sehnsucht nach dem
Jenseits größer macht[1].« –

Gott offenbarte sich David und sprach: »O David, warum
fliehst du die Menschen und sitzest allein?« David sprach:
»Herr, die Liebe zu dir hat das Andenken der Menschen aus
meinem Herzen getilgt, ich habe Widerwillen gegen sie
alle.« Da sprach Gott: »O David, sei wach und suche dir
Freunde; doch meide den, der dir nicht hilft auf dem Wege
zu mir, denn er macht dein Herz hart und entfernt dich von
mir[1].« –

Der Gesandte Gottes spricht: »Gott hat einen Engel, der
besteht zur Hälfte aus Schnee und zur Hälfte aus Feuer;
der sagt: ›Gott, so wie du Schnee und Feuer miteinander
verbunden hast, verbinde die Herzen deiner frommen
Knechte‹.«[1] – Und weiter sagt er: »Die sich lieben in Gott,
werden wohnen auf einem Säulenbau von rotem Rubin; auf
dem Säulenbau sind siebzigtausend Gemächer, von denen
werden sie herabblicken auf die Bewohner des Paradieses;
ihre Schönheit wird den Bewohnern des Paradieses leuchten,
wie die Sonne den Bewohnern der Erde leuchtet, und die
Himmelsbewohner werden sprechen: ›Lasset uns gehen und
die Liebenden in Gott schauen, denn ihre Schönheit leuchtet
wie die Sonne.‹ Sie sind angetan mit Kleidern von grüner

[1] nach p

79

Seide, und auf ihren Stirnen steht geschrieben: ›Die Liebenden in Gott‹.« –

Ibn Mas'ûd[1] sagte: »Wenn ein Mann zwischen dem schwarzen Stein und dem Makâm[2] stände und Gott siebzig Jahre diente, so würde er doch am Jüngsten Tage mit dem zusammen auferweckt, den er liebt.« –

Omar sprach: »Wenn einer von euch von seinem Bruder Liebe erfährt, so greife er danach, denn gar selten wird ihm solches zuteil werden.«

Mudschâhid[3] sagt: »Wenn zwei, die sich in Gott lieben, sich begegnen und einander zulächeln, so fallen die Sünden von ihnen ab wie die dürren Blätter von den Bäumen im Winter.«

Fudail[4] sagte: »Ein Blick voll Liebe und Zärtlichkeit in das Angesicht des Bruders, das ist Gottesdienst.«

VON DEM WESEN DER BRUDERSCHAFT IN GOTT, UND WIE SIE SICH VON DER WELTLICHEN BRUDERSCHAFT UNTERSCHEIDET

Wisse: Die Liebe in Gott und der Haß in Gott sind geheimnisvolle Dinge; doch werden sich alle Zweifel lösen durch das, was wir sagen werden.

Die Freundschaft teilt sich in eine solche, die zufällig entsteht durch Nachbarschaft, Zusammensein auf der Schule oder Hochschule, auf dem Markte oder am Fürstenhof oder auf der Reise, und in eine solche, die willkürlich entsteht und Zweck eines Strebens sein kann. Nur mit dieser befassen wir uns hier, denn die Bruderschaft von religiösem Wert gehört zu dieser Art, weil nur die mit Willen voll-

---

[1] Genosse und treuer Diener des Propheten, gest. 32/33 d.H. (654/5) [2] eine besonders heilige Stelle an der Ka'ba in Mekka [3] bekannter Gelehrter der »Nachfolger«generation, gest. um 100 d.H. (718/9) [4] F. ibn Ijâd, ehemaliger Räuberhauptmann, dann berühmter Sufi, gest. 187 d. H. (803)

zogenen Handlungen verdienstlich und Gegenstand der Empfehlung sein können.

Freundschaft halten bedeutet Zusammensein, Umgang pflegen und Einandernahesein. Solches sucht der Mensch nur bei dem, den er lieb hat, denn den, den er nicht liebt, meidet er und hält sich fern von ihm und sucht seine Gesellschaft nicht auf.

Der Gegenstand der Liebe aber wird entweder um seiner selbst willen geliebt oder um eines anderen geliebten oder erstrebten Dinges willen, zu dem er das Mittel ist. Dieses andere Erstrebte aber kann entweder in Gütern rein irdischer Art bestehen, oder etwas sein, was sich auf die jenseitige Welt bezieht, oder etwas, was mit Gott selbst in Zusammenhang steht. Daraus ergeben sich insgesamt vier Arten der Liebe.

Die erste Art der Liebe

Daß du einen Menschen um seiner selbst willen liebst.

Das ist wohl möglich und besteht darin, daß der andere an sich dir lieb ist, das heißt, daß du dich freust, ihn zu sehen, mit ihm bekannt zu werden und Zeuge der Eigenart seines Wesens zu sein, und zwar darum, weil du ihn schön findest. Denn alles Schöne erregt bei dem, der die Schönheit wahrnimmt, Lust, und alles, was Lust erregt, wird geliebt. Das als schön Empfundene kann entweder die äußere Gestalt, das heißt die Schönheit des Leibes, oder die innere Gestalt sein, das heißt die Vollkommenheit der geistigen und die Schönheit der sittlichen Anlagen. Aus dieser folgt Schönheit des Handelns, aus jener Reichtum des Wissens. Alles das empfindet der natürliche Geschmack und der gesunde Verstand als schön; und alles, was als schön empfunden wird, gewährt Lust und wird geliebt.

Allein bei der Verbindung des Herzens gibt es noch etwas anderes, das geheimnisvoller ist als dies. Zuweilen knüpft sich ein festes Band der Liebe zwischen zwei Menschen ohne

Anmut der Gestalt oder Schönheit des Leibes oder Geistes, sondern infolge einer inneren Verwandtschaft, die Freundschaft und Einklang bewirkt, weil das Ähnliche von Natur zum Ähnlichen hingezogen wird. Was aber da im Innern vorgeht, ist geheimnisvoll und hat unbegreifliche Ursachen, in die Einsicht zu gewinnen menschlicher Kraft versagt ist.

Dies meint der Gesandte Gottes, da er spricht: »Die Geister sind wie ausgehobene Truppen; die sich bekannt fühlen, tun sich zusammen; und die sich fremd fühlen, streben voneinander fort.« Das Sichfremdfühlen hat seinen Grund in einer inneren Verschiedenheit, das Sichzusammentun in einer inneren Verwandtschaft, die er hier »Sichbekanntfühlen« nennt. Nach einem anderen Wortlaut heißt es: »Die Geister sind wie ausgehobene Truppen, sie schnuppern nacheinander in der Luft, wenn sie zusammenkommen.«

Ein gelehrter Mann hat dasselbe im Bilde ausgedrückt und gesagt: »Gott hat die Geister in Gestalt von Kugeln erschaffen und jede Kugel in zwei Hälften geteilt, die den Sphärenthron umkreisen. Wenn nun zwei Hälften sich dort wiedererkennen und zusammenkommen, so finden sie sich auch auf dieser Erde wieder.«

Der Gesandte Gottes spricht: »Die Geister der Gläubigen finden einander auf eine Tagereise weit, ohne daß einer den anderen je gesehen hat.«

Man erzählt: In Mekka gab es eine Frau, die den Weibern Späße vormachte, und in Medina gab es auch eine solche. Als nun einst die Mekkanerin nach Medina kam, stieg sie sogleich bei jener Medinerin ab. Eines Tages kam sie zu Aischa, der Frau des Propheten, um ihr ihre Späße vorzumachen. Da fragte sie Aischa, wo sie abgestiegen sei. Als sie den Namen ihrer Gefährtin nannte, sprach Aischa: ›Wie recht hat doch der Bote Gottes gehabt, da er sagte: Die Geister sind wie ausgehobene Truppen . . .‹ und wie es oben weiter heißt.

Sicher ist, daß Augenschein und Erfahrung solche Verbindungen auf Grund einer Verwandtschaft bezeugen; die Verwandtschaft der Naturen und Charaktere aber, sei es eine innerliche oder eine äußerliche, ist eine bekannte Sache. Welche Gründe aber diese innere Verwandtschaft bewirken, das zu verstehen ist menschlicher Einsicht versagt, und es bleibt nichts übrig, als die Tatsache anzuerkennen.

Das törichte Gerede der Sterndeuter freilich besagt, wenn das Horoskop eines Menschen im Sextilscheine oder im Gedrittscheine zu dem eines anderen Menschen stehe, so sei das der Aspekt der Gunst und Liebe und bewirke innere Verwandtschaft und Liebe zueinander; Opposition und Geviertschein aber bewirke Haß und Feindschaft. Doch wenn das wahr wäre und solches in der Gewohnheit des göttlichen Wirkens läge, so wäre dies noch schwieriger zu begreifen als die Tatsache der Verwandtschaft selbst. Aber es hat keinen Sinn, sich mit Dingen zu befassen, deren Geheimnis zu ergründen dem Menschen doch versagt ist, »denn nur ein Weniges ist uns vom Wissen gegeben[1]«, Erfahrung und Augenschein mag uns zur Anerkennung der Tatsache genügen.

Es sind darüber auch Überlieferungen auf uns gekommen. Der Gesandte Gottes spricht: »Wenn ein Gläubiger in eine Versammlung tritt, wo hundert Heuchler und ein Gläubiger sind, so wird er sich von selbst zu diesem setzen; und wenn ein Heuchler in eine Versammlung kommt, wo hundert Gläubige sind und ein Heuchler, so wird er sich von selbst zu dem Heuchler setzen.«

Das beweist, daß jedes Wesen von Natur zu dem ihm ähnlichen hingezogen wird, auch ohne etwas davon zu wissen. Mâlik ibn Dînâr[2] sagt: »Nie halten zwei Gesellschaft miteinander, die nicht irgendeine Eigenschaft gemeinsam haben. Die Menschen sind wie die Vögel, keine Art fliegt mit

[1] nach Sure 17,87 [2] Asket, Schüler von Hasan el-Basri, gest. in Basra um 130 d. H. (748)

83

der anderen, wenn nicht eine Verwandtschaft zwischen ihnen besteht. Eines Tages sah ein Mann einen Raben mit einer Taube zusammen sitzen und wunderte sich, daß sie zusammenhielten, obwohl sie nicht von derselben Art waren. Als sie aber aufflogen, zeigte es sich, daß beide lahm waren. Da sagte er: ›Also darum halten sie zusammen.‹

Ein Weiser sagt: »Jeder Mensch hält sich zu seinesgleichen, so wie jeder Vogel mit seiner Art fliegt. Wenn zwei noch so lange zusammen sind, werden sie sich doch wieder trennen, wenn sie nicht irgendeine Ähnlichkeit miteinander haben.« –

So kann also ein Mensch wohl einen anderen um seiner selbst willen lieben, nicht weil er einen Nutzen von ihm erhofft, sondern allein infolge der geheimen Übereinstimmung und Verwandtschaft ihrer inneren Naturen und ihres verborgenen Wesens.

Hierzu gehört auch die Liebe zur Schönheit, sofern nicht die Befriedigung der Begierde damit erstrebt wird. Denn schöne Gestalten gewähren schon an und für sich Lust, auch wenn man sich die Begierde ganz fehlend denkt. Gewährt doch selbst der Anblick von Früchten und Blüten und Blumen und Äpfeln mit einem roten Hauch und von fließendem Wasser und grünem Gefilde Genuß, ohne daß ein weiteres Begehren dahinter steht.

Diese Liebe aber hat mit der Liebe zu Gott nichts zu tun, sondern es ist eine natürliche Liebe, ein bloßer Trieb der Seele, der auch bei dem denkbar ist, der gar nicht an Gott glaubt. Nur ist zu bemerken, daß, wenn sich mit ihr eine tadelnswerte Nebenabsicht verbindet, sie selbst tadelnswert wird, wie die Liebe zu einer schönen Gestalt, wenn dabei die Befriedigung unerlaubter Begierde erstrebt wird. Ist das aber nicht der Fall, so ist sie sittlich gleichgültig und unterliegt keinem wertenden Urteil. Denn alle Liebe ist entweder lobens- oder tadelnswert oder keines von beiden, das heißt sittlich gleichgültig.

Daß man einen Menschen liebt, um durch ihn zu etwas anderem außer ihm selbst zu gelangen, als Mittel also zur Erreichung eines anderen geliebten Gegenstandes, wie wir ja das Mittel, das zum Geliebten führt, selbst zu lieben pflegen.

Wenn wir ein Ding um eines anderen willen lieben, so lieben wir zwar in Wahrheit jenes andere, doch ist uns auch der Weg zu ihm liebenswert. Darum lieben die Menschen das Gold und das Silber, obwohl beide an und für sich nichts Begehrenswertes an sich haben, denn man kann sie weder essen noch sich damit bekleiden; doch sind sie ein Mittel, zu liebenswerten Dingen zu gelangen. So werden auch manche Menschen gleich dem Golde und Silber geliebt als das Mittel, durch das man zu Ehre oder Geld oder Wissen gelangt. So liebt man wohl den Fürsten, weil man Gewinn von dessen Reichtum und Würde hat, und liebt die Hofleute, weil sie einen bei dem Fürsten empfehlen und in Gunst bringen.

Besteht nun der also erlangte Nutzen nur in rein zeitlichen Gütern, so ist solche Liebe keine Liebe in Gott; besteht er zwar nicht nur in zeitlichen Gütern, werden aber doch nur diese erstrebt, so wie bei der Liebe des Schülers zum Lehrer, so gehört sie auch nicht zu der Liebe in Gott. Denn der Schüler liebt den Lehrer um der Kenntnisse willen, zu denen er durch ihn gelangt, und sie sind der wahre Gegenstand seiner Liebe. Wenn er nun diese Kenntnisse nicht erstrebt, um Gott näher zu kommen, sondern um Ehre und Geld und Ansehen beim Volke zu gewinnen, so ist eben diese Ehre und das Geld und das Ansehen bei den Leuten das eigentlich von ihm Geliebte, und die Kenntnisse sind nur das Mittel dazu und der Lehrer wiederum nur das Mittel zur Erlangung der Kenntnisse. In alledem ist nichts von Gottesliebe, denn alles das ist denkbar auch bei einem, der gar nicht an Gott glaubt.

Nun zerfällt auch diese Liebe wieder in eine tadelnswerte und eine sittlich gleichgültige. Denn wenn sich damit tadelnswerte Zwecke verbinden, wie etwa der, durch Bekleidung des Richteramtes oder dergleichen die Mitmenschen sich zu unterjochen, das Gut der Waisen zu rauben und das Volk zu unterdrücken, so ist die Liebe tadelnswert. Ist aber der erstrebte Zweck sittlich gleichgültiger Art, so ist es die Liebe auch, denn das Mittel erhält Wertung und Bedeutung durch den Zweck, den es vermittelt.

Die dritte Art der Liebe

Daß man den anderen zwar nicht um seiner selbst, sondern um eines anderen Dinges willen liebt, dieses andere aber nicht in zeitlichen, sondern in ewigen Gütern besteht.

Auch dies ist ganz klar: Wenn einer seinen Lehrer und Meister liebt, weil er durch seine Vermittlung Wissen erlangt und sein Wandel gebessert wird und in beidem sein Streben auf die Ewigkeit gerichtet ist, so ist er ein Liebender in Gott, ebenso wie der Lehrer, der seinen Schüler liebt, weil dieser die Lehre von ihm übernimmt und ihm dadurch zu der Würde eines Lehrers verhilft, so daß er gemäß dem Worte Jesu: ›Wer die Lehre weiß und danach handelt und sie andere lehrt, der wird mit Ehrfurcht genannt im Himmelreich‹, im Reiche des Himmels und der Erde durch ihn Ehre gewinnt. Denn Belehrung gibt es nur da, wo einer sich belehren läßt; darum ist dieser für den Lehrer das Mittel, jenen Vorzug zu erlangen. Wenn daher der Lehrer den Schüler liebt, weil er ihm dazu das Mittel ist und er sein Herz zum Saatfeld für seinen Samen machen kann, durch den er den Rang der Ehrung im Himmelreich erlangt, so ist er ein Liebender in Gott.

Ja, wer von seiner Habe um Gottes willen Almosen gibt und Gäste zu sich lädt und mit schönen erlesenen Speisen bewirtet, um Gott nahe zu kommen, und darum einen Koch liebt, weil er gut kocht, oder einen Mann, der die Verteilung der Gaben an würdige Empfänger übernimmt, der ist ein Liebender in Gott.

Ja, ich sage noch mehr: Wer einen Menschen liebt, der ihn persönlich bedient, indem er seine Kleider wäscht, sein Haus fegt und sein Essen kocht, und ihn dadurch frei macht für die Wissenschaft und die Werke, und sich deshalb bedienen läßt, um sich ungestört dem Dienst Gottes widmen zu können, der ist ein Liebender in Gott.

Ja, ich sage noch mehr: Wenn einer einen Menschen liebt, der ihn mit Geld unterstützt, ihn mit Nahrung, Kleidung und Wohnung versieht und ihn mit aller irdischen Notdurft versorgt, damit er sich ungestört der Wissenschaft und den Werken, die ihn Gott nahe bringen, widmen kann, so ist er ein Liebender in Gott. So wurden manche der Alten durch reiche Leute versorgt, und dann waren der Versorger und der Versorgte beide Liebende in Gott.

Ja ich sage noch mehr: Wer ein frommes Weib zur Ehefrau nimmt, um durch sie vor der Versuchung des Satans bewahrt zu werden und seinen Glauben zu bewahren und um ein frommes Kind von ihr zu haben, das für ihn betet, und sie darum liebt, weil sie ihm ein Mittel zu diesen frommen Zwecken ist, der ist ein Liebender in Gott. Darum heißt es in den Überlieferungen, daß die Aufwendung für Weib und Kind reich belohnt wird, bis zu dem Bissen, den der Mann in den Mund seines Weibes steckt.

Ja, ich sage noch mehr: Jeder, der ganz ergriffen ist von der Liebe zu Gott und dem, was ihm gefällt, und der Sehnsucht, zu ihm zu kommen im Land der Ewigkeit, wenn immer er einen anderen liebt, so ist er ein Liebender in Gott. Denn es ist nicht denkbar, daß er irgend etwas liebe anders als darum, weil es bezogen ist auf das, was er liebt, Gottes Wohlgefallen.

Ja, ich sage noch mehr: Wenn in eines Menschen Herzen beide Arten der Liebe sich zusammenfinden, die Liebe zu

Gott und die Liebe zur Welt, und die Bedingungen für beide sich ihm in einer Person erfüllen, die ihm zugleich auf dem Wege zu Gott und in den Dingen der Welt ein Vermittler ist, und er dann diesen Menschen um dieser beiden Dinge willen liebt, so gehört er zu den Liebenden in Gott. Wenn so einer seinen Lehrer lieb hat, der ihn in der Gotteslehre unterweist und ihm zugleich die irdischen Sorgen abnimmt durch Versorgung mit Geld und Gut, und er ihn deshalb liebt, weil es in seiner Natur liegt, nach Ruhe in dieser und nach Glückseligkeit in jener Welt zu streben, und jener ihm zu beiden das Mittel ist, so ist er ein Liebender in Gott.

Es ist also nicht Bedingung für die Liebe in Gott, daß sie kein zeitliches Gut lieben dürfe. Werden doch auch in den Bittgebeten, die den Propheten anbefohlen wurden, Güter sowohl dieser wie jener Welt genannt. So heißt es in einem Gebet: »Herr, gib uns Gutes in dieser und Gutes in jener Welt!« Und Jesus betete: »Herr, laß meine Feinde nicht über mich frohlocken und meine Freunde nicht übel an mir tun, behüte mich vor Schaden im Glauben und laß die Welt nicht meine größte Sorge sein.« Daß aber die Feinde nicht frohlocken sollen, das ist ein irdisches Gut. Er sagt auch nicht: »Laß die Welt gar nicht meine Sorge sein«, sondern: »Laß sie nicht meine größte Sorge sein.« Und unser Prophet betete: »Herr, ich bitte dich um Erbarmen, dadurch ich die Ehre deiner Begnadung in dieser und in jener Welt erlange« und: »Herr, behüte mich vor Schaden in dieser und in jener Welt.«

Wenn die Liebe zur Glückseligkeit in der Ewigkeit der Gottesliebe nicht zuwiderläuft, warum sollte ihr denn die Liebe zu irdischen Gütern, wie Heil und Gesundheit, des Leibes Nahrung und Notdurft und Begnadung in dieser Welt, zuwiderlaufen? Sind doch Zeit und Ewigkeit nur zwei verschiedene Stufen des Daseins, deren eine uns nur näher ist als die andere. Und wie könnte man sich denken, daß ein Mensch zwar auf sein Heil für den morgigen Tag, nicht aber auf sein Heil für den heutigen bedacht wäre? Er ist auf sein Heil für den morgigen Tag doch nur deswegen bedacht, weil es dann etwas Bleibendes sein wird und das Bleibende auch etwas Erstrebenswertes ist.

Nun zerfallen freilich die zeitlichen Güter in solche, die den ewigen Gütern zuwiderlaufen und ihnen hinderlich sind, das sind die, vor denen die Propheten und Heiligen sich gehütet haben und vor denen sich zu hüten ihnen anbefohlen wurde, und solche, die ihnen nicht zuwiderlaufen und deren jene sich nicht enthalten haben, wie eine rechte Ehe, das Essen erlaubter Speisen und dergleichen. Was aber dem ewigen Heil zuwiderläuft, das wird der Vernünftige verabscheuen und nicht erstreben, das heißt verabscheuen mit der Vernunft, nicht von Natur; so, wie der Vernünftige es unterlassen wird, von der süßen Speise auf dem Tische eines Fürsten zu naschen, wenn er weiß, daß ihn das die Hand oder den Kopf kosten würde; nicht, als ob er von Natur kein Verlangen nach der süßen Speise trüge und ihr Genuß ihm kein Vergnügen bereiten würde, das ist unmöglich, sondern weil ihn die Vernunft von dem Zugreifen abhält und er den Schaden verabscheut, der damit verbunden ist.

Wir meinen also: Wenn einer seinen Lehrer liebt, weil er ihn versorgt und ihn zugleich unterweist, oder seinen Schüler, weil dieser sich von ihm belehren läßt und ihn zugleich bedient, so daß er zugleich ein zeitliches und ein ewiges Gut durch ihn gewinnt, so gehört er zu den Liebenden in Gott. Freilich muß dann die Liebe auch wirklich geringer werden, wenn etwa der Lehrer den Schüler von der Wissenschaft abhält oder ihm das Lernen unmöglich macht, und dann ist der Teil der Liebe, der damit fortfällt, Liebe in Gott und wird als solche angerechnet. Daß die Liebe zu einem Menschen, dem man deswegen zugetan ist, weil man eine Reihe von Vorteilen durch ihn genießt, geringer wird, wenn ein Teil dieser Vorteile wegfällt, und größer, wenn ihre Zahl sich vermehrt, das ist ja nichts Befremdliches. Man hat auch nicht die gleiche Menge Gold und Silber gleich gern, deswegen, weil das Gold mehr Güter vermittelt als das Silber.

Es ergibt sich also: Die Liebe nimmt zu entsprechend der Zunahme der vermittelten Güter; die Vereinigung von zeitlichen und ewigen Gütern ist nicht unmöglich, und die Liebe, die sich darauf gründet, gehört zu der Liebe in Gott. Es läßt sich also sagen: Jede Liebe, die ohne den Glauben an Gott und die Ewigkeit nicht denkbar ist, ist Liebe in Gott; ebenso ist jede Zunahme der Liebe, die erst durch den Gottesglauben möglich wird, eine Zunahme der Liebe in Gott. Aber diese Feinheiten kommen selten genug vor. –

Die vierte Art der Liebe

Daß einer liebt nur um Gottes willen und in Gott, nicht um von dem Geliebten Belehrung und Erziehung zu genießen oder durch ihn zu irgend etwas anderem zu gelangen.

Das ist die höchste Stufe der Liebe und die unbegreiflichste und geheimnisvollste. Und auch sie ist möglich; denn der Überschwang der Liebe zeigt sich darin, daß sie von dem Geliebten auf alles überströmt, was mit ihm zusammenhängt und, wenn auch noch so ferne, Beziehung zu ihm hat.

Wer einen Menschen mit großer Liebe liebt, der liebt auch den, der diesen Menschen lieb hat, und den, der von ihm geliebt wird; und liebt den, der dem Geliebten dient, und den, der ihn lobt, und den, der sich bemüht, sein Wohlgefallen zu gewinnen.

Einer der Alten sagt: »Wenn ein Gläubiger einen Gläubigen lieb hat, so liebt er selbst seinen Hund.« Und es ist so, wie er sagt. Das bezeugt die Erfahrung von dem Verhalten der Verliebten, und die Werke der Dichter beweisen es. So bewahrt der Liebende das Kleid des geliebten Menschen auf und behält es als Andenken an ihn, und liebt sein Haus, ja das Stadtviertel, in dem er wohnt, und seine Nachbarn.

So sagt Medschnûn[1] aus dem Stamme der Beni Âmir:

»An dem Hause geh ich vorbei, an dem Hause Leilas,
Und küsse diese Wand und küsse jene.
Nicht Liebe zum Hause hat mir das Herz verwundet,
Nein, Liebe zu der, die im Hause wohnet.«

So beweisen Augenschein und Erfahrung, daß die Liebe von dem geliebten Menschen überströmen kann auf alles, was in seinem Umkreis liegt, mit ihm in Berührung kommt oder irgendeine, wenn auch entfernte, Beziehung zu ihm hat. Doch dazu gehört ein besonderer Überschwang der Liebe, die einfache Liebe reicht dazu nicht aus. Wie weit sich aber der Strom dieser überfließenden Liebe in dem Umkreis dessen, was den Geliebten umgibt und mit ihm in Berührung kommt, erstreckt, das hängt von dem Maß des Überschwangs und der Stärke der Liebe ab.

So ist es auch mit der Liebe zu Gott. Wenn sie stark ist und das Herz so überwältigt und in Besitz nimmt, daß sie die Grenze der Leidenschaft erreicht, so strömt sie über auf jegliches Wesen außer ihm, weil jegliches Wesen außer ihm eine Spur seines allmächtigen Wirkens ist. Denn auch der, der einen Menschen liebt, liebt seine Schrift und seiner Hände Tun und alle seine Werke. Darum pflegte der Gesandte Gottes, wenn man Erstlinge von Früchten zu ihm brachte, damit über seine Augen zu streichen, sie mit Ehrerbietung zu behandeln und zu sagen: »Sie kommen eben erst von unserem Herrn.«

Gott wird bald geliebt um der redlichen Hoffnung willen auf seine Verheißungen und die Gnadengaben, die man im Jenseits von ihm erwartet, bald um der Wohltaten und Gnaden willen, die er uns schon hier erwiesen hat, bald um seiner selbst und nicht um anderer Dinge willen. Das ist die wunderbarste und höchste Art der Liebe, von ihr werden wir in dem *Buch von der Liebe* handeln, so Gott will.

[1] der unglückliche Held einer bekannten, oft besungenen Liebesgeschichte

Wie aber auch immer die Liebe zu Gott entstehen mag: Wenn sie stark wird, so strömt sie über auf alles, was mit ihm irgendwie in Zusammenhang steht, ja sie geht selbst über auf das, was an sich schmerzlich und widerwärtig ist. Denn das Übermaß der Liebe mildert das Gefühl des Schmerzes; die Freude über das Tun des Geliebten, weil sich dieses Tun doch auf ihn, den Liebenden richtet, wenn es auch Schmerz bereitet, übertäubt die Schmerzempfindung. So freut sich der Liebende, wenn der Geliebte ihn gleichsam im Groll schlägt oder kneift, denn die Liebe erregt solche Freude in ihm, daß das Gefühl des Schmerzes ganz darin untergeht.

Bei manchen Leuten nun erreichte die Liebe zu Gott ein solches Maß, daß sie sagten: Es ist kein Unterschied zwischen Heimsuchung und Wohltat, denn beides kommt von ihm, und wir freuen uns über alles, was ihm gefällt. –

Schakîk[1] sang:

> »Kein Glück ist, das ich außer dir mir wüßte,
> Versuche mich, so wie du immer willst.«

Darüber aber werden wir in dem *Buch von der Liebe* handeln, so Gott will.

Wir meinen also, daß die Liebe zu Gott, wenn sie stark ist, als Frucht hervorbringt die Liebe zu dem, der Gott recht dient in Wissenschaft oder Werken, und die Liebe zu dem, der eine Gott wohlgefällige Eigenschaft hat, sei es gute Sinnesart oder Wandel in der Zucht des Gesetzes. Jeder Gläubige, dessen Liebe auf die Ewigkeit und auf Gott gerichtet ist, wird, wenn er von zwei Männern, einem gelehrten Gottesdiener und einem unwissenden Übeltäter hört, sich dem ersteren zugeneigt fühlen, und diese Zuneigung wird stärker oder schwächer sein, je nachdem sein Glauben und seine Liebe zu Gott stärker oder schwächer ist, und sie wird sich auch dann einstellen, wenn jene beiden in einem

[1] berühmter Sufi aus Balch, gest. 194 d. H. (809/10)

fernen Lande wohnen und der Liebende weiß, daß ihm von jenem weder Gutes noch Böses widerfahren kann, weder in dieser noch in jener Welt.

Solche Zuneigung ist Liebe in Gott und Liebe um Gottes willen, ohne anderen Gewinn; denn er liebt den andern ja nur darum, weil er Gott lieb und wohlgefällig ist, und weil er Gott lieb hat und sich seinem Dienst widmet. Ist freilich eine solche Liebe schwach, so geht keine sichtbare Wirkung von ihr aus, und sie bleibt unverdienstlich; ist sie aber stark, so treibt sie den Liebenden, des anderen Freundschaft zu suchen und ihm zu helfen und mit Gut und Blut und mit der Zunge für ihn einzustehen. Darin sind die Menschen verschieden nach dem Maße, wie ihre Liebe zu Gott verschieden ist.

Gäbe es Liebe nur um eines Vorteils willen, den man von dem Geliebten in Zeit oder Ewigkeit zu erlangen hoffte, so wäre es undenkbar, daß man längst gestorbene Gelehrte und Gottesmänner, oder die Genossen des Propheten und ihre Nachfolger, geschweige die Propheten längst vergangener Zeiten lieben könnte. Und doch wohnt die Liebe zu ihnen allen in dem Herzen jedes frommen Muslims. Das zeigt sich darin, daß er zornig wird, wenn eine dieser heiligen Personen von ihren Feinden angegriffen wird, und sich freut, wenn sie gepriesen und ihre Tugenden gerühmt werden. Alles das ist Liebe um Gottes willen, denn jene sind die vertrauten Diener Gottes. Wer aber einen König liebt oder einen schönen Menschen, der liebt auch dessen Vertrauten und Diener und liebt alle, die er liebt.

Geprüft aber wird die Liebe durch den Wettstreit mit dem eigenen Vorteil. Zuweilen wird die Seele so von Liebe überwältigt, daß sie ihren Vorteil nur noch in dem Vorteil des Geliebten findet. So sagt der Dichter:

> »Ich will zu ihm, doch er wünscht, daß ich gehe,
> So geb ich meinen Willen hin dem seinen.«

Und ein anderer:

»Die Wunde schmerzt nicht mehr, wenn sie dir
wohlgefällt.«

Zuweilen ist die Liebe von solcher Art, daß um ihretwillen
gewisse Vorteile aufgegeben werden, andere nicht, so wie
wenn einer dem Geliebten die Hälfte seiner Habe oder ein
Drittel oder ein Zehntel abzutreten bereit ist. Dann ist die
Menge des hingegebenen Gutes der Maßstab der Liebe.
Denn messen kann man die Größe der Liebe nur an einem
anderen geliebten Gegenstand, der um ihretwillen aufge-
opfert wird. Wessen Herz aber ganz von Liebe durchdrun-
gen ist, der kennt nichts anderes Liebes mehr als den Einen
und behält für sich gar nichts mehr. So behielt Abu Bekr,
der Fromme, weder Kind noch Gut für sich, sondern gab
seine Tochter hin, die seiner Augen Trost war, und all sein
Hab und Gut. –

So ergibt sich, daß jeder, der einen Gottesgelehrten oder
einen Gottesdiener liebt, oder einen, der danach strebt,
Wissen zu erwerben oder Gott zu dienen oder Gutes zu tun,
ein Liebender in Gott und um Gottes willen ist; und je
stärker seine Liebe ist, um so höher ist sein Verdienst.

Das ist, was über die Liebe in Gott und ihre Stufen zu
sagen ist, und daraus wird der Haß in Gott von selber klar,
doch wollen wir ihn noch des näheren erläutern.

VON DEM HASS IN GOTT

Jeder, der in Gott liebt, muß notwendig auch in Gott
hassen. Denn wenn du einen Menschen liebst, weil er Gott
gehorsam und lieb ist, so mußt du ihn notwendig hassen,
wenn er Gott ungehorsam und verhaßt ist, denn wenn die
eine Ursache Liebe hervorruft, so muß notwendig die ent-
gegengesetzte Ursache Haß hervorrufen, beides hängt zu-

sammen und ist nicht voneinander zu trennen; und so ist es regelmäßig, wo immer Liebe und Haß auftreten.

Aber beide, Liebe und Haß, sind Leiden, die tief im Herzen verborgen sind und nur dann zutage treten, wenn sie sehr stark werden. Zutage aber treten sie in dem Verhalten der Liebenden und Hassenden, darin, daß sie die Nähe des anderen suchen oder fliehen und ihm in allem zu Willen sind oder widerstreben. Dies Zutagetreten der Liebe und des Hasses im Verhalten nennt man Freundlichkeit und Feindlichkeit. Daher sagte Gott, wie wir oben berichtet haben: »Bist du um meinetwillen freundlich zu einem Freunde und feindlich zu einem Feinde gewesen?«

Bei einem Menschen nun, bei dem du nur gute Taten, und bei einem anderen, bei dem du nur böse und sittenlose Taten und schlechte Eigenschaften zu sehen bekommst, ist die Entscheidung klar: Den einen kannst du lieben und den anderen hassen. Anders ist es aber, wenn bei einem Menschen die guten Taten mit bösen gemischt sind. Dann wirst du sagen: ›Soll ich zugleich hassen und lieben? Haß und Liebe schließen einander doch aus, ebenso wie ihre Früchte, Zuwillensein oder Widerstreben, freundliches und feindliches Verhalten.‹ Dazu sage ich: Sie schließen sich nicht aus, ebensowenig im Verhältnis zu Gott wie da, wo es sich um rein menschliche Güter handelt. Vereinigt ein Mensch in sich liebenswerte und hassenswerte Eigenschaften, so wirst du ihn eben in einer Beziehung lieben und in anderer Beziehung hassen. Wer ein schönes, aber sittenloses Weib hat oder einen klugen und dienstwilligen, aber übeltuenden Sohn, der wird sie in einer Beziehung lieben und in anderer Beziehung hassen und so zwischen zwei Verhaltungsweisen die Mitte halten.

Nimm an, ein Mann hätte drei Söhne, von denen der eine klug und folgsam, der andere dumm und unfolgsam und der dritte dumm, aber folgsam oder klug, aber unfolgsam wäre. Dann wird der Vater zu den Söhnen entsprechend ihren Eigenschaften ein dreifach verschiedenes Verhältnis haben. Ebenso muß auch dein Verhältnis zu einem Menschen, bei dem die Schlechtigkeit überwiegt, einem anderen, bei dem die Frömmigkeit überwiegt, und einem, bei dem sich beides miteinander mischt, ein dreifach verschiedenes sein. Du wirst Haß und Liebe, Abwendung und Hinwendung, freundschaftlichen Umgang und Abbruch des Verkehrs und das Verhalten, das daraus entspringt, entsprechend ihren Eigenschaften auf sie verteilen.

Wenn du nun sagst: Das Bekenntnis zum Islam bedeutet doch an sich schon Gehorsam gegen Gott. Wie soll ich da einen Muslim, der sich zum Islam bekennt, hassen? so antworte ich: Du sollst ihn lieben um seines Islams wille: und hassen um seines Ungehorsams willen. Vergleichst du das Gefühl, das du ihm gegenüber hast, mit dem, was du zu einem Ungläubigen empfindest, so wirst du dir eines Unterschiedes bewußt werden. Das, was diesen Unterschied ausmacht, ist die Liebe, die du um des Islams willen zu ihm empfindest.

Denke dir, der Gehorsam und das Vergehen des anderen gälte nicht Gott, sondern dir. Wenn einer in der einen Sache dir zu Willen und in der anderen dir zuwider handelt, so wirst du im Verkehr mit ihm die Mitte zwischen Zurückhaltung und Entgegenkommen, Hinwendung und Abwendung, Freundlichkeit und Ablehnung halten. Du wirst ihn nicht mit der Gunst behandeln, die du dem gewährst, der dir in allen Stücken willfährig ist, aber auch nicht mit der Mißachtung, die du den fühlen lässest, der dir in allem zuwiderhandelt. Je nachdem dabei in seinem Verhalten zu dir das eine oder das andere vorwaltet, wird sich diese mittlere Stellung bei dir mehr nach der einen oder der andern Seite verschieben. So mußt du dich nun auch zu dem stellen, der in dem einen Stücke Gott gehorsam ist und in dem andern gegen ihn sündigt, bald sein Wohlgefallen erregt und bald seinen Zorn herausfordert.

Wenn du nun fragst: Womit kann ich denn meinen Haß an den Tag legen? so sage ich: Einmal durch das Wort, indem du entweder nicht mehr mit ihm sprichst oder ihm deine Mißachtung zu verstehen gibst und ihn derb zurechtweisest, und zum andern durch die Tat, indem du ihm entweder deine Hilfe entziehst oder ihm geradezu zu schaden und seine Zwecke zu vereiteln suchst.

Das eine dieser Mittel ist stärker als das andere, und welches du anzuwenden hast, hängt von der Schwere des Unrechts und der Sünde ab, die der andere begangen hat. War es eine Unachtsamkeit, von der du annehmen kannst, daß er sie bereut und nicht darin beharren wird, so sollst du sie übersehen und zudecken; beharrt er aber in einer Sünde, einer kleinen oder großen, so kommt es darauf an, ob du mit ihm durch das Band der Liebe, der Freundschaft oder Bruderschaft verbunden bist, dann gelten besondere Gesetze, von denen wir noch reden werden, und die Gottesgelehrten sind sich nicht einig darüber. Besteht aber keine solche Bruderschaft oder Freundschaft zwischen euch, so mußt du notwendig deinem Abscheu Ausdruck geben, entweder, indem du dich von ihm abwendest und fernhältst und dich nicht mehr um ihn kümmerst, oder – und das ist das stärkere – indem du ihm deine Mißachtung zu verstehen gibst und ihn mit derben Worten zurechtweisest.

Auch in dem Ausdruck des Abscheus durch die Tat gibt es zwei Stufen, einmal das Entziehen der Unterstützung und die Verweigerung der Hilfe, das ist die leichtere Stufe, und zum anderen die Bemühung um die Vereitelung seiner Zwecke, so wie es haßerfüllte Feinde tun. Ein solches Verhalten ist notwendig aber nur, soweit es dazu dient, ihn von seinem sündhaften Tun abzuhalten, das heißt also, soweit es auf dieses Tun von Einfluß ist, sonst nicht. Wenn z. B. ein Mann, der gegen Gott durch den Trunk sündigt, ein Weib zur Ehe begehrt, das ihn durch Vermögen, Schönheit und Ansehen glücklich machen würde, ohne daß aber davon ein hemmender oder fördernder Einfluß auf seine lasterhafte Gewohnheit zu erwarten wäre, und du in der Lage bist, entweder ihm zu seinem Vorhaben zu verhelfen oder es zu vereiteln, so hast du nicht das Recht, das letztere zu tun. Wenn du, um ihm deinen Abscheu vor seinem Laster zu verstehen zu geben, die Hilfe verweigerst, so ist dagegen nichts zu sagen, Pflicht aber ist es niemals. Wenn du ihm vielmehr gerade durch deine Hilfe deine fürsorgende Freundlichkeit zeigen willst, damit er an deine Liebe glaubt und dann eher deine Mahnung annimmt, so ist das viel schöner und edler. Wenn dir das aber nicht wahrscheinlich ist, du ihm aber doch zu seinem Vorhaben verhelfen willst, um die Pflicht gegen den Muslim an ihm zu erfüllen, so ist dir das nicht verwehrt, ja es ist das Schönste dann, wenn sich das Vergehen des anderen gegen dich oder die Deinen richtet.

Das ist der Sinn des Wortes Gottes[1]: »Nicht sollen schwören die Reichen und Begüterten unter euch, den Armen und denen, die auf dem Wege Gottes ausgewandert sind, nichts mehr zu geben, sondern sie sollen verzeihen und vergeben. Wollt ihr nicht, daß Gott euch verzeiht?« Offenbart wurde dies, als Mistach ibn Uthâtha Aischa verleumdet hatte[2]. Da schwur Abu Bekr, der Fromme, ihm die bisher gewährte Unterstützung zu entziehen. Der Vers wurde offenbart, obwohl das Vergehen des Mistach wahrlich groß genug war. Denn welches Vergehen könnte größer sein, als die Frauen des Propheten anzugreifen und eine Aischa zu verleumden? Abu Bekr aber empfand das so, als ob die Beleidigung ihm selbst gegolten hätte.

Seinem Unterdrücker zu verzeihen und dem wohlzutun, der einem Böses tut, das ist die Sinnesart der Frommen. Doch nur dem, der dir Unrecht tut, wohlzutun, ist schön, nicht aber dem, der anderen Unrecht tut, und damit gegen Gott sündigt. Denn dem Unterdrücker wohltun, heißt dem

[1] Sure 24, 22 [2] Siehe über diese Geschichte August Müller, Der Islam im Morgen- und Abendland. Berlin 1885. I. S. 133

Unterdrückten übeltun, und das Recht des Unterdrückten muß zuerst gewahrt werden, und ihn zu ermutigen durch Abwendung von dem Unterdrücker ist Gott wohlgefälliger, als den Unterdrücker zu ermutigen. Wenn du aber selbst derjenige bist, der Unrecht leidet, so ist es das Beste für dich, Verzeihung zu gewähren und Nachsicht zu üben.

Die Alten aber haben in ihrem Verhalten zu den Übel-tätern verschiedene Wege eingeschlagen. Darin waren sie sich einig, daß man seinen Haß an den Tag legen müsse gegen alle Unterdrücker und Umstürzler und die, welche andere unter ihrem sündhaften Tun leiden lassen. Wenn die Leute aber nur in ihrem eigenen Leben gegen Gott sündig-ten, so pflegten einige von den Alten alle Sünder mit den Augen des Mitleids zu betrachten, andere aber gaben ihrem Abscheu den schärfsten Ausdruck und zogen es vor, den Verkehr ganz abzubrechen.

So pflegte Achmed ibn Hanbal[1] auch mit großen Männern zu brechen um eines geringfügigen Wortes willen. Er brach mit Jachjâ ibn Ma'în[2], weil er gesagt hatte: »Ich erbitte von niemandem etwas, wenn mir aber die Regierung etwas gibt, so nehme ich es an[3]«, und mit Hârith al-Muhâsibi[4] wegen seiner Schrift gegen die Mutasiliten[5]. Denn er hielt ihm vor: »Ehe du ihre Irrlehre widerlegst, mußt du sie notwendig erst darstellen, und dadurch werden die Leute veranlaßt, darüber nachzudenken.« Und mit Abu Thaur brach er wegen seiner Deutung der Koranstelle: »Gott schuf Adam nach seinem Bilde.«

Die Menschen handeln hierin eben verschieden, je nach der Absicht, die sie beseelt, und diese richtet sich wieder nach

[1] der Stifter der strengsten der vier orthodoxen Rechtsschulen, gest. 241 d.H. (855) [2] berühmter Überlieferer, gest. 233 d.H. (848) [3] be-zahlte Ämter von der als gottlos verschrieenen Regierung anzunehmen, galt als verpönt [4] einer der ältesten sufischen Schriftsteller, gest. 213 d.H. (857) [5] Siehe über diese I. Goldziher, Vorlesungen über den Islam. 1910. S. 100ff

den Umständen. Wird das Herz mehr beherrscht von dem Gedanken an die Ohnmacht und Gebundenheit der Menschen, und daß sie gezwungen sind, das zu tun, was zu tun ihnen vorbestimmt ist, so mildert das die Feindseligkeit und den Haß, und dagegen ist nichts zu sagen. Aber gar leicht wird damit eine heuchlerische Nachsichtigkeit verwechselt; und diese heuchlerische Nachsichtigkeit, Rücksicht auf die Gefühle des anderen und die Scheu, ihn zu kränken oder sich zu entfremden, sind der häufigste Grund für das Hinwegsehen über unrechtes Tun, und gar oft bläst dann der Satan dem einfältigen Toren ein, daß er die Menschen mit dem Auge der Barmherzigkeit betrachte. Es gibt dafür einen guten Prüfstein, das ist das Verhalten des Menschen, wenn ihm selbst Unrecht geschehen ist. Betrachtet er dann den anderen mit dem Auge der Barmherzigkeit und denkt: »Jener muß ja so handeln, niemand kann seiner Bestimmung entfliehen, er hätte ja gar nicht anders handeln können!«, so kann auch seine Absicht lauter sein, wenn er über Vergehen gegen Gott hinwegsieht. Wenn er aber zornig wird, wenn ihm Unrecht geschieht, und Barmherzigkeit zeigt, wenn gegen Gott gefrevelt wird, so ist er heuchlerisch nachsichtig und von der List des Satans verführt, und davor sei er auf der Hut!

Wenn du nun sagst: »Die mildeste Form, seinen Abscheu auszudrücken, ist also die, den Verkehr mit dem Übeltäter abzubrechen und ihm seine Unterstützung und Hilfe zu entziehen; ist das nun eine unbedingte Pflicht, durch deren Nichterfüllung man sich versündigt?«, so antworte ich: »Nein, nach der klaren Lehre der heiligen Wissenschaft gehört das nicht zu den uns auferlegten bindenden Pflichten. Denn auch zur Zeit des Propheten und seiner Genossen hat man, wie wir wissen, mit denen, die tranken und Unzucht trieben, nicht völlig gebrochen, sondern manche wies man zwar derb zurecht und legte offenen Abscheu gegen sie an den Tag, bei anderen aber begnügte man sich damit, sich von ihnen abzukehren, ohne sie im übrigen anzugreifen, und andere endlich sah man mit dem Auge der Barmherzigkeit an und zog es vor, nicht mit ihnen zu brechen und ihren Umgang nicht zu meiden.«

Das sind feine Fragen des Gewissens, in denen die Wanderer nach dem Jenseits verschiedene Wege einschlagen, und jeder muß handeln, wie es Zeit und Umstände erfordern. Bei solchen Dingen kann die Frage immer nur die sein, ob die eine Art, sich zu verhalten, mehr oder weniger empfehlenswert ist als die andere, niemals aber wird man das eine als unbedingt geboten und das andere als durchaus untersagt betrachten können.

Denn als Pflicht auferlegt ist uns nur die Erkenntnis Gottes und die Liebe als solche. Die Liebe braucht aber nicht notwendig von dem Geliebten auf andere Dinge überzugehen, denn dieses Überströmen tritt nur bei besonderer Steigerung und Überschwenglichkeit der Liebe ein, und das fällt nicht mehr unter den Bereich des Fetwas und dessen, was der Masse der Menschen als Pflicht auferlegt ist.[1]

[1] Es folgt im Text ein Kapitel »über die Stufen derer, die man in Gott hassen muß und das Verhalten zu ihnen«, in der das richtige Verhalten zu Ungläubigen, ketzerischen Irrlehren und Sündern geschildert wird, sodann ein weiteres, über »die Eigenschaften, die der Mensch haben soll, den man zum Freunde nehmen will«

VON DEN PFLICHTEN DER FREUNDSCHAFT
UND BRUDERSCHAFT

Wenn zwischen zwei Menschen ein Bruderbund geschlossen ist, so verbindet sie fortan ein Band gleich dem Band der Ehe zwischen zwei Ehegatten. Und wie die Ehe Rechte und Pflichten mit sich bringt, die man achten und erfüllen muß, um dem Verhältnis der Ehe gerecht zu werden, wie wir das in dem *Buche von der Zucht und Sitte der Ehe* dargelegt haben, so gibt es Rechte und Pflichten auch im Bruderbunde. Dein Bruder hat Rechte auf deine Person, dein Gut und deine Zunge und dein Herz, auf Vergebung und Fürbitte, Aufrichtigkeit und Treue, auf das Leichtmachen der Freundschaft und Unterlassen von Zwang und Nötigung. Das ergibt acht Pflichten.

Die Pflicht der Hingabe von Hab und Gut

Der Gesandte Gottes spricht: »Zwei Brüder sind gleich zwei Händen, deren eine die andere wäscht.« Er vergleicht sie mit zwei Händen und nicht mit Hand und Fuß, weil jene sich zu ein und demselben Zwecke Hilfe leisten. So ist es auch mit den Brüdern; nur dann besteht eine rechte Bruderschaft zwischen ihnen, wenn sie zu einem Ziele einander Hilfe leisten und in gewissem Sinne eine Person bilden. Das aber bedingt, daß man Glück und Not miteinander teile, daß Hab und Gut gemeinsam und jedes Sonderrecht und jeder Sonderanspruch aufgehoben sei.

Drei Stufen gibt es in der Versorgung des Bruders mit der eigenen Habe. Die niedrigste ist die, daß du ihn deinem Sklaven oder Diener gleich hältst und vom Überfluß deiner Habe für seine Bedürfnisse sorgst, und wenn er in Verlegenheit kommt und du Überfluß hast, ihm gibst, ohne sein Bitten abzuwarten. Denn den Freund zum Bitten nötigen, das ist der gröbste Verstoß gegen die Pflicht der Bruderschaft.

Die zweite Stufe ist die, daß du ihm das Gleiche zugestehst wie dir selbst und ihn an deinem Hab und Gut teilhaben läßt, daß du ihm dieselbe Stelle einräumst wie dir selbst, ja bereit bist, ihm die Hälfte deiner Habe abzutreten. So wie in der alten Zeit, wie Hasan[1] berichtet, der eine Bruder sein Gewand zerschnitt, um die Hälfte dem anderen zu geben.

Die dritte und höchste Stufe ist die, daß du den Bruder über dich selber stellst und sein Bedürfnis deinem Bedürfnis vorangehen läßt. Das ist die Stufe der Frommen und der höchste Grad, den Liebende erreichen können. Zu dieser Stufe gehört auch, daß man sein Leben für das Leben des Bruders hinzugeben bereit sei.

Es wird berichtet, daß einst eine Schar von Sufis bei einem Kalifen verleumdet wurde und er sie zu enthaupten befahl. Unter diesen war auch Abulhusein en-Nûri[2]. Der lief voran zum Henker, damit er zuerst getötet würde. Als der Kalife ihn fragte: »Warum tust du das?« antwortete er: »Es sind meine Brüder, und ich wollte gern diesen Augenblick ihr Leben über das meine stellen.« Da sagte der Kalife: »Leute, die so denken, kann man nicht umbringen lassen« und schenkte ihnen allen das Leben.

Wenn du nun findest, daß du mit deinem Bruder auf keiner dieser drei Stufen stehst, so wisse, daß das Band eurer Bruderschaft nicht in der Tiefe der Seele geknüpft ist. Euer Verhältnis ist nichts als ein äußerlicher Verkehr, ohne Belang für Vernunft und Religion.

Maimûn ibn Mihrân[3] sprach: »Wer Freunde haben will, ohne etwas für sie zu leisten, der nehme die Toten in den Gräbern zu Freunden.«

[1] Hasan el-Basri, berühmter religiöser Lehrer des ersten Jahrhunderts d.H., gest. 110 d.H. (728)   [2] berühmter Sufi, gest. 295 d.H. (907)
[3] Beamter des Kalifen Omar ibn Abdelasis, als Überlieferer bekannt, gest. 117 d.H. (735)

Aber auch mit der niedrigsten der drei Stufen werden fromme Menschen nicht einverstanden sein.

Utba al-Ghulâm[1] kam zu einem Manne, mit dem er dereinst Bruderschaft geschlossen hatte, und sprach zu ihm: »Ich brauche viertausend Drachmen von deinem Geld.« Da sprach der Freund: »Hier hast du zweitausend.« Da wandte sich Utba von ihm und sprach: »Du hast die Welt lieber als Gott, schämst du dich nicht, Anspruch auf Bruderschaft in Gott zu machen und so etwas zu sagen?«

Mit dem, der auf dieser untersten Stufe der Freundschaft steht, darfst du daher nicht um irdisches Gut verhandeln. Abu Hâsim[2] sprach: »Wenn du einen Bruder in Gott hast, so verhandle nicht mit ihm deine irdischen Angelegenheiten.« Damit meint er den, der auf der untersten Stufe der Freundschaft steht.

Die höchste Stufe aber, das ist die, die Gott an den Gläubigen rühmt, da er spricht: »Und sie verrichten ihre Angelegenheiten in Beratung untereinander und geben hin von dem, was wir ihnen beschert haben[3].« Das heißt, sie hatten Hab und Gut gemeinsam und keiner unterschied sein Gerät von dem Gerät des anderen. Ja manche von ihnen nahmen den nicht zum Gefährten, der nur sagte »mein Schuh«, weil er ihn damit als sein Eigentum bezeichnete.

Fatch al-Mausili[4] kam einst zu der Wohnung eines Bruders und fand ihn abwesend. Da ließ er sich von der Sklavin die Geldkiste bringen, öffnete sie und entnahm ihr, soviel er brauchte. Als die Sklavin das ihrem Herrn meldete, rief er aus: »Wenn du die Wahrheit sagst, so bist du frei um Gottes willen!« So freute er sich über das, was jener getan hatte.

Zu Abu Hureira[5] kam ein Mann und sprach: »Ich möchte dich gern zum Bruder in Gott haben.« Da sprach jener: »Kennst du auch das Recht der Bruderschaft?« Sprach der

[1] Sufi aus Basra, gest. 167 d.H. (783) [2] Sufi aus Medina, gest. 135 d.H. (752) [3] Sure 42, 36 [4] Sufi, gest. 220 d.H. (835) [5] s. o. S. 76

Mann: »Nein, sage es mir.« Sprach Abu Hureira: »Daß du nicht mehr Anrecht auf deine Denare und Drachmen hast als ich.« Sprach der Mann: »Diese Stufe habe ich noch nicht erreicht.« Da sprach Abu Hureira: »So gehe fort von mir!«

Alî ibn el-Husein[1] sagte zu einem von denen, die bei ihm saßen: »Darf bei euch einer die Hand in den Ärmel oder die Tasche seines Gefährten stecken und herausnehmen, was er will, ohne zu fragen?« Jener sagte: »Nein.« Da sprach er: »So seid ihr keine Brüder.«

Einst kamen Leute zu Hasan[2] und sagten zu ihm: »Hast du schon gebetet, o Abu Sa'îd?« Er sagte: »Ja.« Sie sagten: »Aber die Leute auf dem Markte haben noch nicht gebetet.« Sprach er: »Wer wird sich seine Religion von den Leuten auf dem Markte holen? Ich habe ja gehört, daß bei ihnen der Bruder dem Bruder sein Geld vorenthält«, und das sagte er, wie wenn er sich über so etwas wunderte.

Als Ibrahîm ibn Edhem[3] nach Jerusalem reisen wollte, kam zu ihm ein Mann und sprach: »Ich möchte dich gern begleiten.« Da sagte er: »Unter der Bedingung, daß ich größeres Eigentumsrecht auf deine Habe habe als du.« Sprach jener: »Nein.« Da sprach er: »So gefällt mir doch deine Aufrichtigkeit.«

Ibrahîm ibn Edhem pflegte keinem, der ihn begleitete, je zu widerstreben; er nahm aber auch nur den zum Gefährten, der sich ihm fügte. Einst war ein Schuhriemenmacher sein Reisegefährte. Da wurde ihm auf einer Raststelle eine Schüssel mit Brotspeise geschenkt. Ehe er die Schüssel zurückgab, öffnete er den Reisesack seines Gefährten, nahm ein Bündel Riemen heraus und legte sie als Gegengeschenk in die Schüssel. Als sein Gefährte zurückkam und fragte: »Wo sind die Schuhriemen?« sagte er: »Was war das für ein Essen, das ich gegessen habe!« Da sprach der andere: »Du

[1] Enkel des Kalifen und Schwiegersohns des Propheten, Alî [2] s. o. S. 103 [3] berühmter Sufi, angeblich ein Königssohn, der durch ein Traumgesicht zum Verlassen von Thron und Vaterhaus veranlaßt wurde, gest. 161 d.H. (778)

hättest doch auch zwei oder drei Riemen geben können.« Da sagte er: »Sei freigebig, so wird man freigebig gegen dich sein.« Ein anderes Mal gab er einen Esel, der seinem Gefährten gehörte, ohne zu fragen, einem Manne, den er zu Fuß gehen sah, und der Gefährte ließ sich das schweigend gefallen. –

Masrûk[1] war mit Chaithama[2] verbrüdert und beide hatten Schulden. Da bezahlte Masrûk die Schuld des Chaithama und Chaithama die Schuld des Masrûk, ohne daß einer vom anderen wußte. –

Abu Suleimân ed-Darâni[3] sprach: »Wäre die ganze Welt mein, und ich gäbe sie einem meiner Brüder zu genießen, so fände ich es noch zu wenig für ihn.« Derselbe sagte: »Wenn ich einem meiner Brüder einen Bissen zu essen gebe, so spüre ich den Wohlgeschmack davon auf meiner Zunge.«

Und da der Aufwand für die Brüder edler ist als das Almosen, das man den Armen gibt, sagt Alî: »Zwanzig Drachmen, die ich meinem Bruder in Gott gebe, sind mir lieber als hundert Drachmen, die ich den Armen spende.« –

Mâlik ibn Dinâr[4] ging einst mit Muhammed ibn Wâsi'[5] in das Haus des Hasan el-Basri, traf ihn aber nicht zu Hause. Da zog Muhammed unter dem Lager des Hasan einen Korb mit Speisen hervor und begann zu essen. Mâlik sagte: »Laß doch, bis der Hausherr kommt!« Muhammed aber, der Freimütigere und Edlere von beiden, kehrte sich nicht daran und aß. Als nun Hasan heimkam und die beiden sah, sagte er: »Siehst du, lieber Mâlik, so haben wir es immer gehalten, keiner hat sich bei dem anderen Zwang auferlegt, bis du kamst und deine Gefährten[6].« Damit ist gesagt, daß bei einer lauteren Bruderschaft der Bruder es sich auch in dem Hause

---

[1] gest. 63 d. H. (682/83)   [2] lebte ebenso wie Masrûk in Kufa   [3] berühmter Sufi, gest. 215 d. H. (830)   [4] berühmter Sufi, gest. vor 131 d. H. (748)   [5] berühmter Sufi, gest. 120 d. H. (738)   [6] d. h. bis zum Auftreten der Sufis, die als Nachfolger der Generation der »Leute der Vorhalle«, der Armen und Obdachlosen, die zur Zeit Muhammeds in der Moscheevorhalle von Medina nächtigten und verköstigt wurden, und zu denen sich hier Hasan rechnet, betrachtet werden

des Bruders bequem machen darf. Es heißt ja auch im Worte Gottes: »Es ist kein Vergehen für euch, daß ihr esset in den Häusern eurer Verwandten und in denen, zu denen ihr die Schlüssel besitzt, oder eures Bruders[1].« Denn in der alten Zeit pflegte der Bruder dem Bruder die Schlüssel seines Hauses auszuhändigen und ihn darin schalten und walten zu lassen, wie es ihm gefiel. Doch trug man noch aus frommer Scheu Bedenken, auch darin zu essen, bis dieser Vers geoffenbart wurde, der erlaubt, sich auch der Speisevorräte der Brüder und Freunde zu bedienen.

Die Pflicht der Hilfeleistung mit der eigenen Person

Sie besteht darin, daß du dem Bruder in seinen Angelegenheiten Dienste leistest, ehe du darum gebeten wirst, und die Sorge für ihn der für dich selber vorangehen läßt. Auch hierin gibt es Stufen, wie bei der Versorgung mit Geld und Gut. Die niedrigste Stufe ist die, daß du dem Bruder dann Hilfe leistest, wenn er dich darum bittet und du ihm helfen kannst. Doch mußt du das mit heiterer Miene und frohem Sinne tun und deine Freude und Dankbarkeit dafür zeigen, daß du etwas für den Freund tun darfst.

Einer der Alten hat gesagt: »Wenn du deinen Bruder bittest, dir einen Gefallen zu tun, und er tut ihn dir nicht, so erinnere ihn noch einmal daran, denn vielleicht hat er es nur vergessen. Wenn er es aber auch danach nicht tut, so rufe das Allâhu akbar[2] über ihn und sprich den Vers: »Die Toten, Gott wird sie erwecken[3].«

Ibn Schubruma[4] erwies einst einem Bruder einen großen Freundschaftsdienst. Darauf brachte dieser ihm ein Geschenk. Da sagte er: »Was soll das?« Er sprach: »Für das, was du für mich getan hast.« Da sprach er: »Gott bewahre

[1] vgl. Sure 24, 60, im Text verkürzt [2] das beim Begräbnis eines Toten viermal gesprochen wird [3] Sure 6, 36 [4] Rechtsgelehrter in Kufa, gest. 44 d. H. (664)

dich! Behalte dein Eigentum für dich! Wenn du einen Bruder um einen Freundschaftsdienst bittest und er nicht alles daran setzt, ihn zu erfüllen, so wasche dich zum Totengebet und rufe viermal das Allâhu akbar über ihn und rechne ihn zu den Toten!«

Dschafar ibn Muhammed[1] sagt: »Ich beeile mich selbst bei den Dienstleistungen für meine Feinde, um nicht, wenn ich komme, schon entbehrlich zu sein.« Wenn das für die Feinde gilt, wie muß es da mit den Freunden sein?

Manche der Alten haben nach dem Tode ihres Bruders vierzig Jahre lang für dessen Kinder gesorgt und sie mit allem Nötigen versehen, haben sie täglich aufgesucht und ihren Unterhalt mit ihrem eigenen Hab und Gut bestritten, so daß sie vom Vater nichts vermißten als seine persönliche Gegenwart, ja von dem Freunde mehr Gutes erfuhren, als sie je von dem Vater zu dessen Lebzeiten erfahren hatten. Manch einer aber ging regelmäßig zu dem Hause des Bruders und fragte seine Angehörigen: »Habt ihr Öl? Habt ihr Salz? Fehlt euch etwas?« und besorgte alles, ohne daß der Bruder etwas davon wußte.

In solchem Tun zeigt sich die rechte Zärtlichkeit, und wenn die Bruderschaft nicht solche fürsorgende Zärtlichkeit hervorbringt, die um den andern ebenso besorgt ist wie um das eigene Wohl, so taugt sie nichts.

Maimûn ibn Mihrân[2] sagt: »Wessen Freundschaft dir nichts nützt, dessen Feindschaft schadet dir auch nichts.« –

So muß also die Angelegenheit deines Bruders dir ebenso wichtig, ja noch wichtiger sein als deine eigene. Du mußt darauf acht haben, wann der Freund dich braucht, und mußt dir sein Wohl und Wehe so angelegen sein lassen wie dein eigenes Wohl und Wehe. Du mußt es ihm auch ersparen, zu bitten und sein Bedürfnis nach Hilfe zu zeigen, sondern du mußt ihm so helfen, als wüßtest du nichts davon, daß du hilfst. Du darfst auch für dich kein Recht beanspruchen

[1] Urenkel des Husein, des Sohnes des Alî   [2] s. oben S. 103

um deiner Dienstleistung willen, nein, du mußt dich vielmehr zum Dank verpflichtet fühlen, daß er deine Bemühung und Dienstleistung angenommen hat. Es genügt auch nicht, ihm zu helfen, wenn er Hilfe braucht, du mußt ihn auch ohne äußeren Anlaß auf alle Weise ehren, indem du ihn besuchst und auszeichnest und ihn höher stellst als deine Verwandten und Kinder.

Hasan sagt: »Unsere Freunde sind uns lieber als Weib und Kind, denn Weib und Kind lenken unsere Gedanken auf diese Welt, unsere Freunde aber lenken sie auf jene Welt.« –

Atâ[1] sagt: »Suchet eure Freunde nach jedem dritten Tage auf, besuchet sie, wenn sie krank sind, helft ihnen, wenn sie Arbeit haben, und erinnert sie, wenn sie vergessen.«

Der Sohn Omars sah sich einst in des Propheten Gegenwart nach rechts und links um. Als der Prophet ihn fragte, sagte er: »Ich suche einen Mann, den ich liebgewonnen habe, sehe ihn aber nicht.« Da sprach der Prophet: »Wenn du einen Menschen liebgewinnst, so frage nach seinem Namen und dem Namen seines Vaters und nach seiner Wohnung, besuche ihn, wenn er krank ist, und hilf ihm, wenn er Arbeit hat.«

Scha'bi[2] sagt: »Wenn ein Mann neben einem andern sitzt und nachher sagt: ›Ich kenne ihn von Ansehn, weiß aber seinen Namen nicht‹, so hat er nach der Art der Tölpel Bekanntschaft geschlossen.« –

Das Kennzeichen für die echte fürsorgende Zärtlichkeit aber ist dies, daß der eine kein schönes Mahl und keine Fröhlichkeit genießen mag ohne den andern, sondern sich grämt, daß er allein ist und bekümmert ist über die Trennung von seinem Bruder.

[1] Ibn abi Rabâh el Mekki, gest. 104 oder 105 d.H. (722/23)   [2] berühmter Überlieferer, gest. 104 d.H. (722)

Die Pflicht der Zunge ist bald eine Pflicht zum Schweigen, bald eine Pflicht zum Reden. Die Pflicht des Schweigens besteht darin, daß du von den Fehlern des Bruders schweigst, sei es in seiner Gegenwart, sei es, wenn er fern ist, sondern tust, als ob du nichts davon wüßtest; ferner darin, daß du nicht widerredest dem, was er sagt und nicht mit ihm streitest noch rechtest, und daß du ihn nicht aushorchst noch ausfragst nach dem, was er gern geheimhalten will. Wenn du ihn auf der Straße triffst oder mit etwas beschäftigst siehst und er nicht von selber mit dir zu reden anfängt über das, was er vorhat, woher er kommt und wohin er geht, so sollst du nicht danach fragen. Denn vielleicht wäre es ihm lästig, davon zu reden, oder er müßte dir eine Lüge sagen.

Du sollst Stillschweigen bewahren über das, was der Bruder dir anvertraut und keinem jemals etwas davon sagen, auch nicht deinem nächsten Freunde, auch nicht nach einem Bruch oder Zerwürfnis mit dem Bruder, denn das ist niedrig und gemein.

Und du sollst seine Freunde und sein Weib und Kind nicht tadeln oder schmähen, auch den Tadel anderer ihm nicht hinterbringen; denn der Zuträger der Schmähung ist selbst ein Schmäher. Auch der Prophet pflegte, wie Anas[1] berichtet, niemandem das ins Gesicht hinein zu sagen, was ihm zuwider sein mußte; und die Kränkung kommt zuerst von dem Zuträger, dann erst von dem Urheber der Kränkung. Du sollst aber dem Bruder auch das Lob nicht verhehlen, das du über ihn hörst, denn auch die Freude am Lob kommt zuerst vom Überbringer, dann erst von dem Urheber des Lobes; und ihm das Lob zu verhehlen wäre eitel Scheelsucht.

Du sollst also jegliches Reden, das dem Bruder zuwider ist,

[1] Ibn Mâlik, berühmter Überlieferer, gest. 92 oder 93 d.H. (710/11)

unterlassen, sei es lang oder kurz, es sei denn, daß du ihn in einer Sache zum Rechten mahnen und vom Unrecht abhalten mußt und dir das Gesetz nicht zu schweigen erlaubt. Dann gilt es gleich, ob es ihm angenehm oder zuwider ist, denn dann erweist du ihm in Wirklichkeit eine Wohltat, wenn sie ihm auch als Übeltat erscheinen mag.

Sonst aber ist es üble Nachrede, von den Fehlern des Bruders und seiner Angehörigen zu sprechen, und üble Nachrede ist uns für alle Gläubige untersagt. Zweierlei sollte dich davon abhalten, dich über den Fehler deines Bruders aufzuhalten. Denke darüber nach, ob du nicht selber einen Fehler hast, und wenn du einen gefunden hast, so betrachte den Fehler deines Bruders fortan mit milderen Augen, und nimm an, daß er dieser einen Schwäche nun einmal nicht Herr werden kann, so wenig wie du selbst den Fehler abzulegen imstande bist, der dir anhaftet, und urteile um dieses einen Fehlers willen nicht zu hart über ihn, denn wer ist frei von allen Fehlern? Und erwarte nicht, daß dein Bruder die Pflichten gegen dich erfüllt, die du selbst nicht gegen Gott erfüllst, denn du hast nicht mehr von ihm zu verlangen, als Gott von dir verlangen kann.

Zum zweiten aber bedenke: Wenn du einen Menschen suchst, der von allen Fehlern frei ist, so bedeutet das den Verzicht auf jede Gesellschaft mit Menschen, denn dann wirst du nie einen Menschen finden, mit dem du umgehen kannst. Jeder Mensch hat Tugenden und Fehler, und wenn die Vorzüge die Fehler überwiegen, so ist das das Äußerste, was du verlangen kannst. Ein edler Gläubiger aber wird sich immer die guten Seiten seines Bruders gegenwärtig halten, damit in seinem Herzen Ehrfurcht und Liebe und Achtung entstehe, ein niedrig gesinnter Heuchler aber achtet immer nur auf die Fehler und Schwächen. Ibn el-Mubârak[1] sagt: »Der Gläubige sucht für den andern stets Entschuldigungen, der Heuchler aber sucht immer nur nach

[1] Berühmter Sufi, gest. 181 d. H. (797)

Fehltritten.« Fudail[1] sprach: »Die Ritterlichkeit besteht in der Vergebung der Fehltritte der Brüder.« Darum spricht der Gesandte Gottes: »Gott bewahre mich vor einem schlechten Nachbarn, der das Gute, das er sieht, bedeckt, und das Böse, das er sieht, an das Licht zerrt.«

Es gibt keinen Menschen, den man nicht wegen dieser Eigenschaften loben und wegen jener tadeln könnte. – Schâfi'i[2] sagt: »Es gibt keinen Muslim, der Gott ganz gehorsam wäre, ohne je gegen ihn zu sündigen und keinen, der immer gegen ihn sündigte, ohne ihm je gehorsam zu sein. Wessen Gehorsam aber seine Sünde überwiegt, der ist als ›gerecht‹ zu betrachten.« Wenn er einen solchen Mann schon im Verhältnis zu Gott als gerecht gelten läßt, wieviel mehr mußt du ihn dann im Verhältnis zu dir, auf Grund eurer Bruderschaft, als gerecht gelten lassen!

Wie es nun deine Pflicht ist, mit deiner Zunge von den Fehlern deines Bruders zu schweigen, so mußt du auch mit deinem Herzen davon schweigen, d.h. nicht schlecht von ihm denken. Denn das Schlechtdenken vom andern ist üble Nachrede mit dem Herzen, und auch die ist uns untersagt. Dein Bruder hat vielmehr ein Recht darauf, daß du sein Tun nie zum Schlechten auslegst, solange es dir möglich ist, es zum Guten auszulegen. Was sich aber sicher und durch Augenschein als schlechtes Tun erweist, so daß du es unmöglich verkennen kannst, das mußt du ihm, wenn es irgend geht, als Vergehen und Vergeßlichkeit zugute halten.

Denn ein solcher Verdacht kann entweder auf die Weise zustande kommen, die man physiognomisches Schließen nennt, d.h. er kann von einem bestimmten Anzeichen ausgehen, wodurch der Verdacht notwendig hervorgerufen wird und sich nicht abweisen läßt, oder er kann in einem Mißtrauen, das in dir liegt, seinen Grund haben. In diesem Falle verführt dich dein Mißtrauen dazu, die Handlung

---

[1] Bekannter Sufi, ehemaliger Straßenräuber, gest. 187 d.H. (803) [2] Der bekannte Stifter des nach ihm benannten Ritus, gest. 204 d.H. (819)

des anderen, die eine doppelte Deutung zuläßt, ohne bestimmtes Anzeichen nach der schlechten Seite auszulegen. Das aber ist ein inneres Unrecht gegen ihn und in bezug auf jeden Gläubigen untersagt, denn der Gesandte Gottes spricht: »Gott befiehlt, daß für den Gläubigen unverletzlich seien seines Bruders Gut und Blut und Ehre, und daß er nicht schlecht von ihm denken soll.« Und weiter: »Hütet euch vor dem Verdacht, denn der Verdacht ist das Lügnerischste, was dem Menschen seine Seele vorspiegelt.« Solcher Verdacht gegenüber den anderen verführt zum Spionieren und Nachspüren, und der Gesandte Gottes hat gesagt: »Spionieret nicht und spüret nicht nach, brechet nicht miteinander und kehret euch nicht voneinander ab, sondern seid Gottes Diener als Brüder.« Das Spionieren besteht darin, daß man sich Berichte über den anderen zutragen läßt, das Nachspüren darin, daß man sein Tun selbst belauert.

Aber die Fehler des anderen bedecken und nicht wissen wollen und übersehen, das ist die Art der Frommen. Welch hohe Tugend es ist, das Häßliche zu bedecken und das Schöne ans Licht zu bringen, geht schon daraus hervor, daß Gott im Gebet diese Eigenschaft beigelegt wird, wenn man sagt: »O Du, der das Schöne ans Licht bringt und das Häßliche bedeckt!« Der ist Gott wohlgefällig, der seinem Wesen ähnlich zu werden sich bemüht; Gott aber ist der Bedecker der Fehler, der Vergeber der Sünden und ist nachsichtig mit seinen Knechten. Willst du da nicht nachsichtig sein mit dem, der dir gleich ist oder über dir steht, gewiß aber nicht dein Knecht ist und dein Geschöpf?

Jesus sprach: »Was dünket euch von einem Manne, der seinen Bruder schlafen sieht und seine Scham entblößt, so daß er nackend daliegt?« Sie sagten: »O Geist Gottes, wer wird sich unterfangen, solches zu tun?« Er sprach: »Ihr selbst, wenn ihr den Fehler, den ihr von eurem Bruder wißt, aufdeckt und davon redet, so daß andere davon erfahren[1].«

[1] nach p

Wisse: Kein Mensch hat den rechten Glauben, solange er nicht seinem Bruder dasselbe wünscht, was er sich wünscht; und den Bruder so zu behandeln, wie man selbst von ihm behandelt sein will, das ist doch die allerniedrigste Stufe der Bruderschaft. Sicherlich erwartest du nun doch von ihm, daß er deine Blöße bedeckt und von deinen Fehlern und Schwächen stille schweigt, und würdest sehr zornig auf ihn werden, wenn er dich in dieser Erwartung täuschte. Wie befremdlich aber wäre es, wolltest du von ihm verlangen, was du selbst nicht zu gewähren willens bist. Wehe wird in dem Buche Gottes über solche Menschen gerufen: »Wehe denen, die das Maß verkürzen, die, wenn sie sich zumessen lassen, volles Maß verlangen, wenn sie aber zumessen oder wägen, zu wenig geben[1].« Jeder, der mehr für sich verlangt, als er selbst gewährt, wird durch diesen Vers getroffen.

Die Ursache der Säumigkeit, die Blöße zu bedecken, und des Eifers, sie aufzureißen, ist aber jene verborgene Krankheit des Herzens: geheimer Haß und Neid. Denn der Hasser füllt sein Herz mit Bosheit, hält sie aber in seinem Innern zurück und verbirgt sie und läßt sie sich nicht anmerken, solange er keine Möglichkeit dazu findet. Ergibt sich aber die Gelegenheit, so löst sich die Fessel und schwindet die Scham, und das Herz strömt seine vergrabene Bosheit aus. Wo aber das Herz mit Haß und Neid erfüllt ist, da ist es am besten, sich ganz zurückzuziehen. Ein Weiser sagt: »Offenes Schelten ist besser als geheimer Haß, und die Freundlichkeit eines Menschen, der im geheimen haßt, kränkt nur um so mehr.« Wer aber einen solchen Groll gegen einen Muslim im Herzen trägt, dessen Glaube ist schwach, und es steht schlimm um ihn, und sein Herz ist voll Bosheit und taugt nicht dazu, zur Gegenwart Gottes zu gelangen. –

Weiter gehört zu dieser Pflicht, daß du das Geheimnis nicht verrätst, das dir der Bruder anvertraut. Du darfst das Geheimnis ableugnen, auch wenn du dazu lügen mußt, denn

[1] Sure 83, 1

nicht jeden Ortes ist es Pflicht, die Wahrheit zu sagen. Sondern
so wie es einem Menschen erlaubt ist, seine eigenen Fehler
und Geheimnisse zu verbergen, auch wenn er dazu lügen
muß, so darf er das auch für seinen Bruder tun. Denn der
Bruder gilt doch für ihn soviel wie er selbst, sie sind ja wie
eine Person und unterscheiden sich nur dem Leibe nach voneinander, denn darin besteht ja das Wesen der Bruderschaft.

Ebenso sollst du auch nicht heuchlerisch deine gottes-
dienstlichen Übungen vor deinem Bruder zeigen und öffentlich tun, was sich im Geheimen zu tun geziemt, denn in den
Werken gibt sich der Bruder ebenso zu erkennen wie mit
seiner Person.

Der Gesandte Gottes sagt: »Wer die Blöße seines Bruders
bedeckt, den bedeckt Gott in dieser und in jener Welt.« –
Und wiederum: »Wenn ein Mann einem andern etwas erzählt und sich dabei nach rechts und links umschaut, so ist
das wie anvertrautes Gut.« –

Man hat gesagt: »Die Herzen freier Männer sind die Gräber
der Geheimnisse.« Und ferner: »Das Herz des Einfältigen
ist auf seiner Zunge, aber die Zunge des Weisen ist in seinem Herzen«, das heißt: Der Einfältige kann nichts für sich
behalten, sondern läßt die Leute alles wissen, ohne es zu
merken. Darum muß man sich vor den Einfältigen fernhalten
und sich vor ihrer Gesellschaft, ja vor ihrem Zusehn hüten.

Einer, den man fragte, wie er es mit dem Bewahren von
Geheimnissen hielte, antwortete: »Ich verleugne den, der
es mir gesagt hat und schwöre dem, der mich danach fragt,
einen Eid darauf.« Ein andrer sagte: »Ich verberge es und
verberge, daß ich es verberge.«

Ibn el-Mu'tass[1] sagt darüber in einem Gedicht:

> »Gar manch Geheimnis ward mir anvertraut,
> Ich übergab's der Brust gleich einem Grabe.«

[1] der unglückliche Abbasidenprinz und Dichter, der wegen seiner
Beteiligung an einer Verschwörung gegen den Kalifen im Jahre 296
d. H. (908) hingerichtet wurde

Ein andrer geht noch weiter und sagt:

> »Das anvertraute Wort in meiner Brust
> Soll nicht nur dem begrabnen Toten gleichen;
> Denn siehe, die, die hier im Grabe ruhn,
> Erwarten alle einst die Auferstehung.
> Vergessen will ich es, es sei, als könnt' ich nicht
> Auf eine Stunde nur ein Wort behalten.«

Einer der Alten hatte seinem Bruder ein Geheimnis anvertraut. Als er ihn fragte: »Hast du es bewahrt?« sagte dieser: »Nein, ich habe es vergessen.«

Ibn Sa'îd eth-Thauri[1] pflegte zu sagen: »Willst du einen Menschen zum Bruder nehmen, so erzürne ihn und laß dann einen anderen ihn nach dir und deinen Geheimnissen fragen. Wenn er dann Gutes von dir sagt und dein Geheimnis nicht verrät, so nimm ihn zum Freunde.«

Abu Jesîd[2] wurde gefragt: »Mit was für Leuten hältst du Freundschaft?« Da sagte er: »Mit dem, der von dir alles weiß, was Gott von dir weiß, und es dann so verborgen hält, wie es Gott verborgen hält.«

Dhu n-Nûn[3] sagt: »Nicht taugt zum Freunde, wer dich nicht von aller Schuld frei sehen möchte.«

Das Geheimnis zu verraten, wenn man zürnt, das ist niedrig und gemein, denn daß man bei ungetrübter Freundschaft das Geheimnis bewahren muß, versteht sich von selbst.

Ein weiser Mann hat gesagt: »Nimm den nicht zum Freunde, dessen Gesinnung gegen dich nicht in vier Fällen gleich bleibt: in der Gunst und in der Verstimmung, in der Begierde und in der Leidenschaft.« Die Aufrichtigkeit der Bruderschaft muß sich in alledem bewähren.

Darum sagt der Dichter:

[1] gewöhnlich Sufjân eth-Thauri, berühmte Autorität des zweiten Jahrhunderts d.H., gest. 161 d.H. (777) [2] gewöhnlich Bâjesîd el-Bistâmi, berühmter Sufi, gest. um 260 d.H. (874) [3] el-Misri, berühmter Sufi, gest. 245 d.H. (859)

»Du erkennst den Edlen, wenn du ihn von dir stößest,
Er rühmt deine Tugend und verbirgt deine Schmach.
Du erkennst den Schlechten, wenn du ihm Treue hältst,
Er verbirgt das Gute und sagt dir Schlechtes nach.«

Abbâs[1] sagte zu seinem Sohne Abdallâh: »Ich sehe, daß
Omar dich den alten Leuten vorzieht, darum merke dir
fünferlei: Plaudere nie sein Geheimnis aus, verleumde niemanden bei ihm, laß dich nie von ihm auf einer Lüge er-
tappen, widersetze dich ihm nie und laß ihn nie Verrat von
dir sehen.« –

Weiter gehört zu der Pflicht des Schweigens, daß du nicht
mit dem Bruder streitest und widerredest gegen das, was er
sagt.

Der Gesandte Gottes sagt: »Wer nicht widerspricht, wenn
er im Unrecht ist, dem wird ein Haus in den Vorstädten des
Paradieses gebaut, wer aber dann nicht widerspricht, wo er
im Rechte ist, dem wird ein Haus in der höchsten Höhe des
Paradieses gebaut.« Das sagt er, obwohl doch eigentlich
nicht zu widersprechen, wenn man unrecht hat, eine unbedingte Pflicht ist; für das Schweigen, wenn man recht hat,
verspricht er deshalb größeren Lohn, weil es der Seele här-
ter ankommt als das Schweigen, wenn man unrecht hat;
das Verdienst richtet sich immer nach der Größe der Mühe,
die mit einer Leistung verbunden ist.

Streiten und Rechten ist es vor allem, was die Flamme des
Grolles zwischen Brüdern entfacht, und es ist ja im Grunde
nichts anderes als Bruch und Entzweiung. Denn man entzweit sich zuerst mit den Ansichten, dann mit den Worten
und dann mit den Leibern. –

Einer der Alten hat gesagt: »Ein jämmerlicher Mensch ist,
wer es verfehlt, sich Brüder zu suchen, noch jämmerlicher
aber ist der, der sich selber um den betrügt, den er gefunden
hat.« Das Streiten aber ist etwas, das dich um den Freund

[1] der Oheim des Propheten und Stammvater des Abbasidenhauses,
gest. 32 d. H. (652/53)

betrügt und ihn dir entfremdet und zum Feinde macht. Hasan sagt: »Erkaufe nicht die Feindschaft eines Mannes mit der Liebe von tausend Männern.« Der Gesandte Gottes spricht: »Widersprich nicht dem, was dein Bruder sagt, treibe keinen Spott mit ihm und halte, was du ihm versprochen hast.«

Dieses Streiten hat ja doch keinen anderen Grund, als daß du deine Überlegenheit an Verstand und Bildung zeigen und den anderen durch Bloßstellung seiner Unwissenheit herabsetzen willst. Damit aber erhebst du dich über den anderen und bezeigst ihm deine Verachtung, beleidigst ihn und zeihst ihn der Torheit, und das ist doch offenbare Feindseligkeit, wie sollte es sich mit der Bruderschaft und Freundschaft vertragen! –

Manche der Alten gingen in dem Verbot des Widerredens und dem Gebot, zu helfen, so weit, daß sie selbst das Fragen verwarfen und sagten: »Wenn du zu deinem Bruder sagst: ›Steh auf und komm!‹ und er fragt: ›Wohin?‹, so nimm ihn nicht zum Gefährten, denn er muß aufstehen, ohne zu fragen.«

Abu Suleimân ed-Darâni[1] erzählt: »Ich hatte einen Bruder im Irak, den pflegte ich aufzusuchen, sooft ich in Not war, und zu ihm zu sagen: ›Gib mir von deinem Geld!‹ Dann gab er mir seinen Geldbeutel, und ich entnahm daraus, soviel ich wollte. Eines Tages kam ich wieder zu ihm und sprach: ›Ich brauche Geld.‹ Da fragte er: ›Wieviel willst du haben?‹ Da schwand die Süßigkeit seiner Bruderschaft aus meinem Herzen.«

Ein anderer sagt: »Wenn du deinen Bruder um Geld bittest und er spricht: ›Was willst du damit tun?‹, so hat er schon die Pflicht der Bruderschaft versäumt.«

Wisse: Der Bestand der Bruderschaft beruht auf der Willfährigkeit in Wort und Tat und der liebenden Fürsorge. Abu Othmân el-Hîri[2] sprach: »Den Brüdern willfährig sein ist besser als die Fürsorge für sie«, und es ist so, wie er sagt.

[1] s. S. 106 [2] Sufi, gest. 298 d.H. (910)

Wie es Pflicht der Bruderschaft ist, zu schweigen von allem, was dem Freund zuwider ist, so erfordert sie auch, daß man das sage, was ihm angenehm ist. Ja gerade das ist der Bruderschaft recht eigen, denn wer sich auf das Schweigen beschränkt, der hat die Toten in den Gräbern zu Gefährten. Man sucht ja doch nach Brüdern, um von ihnen Gewinn zu haben, nicht nur, um vor ihren Kränkungen sicher zu sein. Das Schweigen aber hat keinen andern Sinn, als daß die Kränkung unterlassen wird.

Darum sollst du deinem Bruder mit der Zunge deine Liebe bezeugen und dich nach allen seinen Erlebnissen erkundigen, für die er gern Teilnahme sieht. Wenn es ihm schlecht geht, so sollst du danach fragen und den Bruder merken lassen, daß es dir nahe geht und du mit Ungeduld auf eine Besserung wartest. Du sollst bei allem Leid, das dem Bruder widerfährt, ihm mit Wort und Tat kundtun, daß es auch dich betrübt, und bei allen Freuden, daß du dich mit ihm freust. Denn Bruderschaft bedeutet ja nichts anderes als Gemeinsamkeit von Freud und Leid.

Der Gesandte Gottes spricht: »Wenn einer seinen Bruder liebt, so soll er es ihm sagen.« Das soll er darum tun, weil dadurch die Liebe größer wird; denn wenn er merkt, daß du ihn liebst, so wird er dich notwendig wieder lieben, und wenn du merkst, daß auch er dich liebt, so wird deine Liebe wieder größer, und so wächst die Liebe und vervielfältigt sich auf beiden Seiten; und daß sich die Gläubigen untereinander lieben sollen, das wird ja vom heiligen Gesetz gefordert und ist erwünscht im Wandel vor Gott. Darum lehrt uns der Gesandte Gottes den Weg dazu, indem er spricht: »Beschenket euch untereinander, so gewinnt ihr einander lieb.«

Dazu gehört nun auch, daß du den Bruder mit seinem liebsten Namen nennst, sei er abwesend oder zugegen. Omar sprach: »Drei Dinge gewinnen dir die lautere Liebe deines Bruders: Daß du ihn zuerst grüßest, wenn du ihm begegnest, daß du ihm einen bequemen Platz zum Sitzen anbietest, und daß du ihn bei seinem liebsten Namen rufst.« Ferner sollst du auch seine Vorzüge bei dem rühmen, bei dem er gern gelobt werden möchte, denn das ist ein gutes Mittel, seine Liebe zu gewinnen. Auch sollst du seine Kinder und seine Angehörigen, seine Arbeit und sein Tun loben, und seinen Verstand, sein Wesen, seine Erscheinung, seine Schrift, seine Dichtungen, seine Werke rühmen, und alles andere, worüber er sich freut. Bei alledem sollst du freilich nicht lügen und übertreiben, aber das, was du loben kannst, mußt du auch loben.

Noch stärker als dies ist, daß du ihm das Lob überbringst, das andere ihm gespendet haben, und deine Freude darüber an den Tag legst, denn solches Lob zu verbergen, wäre eitel Scheelsucht.

Ferner sollst du ihm danken für das Gute, das er dir getan, ja auch nur zu tun vorgehabt hat, auch wenn es nicht zur Ausführung kam. Ali sagt: »Wer seinem Bruder nicht für seinen guten Willen dankbar ist, der dankt ihm auch nicht die gute Tat.«

Vor allem aber kannst du dadurch seine Liebe gewinnen, daß du ihn in Schutz nimmst, wenn üble Nachrede über ihn geführt oder seine Ehre mit häßlicher Rede offen oder versteckt angegriffen wird. Denn es ist Pflicht der Bruderschaft, den Bruder in Schutz zu nehmen und ihm zu helfen, dem Beleidiger das Maul zu stopfen und ihn derb zurechtzuweisen. Wenn du zu solchen Reden stille schweigst, so kränkt das den Bruder und entfremdet dir sein Herz, und es ist eine Verletzung der Pflicht der Bruderschaft. Der Gesandte Gottes vergleicht ja darum das Bruderpaar mit zwei Händen, deren eine die andere wäscht, weil der eine dem andern helfen und für ihn einstehen soll. Er sagt auch: »Der Muslim ist der Bruder des Muslims, er tut ihm nicht Unrecht und läßt ihn nicht im Stich und liefert ihn nicht aus.« Zu Verleumdungen schweigen, das heißt aber ausliefern und im Stich lassen. Denn wenn der Bruder es ruhig mit ansieht, wie des Bruders Ehre zerrissen wird, so ist das nicht anders, als wenn er zusähe, wie sein Fleisch zerrissen wird. Welch elender Bruder, der zuschaut, wie die Hunde dein Fleisch zerreißen, und stille schweigt, und Mitleid und Zorn rühren ihn nicht, dich zu verteidigen! Und das Zerreißen der Ehre tut weher als das Zerreißen des Fleisches.

So gehört es also zu den Pflichten, die aus dem Bund der Bruderschaft erwachsen, daß man die Brüder in Schutz nehme und gegen den Tadel der Feinde und die Schmähung der Beleidiger verteidige.

Mudschâhid[1] sagt: »Sprich über deinen abwesenden Bruder nicht anders, als du möchtest, daß er über dich in deiner Abwesenheit spricht.« Dafür aber hast du zwei Prüfsteine. Stelle dir vor, das, was da über deinen Bruder gesagt wird, würde von dir selber gesagt und dein Bruder hörte es mit an. Was du dann wünschest, daß dein Bruder sagen möchte, das mußt du selbst dem Ehrabschneider deines Bruders entgegnen. Oder aber stelle dir vor, dein Bruder stünde hinter der Wand und hörte alles, was du über ihn sagst, und glaubte, du wüßtest es nicht. Was dich dein Herz vor seinen Augen und Ohren zu seiner Verteidigung zu sagen treibt, das mußt du auch sagen, wenn er abwesend ist. –

Das heißt lautere Gesinnung gegen den Bruder, daß gleich ist Abwesenheit und Gegenwart, Zunge und Herz, Alleinsein mit ihm oder Zusammensein in Gesellschaft, Vertraulichkeit oder Öffentlichkeit. Wenn aber da Unterschiede sind, so ist die Liebe falsch und der Glaube unecht und der Islam betrügerische Anmaßung.

Wer aber dazu nicht imstande ist, für den ist es besser, sich in die Einsamkeit zurückzuziehen und allein zu leben, als Bruderschaft und Freundschaft zu pflegen. Denn der Freund-

[1] s. S. 80

schaft Pflicht ist schwer, und niemand kann sie erfüllen, denn der, der in die Wahrheit eindringt; groß ist ihr Lohn, und niemand erlangt ihn denn der, dem Gott selbst beisteht. –

Zu der Pflicht des Redens gehört auch, daß du den Bruder belehrst und ermahnst. Denn dein Bruder bedarf des Wissens nicht minder als des Geldes. Wenn du reich an Wissen bist, so mußt du ihm von deinem Überflusse mitteilen und ihn hinleiten zu dem, was seinem ewigen und zeitlichen Heile dienlich ist. Und wenn du ihn belehrt hast, er aber nicht der Lehre gemäß handelt, so sollst du ihn ermahnen, das heißt ihm zeigen, daß seine Handlung ihm Schaden bringt und es besser für ihn ist, sie zu unterlassen, und ihm Furcht machen mit dem, was ihm zuwider ist in Zeit und Ewigkeit, damit er davon absteht. Du sollst ihn auf seine Fehler aufmerksam machen und ihm das Häßliche häßlich und das Schöne schön erscheinen lassen. Doch darfst du das nur unter vier Augen tun, so daß es niemand erfährt. Denn was unter vier Augen sorgende Liebe und guter Rat ist, wird in Gegenwart andrer zu Beschimpfung und Beschämung. Denn der Gesandte Gottes spricht: »Der Gläubige ist dem Gläubigen ein Spiegel«, das heißt, er verhilft ihm zur Erkenntnis seiner Fehler, die er allein nicht sehen kann, wie er durch den Spiegel die Fehler seiner äußeren Gestalt erkennt. Schâfi'i sagt: »Wer seinen Bruder im Verborgenen ermahnt, der gibt ihm guten Rat und schmückt ihn, wer ihn aber öffentlich ermahnt, der beschämt ihn und stellt ihn bloß.« –
Man fragte Mis'ar[1]: »Liebst du den, der dir deine Fehler sagt?« Er sprach: »Ja, wenn er mich unter vier Augen zurechtweist, wenn er mich aber vor den Leuten angreift, dann nicht.« Und damit hat er recht, denn öffentliche Ermahnung bedeutet Bloßstellung. –

[1] Überlieferer, gest. 155 d.H. (772)

Der Unterschied zwischen Schmähung und freundlicher Ermahnung liegt eben in dem öffentlichen oder vertraulichen Charakter der Zurechtweisung, so wie der Unterschied zwischen nachsichtiger Milde und heuchlerischer Nachgiebigkeit in dem Beweggrund liegt, der dich zur Nachsicht veranlaßt. Tust du es um des Heiles deiner Seele willen, so ist es nachsichtige Milde, tust du es, um Vorteile zu erlangen, deine Begierde zu stillen und deine einflußreiche Stellung zu behalten, so ist es heuchlerische Nachgiebigkeit. –

Wenn du nun sagst: Wenn ich dem anderen seine Fehler entgegenhalte, so verletze ich ihn doch; wie kann das Pflicht der Bruderschaft sein? so wisse: Verletzen wirst du den Bruder nur dann, wenn du von Fehlern sprichst, die er schon selber weiß; wenn du aber auf etwas aufmerksam machst, was er nicht weiß, so ist das sorgende Zärtlichkeit und gewinnt die Herzen, d.h. die Herzen vernünftiger Menschen; um die Toren aber kümmert man sich nicht. Denn wer dich auf eine tadelnswerte Handlung aufmerksam macht, die du begangen hast, oder auf eine tadelnswerte Eigenschaft, die dir anhaftet, damit du dich davon befreien kannst, der gleicht dem Manne, der dich auf eine Schlange oder einen Skorpion aufmerken läßt, der unter deinem Kleide sitzt und dich mit Verderben bedroht. Was wärest du für ein Narr, wenn du das übelnehmen wolltest! Die bösen Eigenschaften aber sind Skorpione und Schlangen, die dich in der Ewigkeit ins Verderben bringen, denn sie stechen in die Herzen und in die Seelen, und ihr Stich tut weher als der, der die äußeren Hüllen und die Leiber verwundet, und sie sind geschaffen aus dem brennenden Höllenfeuer Gottes, das in den Herzen flammt. –

Dies alles aber gilt nur von Fehlern, die der Bruder nicht selbst bemerkt; wenn du aber weißt, daß er seinen Fehler selbst kennt, daß aber seine Natur ihn immer wieder dazu zwingt, so sollst du ihn nicht aufdecken, wenn er ihn selbst geheim hält. Trägt er aber seine Fehler offen zur Schau, so mußt du ihm freundlich zureden, bald andeutend, bald in aller Offenheit, doch so, daß du ihn nicht verletzest. Siehst du aber, daß deine Ermahnung ohne Wirkung bleibt und seine Natur ihn zum Beharren in demselben Tun zwingt, so tust du besser daran, davon stillzuschweigen.

Das alles gilt aber nur da, wo es sich allein um das zeitliche und ewige Wohl deines Bruders handelt. Fehlt er aber gegen dich, so ist es Pflicht, das zu ertragen und zu verzeihen und zu übersehen, denn dagegen anzugehen, das gehört nicht zur Pflicht der Ermahnung. Wenn aber sein Betragen derart ist, daß sein Beharren darin zum Bruche zu führen droht, so ist immer vertrauliche Vorhaltung besser als Abbruch der Freundschaft, Andeuten besser als offen Sagen, Schreiben besser als Reden und Ertragen besser als alles andere. Denn die Absicht, die du bei der Freundschaft zu dem Bruder hast, muß doch die sein, daß du dich selbst erziehst, indem du auf ihn Rücksicht nimmst und die Pflichten gegen ihn erfüllst und seine Schwächen erträgst, nicht aber die, Hilfe und Liebesdienste von ihm in Anspruch zu nehmen. –

Abu Bekr el-Kattâni[1] erzählt: »Ich hatte einen Gefährten, der war meinem Herzen beschwerlich, da schenkte ich ihm etwas, damit dies Gefühl aus meinem Herzen wiche, aber es wich nicht. Da faßte ich ihn eines Tages an der Hand und führte ihn in mein Haus und sagte zu ihm: ›Setze deinen Fuß auf meine Wange.‹ Er wollte nicht. Da sagte ich: ›Es hilft nichts, du mußt es tun.‹ Da tat er es, und da wich jenes Gefühl aus meinem Herzen.«

Abu Alî er-Ribâti erzählt: »Ich begleitete Abdallâh el-Mervezi auf einer seiner Fahrten in die Wüste. Er sagte: ›Entweder mußt du der sein, der zu befehlen, und ich der, der zu gehorchen hat, oder ich will befehlen und du mußt gehorchen.‹ Ich sagte: ›Du sollst der sein, der zu befehlen hat.‹ Sprach er: ›So hast du zu gehorchen.‹ Ich sagte: ›Gut.‹

[1] Sufi, gest. 322 d.H. (934)

Da nahm er einen Reisesack, legte unsere Vorräte hinein und lud ihn sich auf den Rücken. Ich sagte: ›Gib ihn doch mir!‹ Er sagte: ›Hast du nicht gesagt, ich solle befehlen? Also hast du zu gehorchen.‹ Des Nachts wurden wir vom Regen überrascht. Da stand er bis zum Morgen und hielt mir mit seinem Gewand den Regen ab, und sobald ich etwas sagen wollte, sprach er: ›Ich habe zu befehlen und du hast zu gehorchen.‹ Da dachte ich bei mir: Wäre ich doch gestorben und hätte nicht gesagt: Du sollst befehlen[1].«

Die Pflicht, die Fehltritte zu verzeihen

Der Fehltritt deines Freundes kann entweder in einer Sünde gegen Gott oder in einem Vergehen gegen dich durch Verletzung der Bruderpflicht bestehen. Sündigt er gegen Gott und beharrt bei seiner Sünde, so sollst du ihn freundlich ermahnen und versuchen, das Krumme gerade zu richten und ihm wieder zurecht zu helfen. Ob man aber, wenn das nicht gelingt, und er doch bei seinem Tun beharrt, die Pflicht der Liebe weiter erfüllen oder abbrechen solle, darin sind die Gefährten des Propheten und ihre Nachfolger verschiedener Meinung gewesen. Abu Dharr[2] war der Ansicht, daß man brechen solle und sagte: »Wenn dein Bruder seinem früheren Wesen untreu wird, so hasse ihn, so wie du ihn früher geliebt hast« und glaubte, daß die Pflicht der Liebe und des Hasses in Gott das erfordere.

Abu d-Dardâ[3] aber und mit ihm manche andere Gefährten des Propheten waren anderer Ansicht. Abu d-Dardâ sagte: »Wenn dein Bruder sich zum Bösen verändert und seinem früheren Wesen untreu wird, so verlaß ihn deswegen nicht, denn wenn dein Bruder das eine Mal irre geht, so geht er das andere Mal wieder recht.«

Ibrahîm en-Nacha'i[4] sagte: »Brich nicht mit dem Bruder

[1] z. T. nach p   [2] gest. 32/3 d.H. (653)   [3] gest. 31 d.H. (652)   [4] gest. 96 d.H. (715)

und verlaß ihn nicht, wenn er eine Sünde begeht, denn er begeht sie heute und unterläßt sie morgen.« –

Man erzählt, daß einst zwei Brüder in Gott waren. Von denen wurde der eine von der Leidenschaft zu einem Geschöpfe Gottes erfaßt. Da sprach er zu dem andern: »Mein Herz ist krank geworden, wenn du unseren Bruderbund auflösen willst, so tue es.« Da sprach der andere: »Da sei Gott vor, daß ich um einer Sünde willen dich verlasse« und beschloß, nichts zu essen und nichts zu trinken, bis Gott den Bruder von seinem Leiden geheilt hätte. So fastete er vierzig Tage lang und fragte dann den Bruder, wie es mit ihm stünde. Der sagte: »Es ist noch immer so.« Der andere aber harrte aus im Hunger und magerte immer mehr ab, bis endlich nach vierzig Tagen sein Bruder kam und sprach: »Gott hat geholfen und die Leidenschaft in meinem Herzen erkalten lassen.« Da aß er wieder.[1]

Man erzählt weiter von zwei Freunden aus der alten Zeit, von denen der eine den rechten Weg verließ. Da fragte man den andern, ob er nicht mit ihm brechen und ihn verlassen wolle. Er aber antwortete: »Das, was er am meisten von mir nötig hat in dieser Zeit, da er gestrauchelt ist, ist, daß ich seine Hand fasse und ihm freundlich zurede und für ihn bitte, damit er auf den rechten Weg zurückkehrt.«

In den Geschichten der Israeliten wird von zwei Freunden erzählt, die Gott auf einem Berge dienten. Eines Tages stieg der eine von ihnen hinab, um in der Stadt für eine Drachme Fleisch zu kaufen. Da erblickte er bei dem Fleischer ein Frauenzimmer, sah sie an, entbrannte in Leidenschaft, hatte Umgang mit ihr und blieb drei Tage lang bei ihr. Dann aber schämte er sich wegen seines Vergehens, zu seinem Bruder zurückzukehren. Der aber vermißte ihn und sorgte sich um ihn und stieg hinab in die Stadt, erfragte sich den Weg zu ihm und trat bei ihm ein, als er mit ihr zusammensaß, und umarmte ihn und küßte ihn und drückte ihn an sein Herz.

[1] nach p

Der andere aber verleugnete ihn und tat so, als ob er ihn nicht kennte, so sehr schämte er sich vor ihm. Der aber sprach: »Komm her, mein Bruder, ich weiß, was mit dir ist, nie bist du mir lieber und werter gewesen als in dieser Stunde.« Und als jener sah, daß er durch das, was geschehen war, in den Augen des Bruders nicht geringer geworden war, stand er auf und ging mit ihm.

Dies ist der Weg, den manche Leute eingeschlagen haben, und er ist freundlicher und dem Gesetz gemäßer als der des Abu Dharr, wenngleich dieser der sicherere ist. Wenn du aber sagst: ›Wie kannst du sagen, dieser Weg sei der freundlichere und dem Gesetz gemäßere? So gewiß, wie man mit einem, der solche Sünde tut, keine Freundschaft schließen darf, wird man doch auch die Freundschaft, die mit ihm besteht, abbrechen müssen. Denn jede Satzung, die durch einen Grund bedingt ist, wird hinfällig, sobald der Grund fortfällt. Der Grund für das Schließen eines Bruderbundes ist doch der, daß man einander weiterhelfen will auf dem Weg zu Gott, das fällt aber fort, wenn der Bruder sich mit Sünde befleckt‹, so erwidere ich: Freundlicher ist dieser Weg darum, weil du ja so deine gütige Gesinnung gegen den andern zeigst und um ihn wirbst und ihn zu gewinnen suchst, und das wird ihn zur Umkehr und Reue veranlassen, weil er die Scham nicht los wird, wenn du ihm die Freundschaft beharrlich weiter hältst. Brichst du aber und zeigst, daß dir die Lust an seiner Freundschaft vergangen ist, so wird er trotzig und beharrt erst recht in seiner Sünde. Dem Gesetze gemäßer aber ist es deshalb, weil eine einmal geschlossene Freundschaft ein Band ist, das ebensoviel gilt wie das Band der Verwandtschaft. Wenn ein Bruderbund einmal geschlossen ist, so tritt das Bundesrecht in Kraft, und die Treue zum Bunde wird durch den Bundesschluß zur Pflicht. Die Treue aber verlangt, daß man den Freund nicht verlasse, wenn er in Not und Armut gerät; die Not am Heil der Seele aber ist schlimmer als die Not an Geld und Gut. Nun aber hat ihn ja ein Unheil getroffen und ein Unglück ist ihm geschehen, so daß er Not am Heile der Seele leidet; darum mußt du ein Auge auf ihn haben und dich um ihn kümmern und ihn nicht verlassen, sondern ihm in unermüdlicher Güte zur Befreiung von dem Unheil helfen, das ihn getroffen hat. Denn die Freundschaft soll ja ein Rückhalt für die Unglücksfälle und Schicksalsschläge der Zeit sein, und dies ist doch das schlimmste Unglück, das einen Menschen treffen kann. Wenn ein Übeltäter einen frommen Mann zum Freunde hat und dessen unbeirrbare Gottesfurcht sieht, so wird auch er bald umkehren und sich seines eigensinnigen Tuns schämen. Wird doch auch der Faule fleißig, wenn er einen fleißigen Gefährten hat, aus Scham vor ihm. Dschafar ibn Suleimân[1] erzählt: »Sooft ich im Dienste Gottes ermattete, blickte ich auf Muhammed ibn Wâsi'[2] und seinen Eifer im Gehorsam, dann kam mir die Freudigkeit zum Gottesdienste wieder, und die Trägheit wich für eine Woche von mir.«

Dies ist das Rechte, denn die Freundschaft ist ein Band gleich dem Band des Blutes, und von dem Verwandten darf man sich auch nicht um einer Sünde willen lossagen. Darum sagt Gott zu seinem Propheten von seiner Sippe: »Und wenn sie widerspenstig gegen dich sind, so sprich: ›Ich habe nichts zu schaffen mit dem, was ihr tut[3]‹.« Es heißt aber nicht: »Ich habe mit euch nichts zu schaffen.« Darin liegt die Rücksicht auf das Recht der Verwandtschaft und das Band des Blutes.

Dies meinte auch Abu d-Dardâ[4], als man ihn einst fragte: »Hassest du deinen Freund nicht, der dies getan hat[5]?« Er antwortete: »Seine Tat hasse ich, er aber ist mein Bruder.«

Die Bruderschaft in Gott ist sogar stärker als die Bruder-

[1] Überlieferer, gest. 178 d. H. (794) [2] s. S. 106 [3] Sure 26, 216 [4] s. S. 125
[5] Kommentar: Er hatte nämlich einen Jüngling liebgewonnen, der sich häufig in seinen Versammlungen eingefunden hatte, zeichnete ihn vor den Alten aus und zog ihn zu sich heran, so daß jene neidisch wurden. Der Jüngling aber beging eine schwere Sünde; da sagte man dies zu Abu d-Dardâ

schaft des Blutes. Man fragte einen Weisen: »Wer ist dir lieber, dein Bruder oder dein Freund?« Er sprach: »Ich liebe meinen Bruder dann, wenn er mein Freund ist.« – Hasan[1] pflegte zu sagen: »Wie viele Brüder gibt es, die deine Mutter nicht geboren hat!« – Und es ist gesagt worden: »Die Verwandtschaft bedarf der Liebe, aber die Liebe nicht der Verwandtschaft.« Dscha'far es-Sâdik[2] sprach: »Die Liebe eines Tages ist Stammesverwandtschaft, die Liebe eines Monats ist Familienverwandtschaft, die Liebe eines Jahres ist nächste Blutsverwandtschaft, und wer sie abbricht, mit dem bricht Gott ab.«

So ist also die Treue zum Bruderbunde Pflicht, sobald der Bund einmal geschlossen ist. Und das ist unsere Antwort betreffs des Eingehens der Bruderschaft mit einem Übeltäter, denn vor dem Bundesschluß sind ja noch keine Rechte da, die geachtet werden müßten. Liegt aber eine Verwandtschaft mit ihm vor, so darf man nicht mit ihm brechen, sondern muß ihn ertragen.

Der Beweis hierfür liegt darin, daß es ja nicht tadelnswert ist, das Eingehen von Bruderschaften und Freundschaften ganz zu unterlassen, ja manche Leute haben das Alleinbleiben für besser erklärt. Das Abbrechen einer einmal bestehenden Freundschaft aber ist untersagt und auch an sich tadelnswert. Es verhält sich zu dem Unterlassen der Verbrüderung so, wie die Ehescheidung zu dem Unterlassen des Heiratens. Eine Ehe zu scheiden ist Gott verhaßter als keine Ehe einzugehen. – Der Gesandte Gottes spricht: »Die schlechtesten Menschen sind die, die umhergehen mit Verleumdung und die Liebenden voneinander trennen.« – Und einer der Alten sagte über das Bedecken der Fehltritte der Brüder: »Der Satan hat seine Lust daran, solches über euren Bruder zu bringen, damit ihr mit ihm brechet und ihn verlasset, vor welchem Gelüste eures Feindes aber seid ihr sicher?« Denn die Trennung der Liebenden ist dem Satan

[1] s. S. 103   [2] der sechste Imâm der Schiiten, gest. 148 d. H. (765)

ebenso lieb wie das Begehen einer Sünde. Wenn nun dem Satan das eine gelungen ist, so muß man ihm nicht noch zu dem zweiten verhelfen. – Der Gesandte Gottes spricht: »Seid nicht Gehilfen des Satans gegen euren Bruder.«

All dies zeigt den Unterschied zwischen dem Weiterführen und dem Neuanfangen eines Bruderbundes. Mit Übeltätern Umgang zu pflegen, ist uns untersagt; sich von den Freunden und Brüdern zu trennen, ist uns auch untersagt. Nun macht es einen Unterschied, ob es zu einem Widerstreit der Pflichten kommt oder nicht. Beim Neuanfangen gab es keinen solchen Widerstreit, und wir sahen, daß es dann besser ist, sich abzuscheiden und fernzuhalten. Bei der Weiterführung aber kam es zu einem Widerstreit der Pflichten, und da war es besser, die Pflicht der Bruderschaft zu erfüllen.

Alles dies gilt für den Fall, daß dein Bruder seine Pflichten gegen Gott verletzt. Wenn er aber seine Pflicht gegen dich verletzt und dich kränkt, so ist kein Zweifel, daß es sich dann geziemt, zu vergeben und zu ertragen. Ja was sich irgend zum Guten kehren und wofür sich irgendeine Entschuldigung finden läßt, sei sie auch noch soweit hergeholt, das zu entschuldigen und zum Guten zu kehren, ist Pflicht der Bruderschaft.

Es ist gesagt worden: »Du sollst für den Fehltritt deines Bruders siebzig Entschuldigungen erfinden.« Wenn aber dein Herz die Entschuldigung nicht annehmen will, so kehre den Tadel gegen dich selbst und sprich zu deinem Herzen: »Wie bist du doch so hart; dein Bruder entschuldigt sich mit siebzig Entschuldigungen, und du willst es nicht annehmen! Wahrlich, du bist des Tadels wert, nicht er!«

Zeigt es sich aber, daß es nicht möglich ist, die Tat zum Guten zu kehren, so sollst du, wenn du kannst, auch dann nicht zornig werden. Aber das ist wohl unmöglich. Schâfi'i sagt: »Wer zum Zorne gereizt wird und nicht zornig wird, der ist ein Esel, wer aber um Versöhnung gebeten wird und sich nicht versöhnt, der ist ein Teufel.« So sei du denn weder ein Esel noch ein Teufel, sondern bitte selbst an Stelle deines Bruders dein Herz um Versöhnung und hüte dich, daß du nicht durch Abweisung der Bitte zum Teufel werdest.

Achnaf[1] sagt: »Der Freund hat ein Recht darauf, daß du dreierlei Unrecht von ihm erträgst: seinen Groll, seine Anmaßung und seine Beleidigung.« –

Der Dichter sagt:

> »Nimm du die klare Liebe hin vom Freunde,
> Und das, was trübe ist, das laß nicht gelten.
> Des Lebens Spanne ist zu kurz bemessen,
> Um deines Freundes Wankelmut zu schelten.«

Wenn sich dein Freund aber bei dir entschuldigt, so nimm seine Entschuldigung an, gleichviel ob sie wahr oder erfunden ist.

Der Gesandte Gottes spricht: »Wer von seinem Bruder um Entschuldigung gebeten wird und die Entschuldigung ablehnt, den trifft dieselbe Schuld, die der Bruder auf sich geladen hat.« Und weiter sagt er: »Der Gläubige ist schnell zum Zorn und schnell zur Versöhnung.« Er sagt aber nicht, daß er gar nicht zornig würde. Und im Worte Gottes heißt es: »die den Zorn unterdrücken[2]«, nicht: »die keinen Zorn haben«.

Denn der Mensch kann es nicht dahin bringen, daß er den Schmerz einer Verwundung nicht spürt, wohl aber dahin, daß er ihn geduldig erträgt. Und wie es durch die Natur unseres Leibes bedingt ist, daß uns eine Verwundung Schmerz bereitet, so liegt es auch in der Natur unseres Herzens begründet, daß uns die Kränkung wehe tut. Man kann den Zorn nicht aus der Seele tilgen, aber man kann ihn im Zaume halten und unterdrücken und anders handeln, als

[1] berühmter Feldherr der Eroberungszeit, gest. 67 d.H. (686/7)
[2] Sure 3, 128

der Zorn es will. Denn der Zorn verlangt nach Kühlung und Rache und Vergeltung, aber man braucht ihm nicht den Willen zu tun. –

Abu Suleimân ed-Darâni[1] sagte zu seinem Schüler: »Wenn ein Freund dich kränkt, so schilt ihn nicht, denn gar leicht kannst du dann etwas noch Schlimmeres zu hören bekommen«, und der Schüler sagt: »Das habe ich erprobt und bestätigt gefunden[2].«

Einer der Alten sagt: »Die Launen des Bruders ertragen ist besser als ihn schelten und schelten besser als abbrechen und abbrechen besser als ihn befeinden.«

Du sollst auch nach dem Abbruch ihn nicht allzu sehr hassen. Es heißt im Worte Gottes: »Vielleicht erschafft Gott Liebe zwischen euch und denjenigen unter ihnen, die ihr befeindet habt[3].« – Omar sagte: »Deine Liebe sei nicht beschwerlich, und dein Haß sei nicht gefährlich«, d. h. du sollst nicht das Verderben und den Tod deines Freundes wünschen.

Die Pflicht der Fürbitte

Du sollst Fürbitte tun für deinen Freund zu seinen Lebzeiten und nach seinem Tode um alles, was du dir selber wünschest, und für seine Familie und seine Angehörigen. Und du sollst so für ihn bitten, wie du für dich selber bittest, und keinen Unterschied machen zwischen dir und ihm, denn deine Fürbitte für ihn ist in Wahrheit eine Fürbitte für dich selbst. Der Gesandte Gottes spricht: »Wenn ein Mann im Verborgenen für seinen Bruder Fürbitte tut, so spricht der Engel: ›Und dir das Gleiche!‹«, oder nach einem anderen Wortlaut: »Und mit dir werde ich beginnen, mein Knecht.«

Es heißt in der Überlieferung: »Bei der Fürbitte für den Bruder wird dem Manne das erhört, was ihm bei der Bitte

[1] S. S. 106   [2] nach p.   [3] Sure 60, 7

132

für sich selbst nicht erhört wird.« Und weiter: »Das verborgene Gebet eines Mannes für seinen Bruder wird nicht abgewiesen.« –

Muhammed ibn Jûsuf el-Isbahâni[1] pflegte zu sagen: »Was ließe sich dem frommen Freunde vergleichen? Deine Anverwandten teilen dein Erbe und vergnügen sich mit deiner Hinterlassenschaft, er allein trauert um dich und sorgt sich darum, was du an Werken vorausgeschickt hast und was jetzt aus dir geworden ist, er betet für dich im Dunkel der Nacht, wenn du unter den Schollen der Erde ruhst.«

Darin tut es der fromme Bruder gleichsam den Engeln nach, denn es heißt in der Überlieferung: »Wenn ein Knecht Gottes gestorben ist, so sagen die Menschen: ›Was hat er zurückgelassen?‹, die Engel aber sagen: ›Was hat er vorausgeschickt?‹ Sie freuen sich für ihn über das, was er vorausgeschickt hat, und fragen nach ihm und haben Mitleid mit ihm.« – Und es wird gesagt: »Wer den Tod seines Bruders erfährt und Mitgefühl für ihn zeigt und für ihn um Vergebung bittet, dem wird es angerechnet, als ob er an seinem Leichenbegängnisse teilgenommen hätte.«

Es wird berichtet, daß der Gesandte Gottes gesagt habe: »Der Tote im Grabe gleicht dem Ertrinkenden, er klammert sich an alles an, um sich zu retten. Er wartet auf die Fürbitte von Sohn oder Vater oder Bruder oder Verwandten, und von der Fürbitte der Lebenden dringen Lichter wie Berge groß in die Gräber der Toten ein.«

Einer der Alten sagt: »Das Gebet ist für den Toten, was das Geschenk für den Lebenden ist. Der Engel tritt zu dem Toten hinein mit einer Schüssel aus Licht, darauf ein Tuch aus Licht liegt, und spricht: ›Hier ist ein Geschenk von diesem deinem Bruder oder von jenem Anverwandten.‹ Dann freut sich der Tote darüber, wie der Lebende sich über ein Geschenk freut.«

[1] Sufi, gest. 286 d.H. (899)

Treu sein heißt beharren in der Liebe zum Bruder bis zu seinem Tode und in der Liebe zu seinen Kindern und Freunden nach seinem Tode. Denn die Liebe wird gesucht um der Ewigkeit willen; und wenn die Liebe vor dem Tode aufhört, so ist das Tun unnütz und die Mühe verloren.

Daher sagt der Gesandte Gottes: »Zu den Sieben, die Gott in seinem Schatten wird ruhen lassen, gehört das Paar der Freunde, die sich in Gott liebten und in gleicher Liebe zusammenkamen und voneinander schieden.« Einer hat gesagt: »Ein wenig Treue nach dem Tode ist besser als viele Treue zu Lebzeiten.«

Daher wird berichtet, daß der Prophet einst einer alten Frau, die zu ihm kam, große Ehre erwies. Als man ihn danach fragte, sagte er: »Sie kam immer zu uns, als Chadidscha noch lebte, das Ehren des Andenkens gehört zum Gottesglauben.«

Zur Brudertreue gehört auch, daß du auch alle Freunde und Anverwandte und Zugehörige deines Bruders ehrst, und das wird auf das Herz des Freundes noch stärkeren Eindruck machen und ihn noch mehr erfreuen, als daß du ihn selber ehrst, denn es gibt keinen klareren Beweis für die Größe der Zärtlichkeit und Liebe, als daß sie von dem Geliebten überströmt auf alles, was mit ihm zusammenhängt, bis auf den Hund an der Tür seines Hauses, auch er muß im Herzen vor anderen Hunden ausgezeichnet sein.

Wenn aber die Treue in der Liebe aufhört, so freut sich der Satan, denn er sieht nicht so scheel auf zwei, die einander zu einer frommen Tat helfen, wie auf zwei, die in Gott verbrüdert sind und in ihm sich lieben, denn er strebt mit aller Kraft, sie zu entzweien. Es heißt im Worte Gottes: »Der Satan sät Zwietracht zwischen sie[1]«, und von Josef: »Nachdem der Satan Zwietracht zwischen mich und meine Brüder

[1] Sure 17, 55

gesät hatte[1]«. Und es heißt: »Wenn sich zwei in Gott ver-
brüdern und sich dann entzweien, so geschieht das stets
nur infolge einer Sünde, die der eine begeht.«

Bischr el-Hâfi[2] pflegte zu sagen: »Wenn ein Mensch im
Gehorsam Gottes säumig ist, so nimmt ihm Gott den, mit
dem er gern umgeht.«

Denn die Freunde sind ein Trost im Kummer und eine
Hilfe auf dem Weg zu Gott. Einer der Alten sagt: »Das
süßeste aller Dinge ist das Zusammensitzen mit den Freunden und das Zurückkehren zur Genüge.«

Die dauernde Liebe aber, das ist allein die Liebe in Gott,
denn die Liebe, die um eines Zweckes willen liebt, hört auf
mit dem Fortfall des Zweckes.

Eine Frucht der Liebe in Gott ist auch dies, daß sie nicht
Neid noch Mißgunst kennt, weder um zeitlicher noch um
ewiger Dinge willen. Wie sollte der Liebende auch den
Bruder beneiden können? Kommt doch alles, was der Bruder hat, ihm selbst zugute. Diese Eigenschaft wird auch im
Worte Gottes an den Liebenden in Gott gerühmt, da es
heißt: »Und sie fühlen in ihrer Brust kein Bedürfnis nach
dem, was jenen gegeben wurde, und ziehen sie sich selber
vor, auch wenn sie selbst bedürftig wären[3].« Das Fühlen des
Bedürfnisses, das ist eben der Neid.

Und zur Treue gehört weiter, daß du dich in der Demut
vor dem Bruder nicht veränderst, auch wenn du zu Rang
und Würden erhoben und zu Macht und Ansehen gelangt
bist. Denn sich über die Brüder zu erheben, weil die Ver-
hältnisse anders geworden sind, das zeugt von niederer
Gesinnung.

Der Dichter sagt:

>»Ein edler Mann gedenkt im Glücke derer,
>Die seine Freunde einst im Elend waren.« –

---

[1] Sure 12, 101 [2] Bischr der »Barfüßler«, berühmter Sufi, gest. in Bagdad 227 d. H. (841) [3] Sure 59, 9

Ein Weiser sagt: »Wenn dein Bruder zu Amt und Würden gelangt ist und dann noch die Hälfte seiner Liebe zu dir bewahrt, so ist das viel.« –

Nicht aber gehört zur Pflicht der Treue, daß du deinem Bruder in einem Unrecht willfährig bist wider Gottes Gebot, vielmehr besteht dann die Treue darin, daß du dich ihm widersetzest.

Schâfi'i hatte mit Muhammed ibn Abd el-Hakam[1] Bruderschaft geschlossen, zog ihn zu sich heran und begünstigte ihn vor andern. Er sagte sogar, nur um seinetwillen bliebe er in Kairo wohnen. Als Muhammed einst krank wurde, besuchte ihn Schâfi'i und sprach:

> »Krank war mein Freund, und ich besuchte ihn,
> Da ward ich selbst vor Kummer krank zur Stund.
> Da kam der Freund zu mir, mich zu besuchen,
> Es machte mich ein Blick auf ihn gesund.«

Trotz dieser großen Liebe aber übertrug Schâfi'i auf dem Sterbebette nicht ihm, sondern Abu Ja'kûb el-Buweiti[2] das Lehramt, weil dieser frömmer und strenger in seiner Lebensführung war[3].

Wir wollen damit sagen, daß zur vollkommenen Treue in der Liebe zum Bruder auch die Rücksicht auf die Rechte Gottes gehört. –

Das Zeichen aufrichtiger, lauterer Liebe und vollkommener Treue aber ist die Verzweiflung über die Trennung vom Freunde und der Widerwille gegen alles, was sie herbeiführt.

Der Dichter sagt:

> »Ach, alle Schicksalsschläge hab' ich leicht gefunden,
> Nur einen nicht: vom Freunde scheiden müssen.«

---

[1] berühmter Rechtsgelehrter, gest. 268 d.H. (882) [2] berühmter Schüler des Sch., gest. 231 d.H. (846) [3] gekürzt

Diesen Vers führte Ibn Ujaina[1] an und fügte hinzu: »Ich hatte Freunde, von denen ich nun seit dreißig Jahren getrennt bin, und noch kann ich mir nicht vorstellen, wie die Sehnsucht nach ihnen aus meinem Herzen schwinden sollte.«

Zur Treue gehört weiter, daß du nicht auf das hörst, was dir die Leute über deinen Freund zutragen, besonders wenn einer erst so tut, als ob auch er deinen Freund liebte, um dich nicht mißtrauisch zu machen, dann aber von ungefähr die Rede darauf bringt und dir von dem Freunde Dinge erzählt, die dich in der Seele kränken. Das sind alles nur feine Listen und Ränke, um Zwietracht zwischen euch zu säen, und wer davor nicht auf der Hut ist, dessen Liebe wird nicht von langer Dauer sein.

Einer kam zu einem Weisen und sprach: »Ich komme zu dir, um um deine Liebe zu werben.« Er sprach: »Wenn du drei Dinge als Brautgabe gibst, sollst du sie haben.« Sprach jener: »Welche sind das?« Sprach der Weise: »Daß du nicht auf Zuträgereien über mich hörst, daß du dich mir in keinem Ding widersetzest, und daß du mich in keine Unbesonnenheit stürzest.«

Und zur Treue gehört endlich, daß du nicht mit dem Feinde deines Freundes Freundschaft hältst. Schâfi'i sagt: »Wenn dein Freund deinem Feind gehorcht, so sind sie beide deine Feinde.«

Die Pflicht, die Freundschaft leicht zu machen und alle Förmlichkeit und allen Zwang zu vermeiden

Diese Pflicht besteht darin, daß du dem Freund nichts zumutest, was für ihn lästig ist, sondern ihn in Ruhe lässest mit deinen Angelegenheiten und Sorgen, nichts von deinen Lasten auf ihn abläd st, weder Ehre noch Reichtum von ihm zu erlangen trachtest, noch verlangst, daß er sich vor dir demütige, sich um dein Ergehen kümmere und seine Pflich-

[1] frommer Überlieferer, gest. 198 d. H. (814)

ten gegen dich erfülle; sondern du sollst bei deinem Lieben kein anderes Ziel im Auge haben als Gott, indem du den Segen der Fürbitte des Bruders hinnimmst, an dem Zusammensein mit ihm dich erquickst, dir von ihm auf dem Wege zu Gott helfen lässest und durch Erfüllung deiner Pflichten an ihm und die Fürsorge für ihn Gottes Nähe suchst.

Einer hat gesagt: »Wer von seinen Brüdern verlangt, was sie nicht von ihm verlangen, der übervorteilt sie; wer von ihnen soviel verlangt, als sie von ihm verlangen, der gewährt ihnen gleiches Recht; wer aber gar nichts verlangt, der gibt ihnen freiwillig über ihr Anrecht hinaus.« –

Zum rechten Leichtmachen der Freundschaft gehört nun auch, daß du den Teppich des Zwanges zusammenrollst, so daß der Freund sich vor dir so wenig zu schämen braucht wie vor sich selber.

Dschuneid[1] sagt: »Wenn zwei Menschen Bruderschaft in Gott geschlossen haben, und der eine fühlt sich beklemmt bei dem anderen oder schämt sich vor ihm, so ist stets bei einem von beiden etwas nicht in Ordnung.« Alí sagt: »Der schlechteste Freund ist der, der dich mit Förmlichkeiten aufnimmt und dich zu Höflichkeiten nötigt und zu Entschuldigungen zwingt.« – Fudail[2] sagt: »Das, was die Leute entzweit, sind die Förmlichkeiten. Wenn einer seinen Freund besucht, und der begegnet ihm mit Förmlichkeiten, so wird er ihm entfremdet.« – Man fragte einen Mann: »Wen nimmst du zum Freunde?« Er sprach: »Den, der die Last der Förmlichkeit von mir nimmt, und bei dem ich mir keinen Zwang antun muß.« – Dschafar es-Sâdik[3] sagt: »Der Bruder ist mir beschwerlich, der für mich Förmlichkeiten macht und bei dem ich mich in acht nehmen muß; der aber ist mir angenehm, bei dem ich so sein kann, wie wenn ich allein für mich bin.«

Ein Sufi sprach: »Habe nur mit dem Umgang, bei dem eine

[1] Zentralfigur des Sufismus, gest. in Bagdad 297 d. H. (910)
[2] s. S. 80   [3] s. S. 129

tugendhafte Handlung dein Ansehen nicht vermehrt und ein Vergehen es nicht vermindert, sondern dem du gleich viel giltst, ob dein Tun für dich oder gegen dich spricht.« Das sagt er, weil man nur dann von dem Gefühle frei wird, sich ein künstliches Ansehen geben und sich Zwang antun zu müssen. Denn sonst wird das Bewußtsein, in den Augen des anderen zu verlieren, dich unwillkürlich dazu treiben, dein wahres Gesicht zu verbergen.

Einer sagte: »Begegne den Leuten der Welt mit Höflichkeit, den Leuten des Jenseits mit Gottesgelehrtheit, den Leuten der Erkenntnis aber so, wie du willst.«

Ein anderer sagte: »Nimm nur den zum Gefährten, der statt deiner bereut, wenn du gesündigt hast, der für dich um Entschuldigung bittet, wenn du unrecht getan hast, der die Fürsorge für dich auf sich nimmt, aber dich mit der Sorge für ihn nicht behelligt.«

Wer aber das gesagt hat, macht den Weg zur Bruderschaft den Menschen gar zu eng. So ist es nicht, sondern du magst jeden frommen und vernünftigen Mann zum Bruder nehmen und dich dabei bemühen, selber diesen Bedingungen zu genügen, nicht aber den anderen dazu verpflichten, damit du auf diese Weise zu vielen Brüdern kommst; denn so ist es eine rechte Verbrüderung in Gott, sonst wäre es ja eine Verbrüderung um persönlicher Vorteile willen.

Ein Mann sagte zu Dschuneid[1]: »Die Brüder sind heute so selten geworden. Wo finde ich einen Bruder in Gott?« Dschuneid wandte sich von ihm ab und ließ ihn dreimal vergebens fragen. Als jener aber immer wieder fragte, sagte er: »Wenn du einen Bruder suchst, der für dich sorgt und dich erträgt, wenn du ihm lästig wirst, so gibt es deren freilich wenige, wenn du aber einen solchen suchst, für den du sorgen und den du ertragen willst, wenn er dir beschwerlich wird, so wüßte ich wohl einige für dich.« Da schwieg der Mann. —

[1] s. S. 138

Gott offenbarte Mose: »Wenn du mir gehorsam bist, so wirst du viele Freunde haben«, das heißt, wenn du für sie sorgst und sie erträgst und sie nicht beneidest.

Einer der Alten sagte: »Ich habe mit manchen Leuten fünfzig Jahre lang in Freundschaft gelebt, ohne je einen Zwist mit ihnen zu haben, denn ich kannte im Umgang mit ihnen immer nur Pflichten für mich.« Ein Mann von solcher Sinnesart wird immer viele Brüder haben.

Zu dem Leichtmachen der Freundschaft und Unterlassen des Zwangs gehört ferner, daß du die Kritik unterläßt an der Art, wie dein Bruder Gott dienen will. Manche Sufis schlossen sich an andere an nur unter vier Bedingungen: Wenn der eine den ganzen Tag aß, so sollte der andere nicht sagen dürfen »Faste!«, und wenn einer immerwährend fastete, sollte der andere nicht sagen »Iß!«, und wenn er die ganze Nacht schlief, so sollte der andere nicht sagen »Steh auf!«, und wenn er die ganze Nacht betete, so sollte er nicht sagen »Leg dich schlafen!«, und keiner sollte den andern um dieser Dinge willen höher oder geringer achten dürfen, weil das notwendig zu Heuchelei und Verstellung verführt. –

Vollkommen aber erfüllst du diese Pflicht erst dann, wenn du dich für geringer ansiehst als die Brüder und von ihnen hoch, von dir aber niedrig denkst. Wenn du sie für besser als dich selbst ansiehst, so bist du besser als sie.

Abu Muâwija el-Aswad[1] sagte: »Meine Brüder sind alle besser als ich.« »Wieso?« fragte man ihn. Er antwortete: »Sie räumen mir alle den Vorzug vor sich selber ein, wer mich aber für besser ansieht als sich selbst, der ist besser als ich.« –

Der Gesandte Gottes sagt: »Wer dir nicht das zubilligt, was er sich selber zubilligt, an dessen Freundschaft ist nichts Gutes.« Das aber ist die geringste Stufe, daß du den andern als dir gleich betrachtest. Die Vollkommenheit aber besteht darin, daß du dem Bruder den Vorrang einräumst. Darum

[1] gest. 195 d.H. (810)

sagt Sufjân[1]: »Wenn einer zu dir sagt: ›Du schlechtester der
Menschen!‹ und du wirst zornig darüber, so bist du der
schlechteste der Menschen!« Das soll heißen, daß du dich
allezeit für den schlechteren ansehen mußt. Doch davon
werden wir in dem *Buch von dem Hochmut und der Eitelkeit*
reden.

Der Dichter sagt:

> »Erniedre dich vor dem, der die Erniedrigung
> Für eine Tugend, nicht für Schwäche hält,
> Doch dessen Freundschaft flieh, der allezeit
> Sich selber höher als die Freunde stellt.« –

Wer den Vorzug sich selber zuerkennt, der sieht damit verächtlich auf seinen Bruder herab, und das ist in bezug auf
alle Muslime tadelnswert. Der Gesandte Gottes spricht:
»Schon damit erweist sich der Gläubige als schlecht, daß
er seinen Bruder Muslim verachtet.«

Endlich gehört zur vollen Vertraulichkeit und Unterlas-
sung des Zwangs, daß du deine Brüder bei deinen Plänen
zu Rate ziehst und auf ihren Rat hörst, und daß du keinerlei
Geheimnisse vor ihnen hast.

Zu Ma'rûf el-Karchi[2] kam einst einer seiner Freunde und
sagte zu ihm: »Bischr ibn el-Hârith[3] möchte gerne Bruderschaft mit dir schließen, er schämt sich aber, dich darum
anzusprechen; darum schickt er mich zu dir und läßt dich
bitten, Bruderschaft mit ihm zu schließen, die er voll rechnen
und auf die er zählen kann. Nur macht er einige Vorbehalte
dabei: Er möchte nicht, daß sein Verhältnis zu dir bekannt
werde, und darum sollst du auf Besuche und Zusammen-
künfte verzichten, denn er liebt das häufige Zusammensein
nicht.« Da sprach Ma'rûf: »Wenn ich einen Menschen zum
Bruder nehme, so mag ich mich Tag und Nacht nicht von
ihm trennen und besuche ihn zu jeder Zeit und stelle ihn

[1] s. S. 115 [2] berühmter Bagdader Sufi, gest. 200 d. H. (815/6) [3] s. S.
135

unter allen Umständen höher als mich selbst.« Dann führte er eine Menge Überlieferungen zum Lobe der Bruderschaft und Liebe in Gott an und fuhr dann fort: »Gut denn, du bist Zeuge, daß ich Bruderschaft mit ihm geschlossen habe, ich betrachte ihn als meinen Bruder in Gott, weil er darum bittet und du der Bote bist, auch unter der Bedingung, daß er mich nicht besuchen wird, wenn er das nicht mag. Ich aber werde ihn besuchen, wann ich will, und darum sage ihm, daß wir uns an einem dritten Orte treffen wollen, und daß er nichts vor mir verbergen darf, sondern mir in alles Einblick gewähren muß.« Das überbrachte jener dem Bischr, und der war einverstanden und freute sich darüber[1].

Das sind alle Rechte und Pflichten der Freundschaft. Wir haben sie bald kürzer, bald eingehender dargestellt. Die Grundbedingung bei allem aber ist die, daß du immer nur Pflichten für dich gegen die Brüder, aber nie Pflichten der Brüder gegen dich kennst, und daß du dich als ihren Diener betrachtest. –

[1] gekürzt

VON DEN PFLICHTEN GEGEN DEN MUSLIM, DEN ANVERWANDTEN, DEN NACHBARN UND DEN SKLAVEN UND DEM UMGANG MIT IHNEN

Wisse: Der Mensch kann entweder allein oder mit anderen zusammen leben. Kann er den Umgang mit andern Wesen seiner Art nicht entbehren, so muß er notwendig die Zucht und Sitte dieses Umgangs lernen. Denn für jede Art des Verkehrs mit Menschen gibt es besondere Gesetze der Zucht und Sitte, die durch das Maß der Rechte, die der eine gegenüber dem andern hat, bestimmt werden. Dies Maß aber richtet sich nach der Nähe der Beziehung, die den einen mit dem andern verbindet. Diese Beziehung kann sein entweder die der Verwandtschaft, das ist die speziellste, oder die Bruderschaft des Islams, das ist die allgemeinste, oder die Nachbarschaft oder die Reise- und Schulkameradschaft oder die Freundschaft und Bruderschaft. Innerhalb jeder dieser Arten von Beziehungen gibt es verschiedene Grade der Nähe. So begründet die Verwandtschaft gewisse Rechte und Pflichten, aber das Recht der Blutsverwandten ist größer als das der andern Verwandten, und wiederum ist das Recht der Eltern größer als das der übrigen Blutsverwandten. Ebenso sind die Rechte des Nachbarn verschieden, je nach dem Maße der Entfernung der Häuser voneinander. Ganz klar tritt die Verschiedenheit hervor bei dem Verhältnis der Landsmannschaft, denn in der Fremde gilt der Landsmann soviel wie der Verwandte in der Heimat, weil er dort ja schon die Rechte des Nachbarn besitzt. Die Rechte und Pflichten zwischen denen, die nur das gemeinsame Band des Islams verbindet, richten sich nach dem Grade der Bekanntschaft. Die Rechte dessen, den man persönlich kennt, sind größer als die dessen, den man nur durch Hörensagen kennt, und eine einmal geknüpfte Bekanntschaft wird wiederum enger durch den Umgang.

Ebenso hat auch die Kameradschaft verschiedene Grade. Die Rechte der Schul- und Studienkameradschaft sind größer als die der Reisekameradschaft; und ebenso gibt es auch in der Freundschaft Unterschiede. Wenn die Freundschaft stark wird, so wird sie zur Bruderschaft und kann sich dann weiter zur Herzensfreundschaft und Lieblingsfreundschaft steigern[1]. Der Lieblingsfreund steht dir näher als der Herzensfreund. Herzensfreundschaft bedeutet die Liebe, die von dem Innern des Herzens Besitz ergreift, Lieblingsfreundschaft aber bedeutet das, was das tiefste Geheimnis des Herzens durchdringt[2], und nicht jeder Herzensfreund ist ein Lieblingsfreund. Daß es solche Gradunterschiede in der Freundschaft gibt, beweisen Augenschein und Erfahrung. Daß aber die Lieblingsfreundschaft höher steht als die Bruderschaft, das bedeutet, daß dies Wort ein vollkommeneres Verhältnis bezeichnet als das Wort Bruderschaft. Was das bedeutet, magst du aus dem Worte des Propheten entnehmen: »Wenn ich mir unter den Menschen einen Lieblingsfreund erwählte, so erwählte ich mir Abu Bekr, aber euer Gefährte ist der Lieblingsfreund Gottes.« Denn der Lieblingsfreund ist der, bei dem die Liebe alle Fasern des Herzens völlig durchdringt und ausfüllt. Das Herz des Gesandten Gottes aber erfüllte nichts als die Liebe zu Gott, und die Innigkeit dieser Liebe hinderte ihn, einem andern an diesem Verhältnis der Lieblingsfreundschaft teilzugeben, obschon er den Alî zum Bruder nahm und sagte: »Alî steht zu mir wie Aaron zu Mose, nur vom Prophetentum abgesehen.« So schloß er Alî vom Prophetentum aus, wie er Abu Bekr von der Lieblingsfreundschaft ausschloß. Die Bruderschaft hatte also Abu Bekr mit Alî gemeinsam, übertraf ihn aber

[1] Mahabba-habîb, chilla-chalîl; die arabischen Ausdrücke haben keine genauen deutschen Entsprechungen [2] das etymologische Wortspiel des Originals ist nicht übersetzbar

darin, daß er der Lieblingsfreundschaft nahe kam und ihrer würdig gewesen wäre, wenn eine Teilhaberschaft daran möglich gewesen wäre; das deutet ja der Prophet an mit den Worten: »So würde ich Abu Bekr zum Herzensfreund nehmen.« Der Prophet war der Herzensfreund und der Lieblingsfreund Gottes. Es wird überliefert, daß er einst mit besonderer Freude und Fröhlichkeit auf den Rednersitz stieg und sagte: »Gott hat mich jetzt zu seinem Lieblingsfreund erkoren, wie er Abraham zu seinem Lieblingsfreund erkor, und nun bin ich der Herzens- und der Lieblingsfreund Gottes.« So gibt es also keine bindende Beziehung zwischen Menschen vor der Bekanntschaft und keine Stufe über der Lieblingsfreundschaft, und alles andere sind Zwischenstufen zwischen diesen beiden. Von den Rechten und Pflichten der Freundschaft und Bruderschaft haben wir schon gehandelt, und darunter fallen auch die weiteren Stufen der Herzensfreundschaft und der Lieblingsfreundschaft, und die Rechte und Pflichten stufen sich ab nach dem Grade der Innigkeit der Liebe und Freundschaft, wie wir gezeigt haben. Der äußerste Grad ist das Hingeben von Gut und Blut, so wie Abu Bekr für unsern Propheten sein Gut hingab und Abu Talha[1] sein Leben für ihn einsetzte, als er mit seinem eigenen Leibe die teure Person des Propheten vor den Pfeilen und Steinen der Ungläubigen schützte.

Jetzt aber wollen wir allein handeln von dem Recht der Bruderschaft des Islams, den Rechten der Blutsverwandten, der Eltern und der Sklaven und den Pflichten gegen sie. Von den Rechten und Pflichten der Ehe aber haben wir schon in dem *Buch von der Zucht und Sitte der Ehe* gesprochen.

[1] durch seine Tapferkeit berühmter Genosse des Propheten, gest. 34 d.H. (654/5)

Die erste Pflicht[1]

Die erste Pflicht besteht darin, daß du das, was du dir selber nicht wünschest, auch keinem Muslim wünschest.

Der Gesandte Gottes spricht: »Die Gläubigen sind alle wie ein Leib; wenn eines seiner Glieder leidet, so merken es alle andern Glieder und leiden mit.« Und weiter: »Wer dem Höllenfeuer entrinnen will, der sehe zu, daß ihn der Tod auf dem Bekenntnis des Glaubens finde, und daß er keinem Muslim etwas tue, was er sich selbst nicht getan wissen möchte.«

Mose sprach: »O Herr, wer ist der gerechteste deiner Diener?« Gott antwortete: »Wer den andern so behandelt wie sich selbst.«

Die zweite Pflicht

Die zweite Pflicht besteht darin, daß du keinen Muslim mit Hand und Mund kränkst.

Der Gesandte Gottes sagte einst: »Wißt ihr, wer ein rechter Muslim ist?« Sie antworteten: »Gott und sein Gesandter wissen es besser.« Er sagte: »Der, vor dessen Hand und Mund die Muslime sicher sind.« Sie sagten: »Wer ist dann ein Gläubiger?« Er sagte: »Der, vor dem Gut und Blut der Gläubigen sicher sind[2].« – Und weiter sagt er: »Es ist nicht recht, einem andern einen Blick zuzuwerfen, der einen Muslim verletzt; und es ist nicht recht, etwas zu tun, wodurch ein Muslim in Angst gerät und sich fürchtet.«

Mudschâhid[3] sagt: »Gott läßt über die Verdammten der Hölle die Krätze und Räude kommen, daß sie sich kratzen müssen, bis die Knochen herauskommen. Dann ruft eine Stimme: ›Wie bekommt euch diese Kränkung?‹ Dann sagen

[1] das Folgende nach p [2] Wortspiel mit den Wurzeln s-l-m und ’-m-n
[3] s. S. 80

sie: ›Hart ist sie.‹ Dann spricht die Stimme: ›Das ist für die Kränkung, die ihr den Muslimen auf Erden zugefügt habt.‹«

Und der Gesandte Gottes sagte: »Ich sah einen Mann sich nach Herzenslust im Paradiese ergehen, dafür, daß er einen Baum aus einem Wege weggeschlagen hatte, damit er keinem Muslim lästig würde.«

Die dritte Pflicht

Du sollst dich über keinen Muslim hochmütig erheben, denn Gott haßt die Hochmütigen.

Der Gesandte Gottes spricht: »Es wurde mir offenbart: Sei demütig, so daß sich keiner vor dem anderen brüstet.« Darum pflegte der Gesandte Gottes mit den Witwen und Armen zusammenzugehen, um für ihre Bedürfnisse zu sorgen.

Du sollst keinen Menschen mit verächtlichen Blicken ansehen, denn du weißt nicht, ob du nicht einen Heiligen Gottes vor dir hast. Denn Gott hält seine Heiligen verborgen, damit ihnen niemand den Weg verlegt.

Die vierte Pflicht

Du sollst nicht auf das hören, was der Verleumder über einen Muslim sagt, denn man soll nur auf das Wort der Rechtschaffenen hören, der Verleumder aber ist ein Übeltäter.

Es heißt in der Überlieferung: »Kein Verleumder kommt ins Paradies.« Und du mußt dir klarmachen, daß der, der vor dir über andere übelredet, auch vor andern übel von dir reden wird. Du mußt dich von ihm fernhalten und ihn als Lügner betrachten.

Die fünfte Pflicht

Du sollst einem Menschen, mit dem du bekannt bist, nicht länger als drei Tage grollen. Der Gesandte Gottes sagt: »Es ist nicht recht, dem Bruder Muslim länger als drei Tage zu grollen.« Der Bessere ist immer der, der zuerst wieder grüßt.

Ikrima[1] sagt: »Gott sprach zu Josef: ›Ich habe deinen Namen und Rang deshalb erhöht, weil du deinen Brüdern verziehen hast.‹«

Es heißt in der Überlieferung: »Dadurch, daß du dem Bruder sein Unrecht verzeihst, erhöht sich deine Ehre und vermehrt sich deine Größe.«

Die sechste Pflicht

Du sollst jedermann, da, wo du kannst, Gutes tun und keinen Unterschied machen zwischen Guten und Schlechten.

Es heißt in der Überlieferung: »Tue Gutes jedem, dem du es tun kannst; ist er der Wohltat unwürdig, so bist du ihrer würdig.« Und weiter: »Nächst dem Glauben besteht die Vernunft darin, daß man den Menschen Freundlichkeit erweist und ihnen wohltut, gleichviel, ob sie fromm sind oder nicht.«

Abu Hureira[2] sagte: »Wenn einer die Hand des Propheten ergriff, um mit ihm zu reden, so pflegte er sie ihm nie zu entziehen, bis jener sie von selbst losließ; und wenn einer ihn anredete, so wandte er ihm sein Gesicht zu und wartete, bis er ausgeredet hatte.«

Die siebente Pflicht

Du sollst die Alten ehren und zärtlich gegen die Kinder sein.

Der Gesandte Gottes sagt: »Wer nicht die Alten ehrt und sich nicht der Kinder erbarmt, der gehört nicht zu uns.« Und weiter: »Ehrerbietung gegen das graue Haar ist Ehrerbietung gegen Gott.« Und weiter: »Wenn immer ein Jüngling einem Greise Ehrerbietung erweist, so bestimmt

[1] berühmter Überlieferer und Rechtsgelehrter, gest. 106 d.H. (724)
[2] s. S. 76

Gott einen Jüngling, der ihn in seinem Alter ehrt.« Darin liegt eine Verheißung für ein langes Leben, denn daß einem Menschen Ehrung im Alter zuteil werden soll, bedeutet, daß er ein hohes Lebensalter erreichen wird, um so jenes Lohnes teilhaftig zu werden.

Freundlich zu sein gegen Kinder aber war eine Gewohnheit des Gesandten Gottes. Wenn er von einem Feldzuge zurückkam und ihm die Knaben entgegenliefen, so hielt er an und ließ sich die Knaben auf den Sattel heben und setzte einen vor sich und einen hinter sich und befahl auch seinen Gefährten, ein Gleiches zu tun. Dann prahlten die Knaben voreinander, und der eine sprach zum andern: »Mich hat der Gesandte Gottes vor sich sitzen lassen und dich nur hinter sich«, oder: »Dich hat er nur hinter einem seiner Gefährten sitzen lassen[1].«

Man brachte auch die Kinder zum Propheten, damit er ihnen Namen gäbe und für sie betete, und dann pflegte er sie auf den Schoß zu nehmen. Manchmal aber kam es vor, daß dann ein Kind sein Bedürfnis verrichtete und man ihm zuschrie, daß es aufhören solle. Dann sagte er: »Lasset es nur zu Ende machen und stört es nicht«, und wusch sich auch nicht vor den Angehörigen, damit sie nicht verstimmt würden, sondern wusch sich erst ab, wenn sie draußen waren.

Die achte Pflicht

Du sollst allen Muslimen ein fröhliches Gesicht zeigen und jedermann mit heiterer Miene begegnen.

Der Gesandte Gottes sprach: »Gott liebt die Umgänglichen, die ein fröhliches Gesicht zeigen.« Und weiter: »Umgänglichkeit, heitere Miene und freundliche Rede sind ein gutes Werk, das Vergebung der Sünde erwirkt.«

Anas[2] erzählt: »Einst trat ein armes Weib dem Gesandten

---

[1] nach a   [2] Anas ibn Mâlik, berühmter Gefährte des Propheten und Überlieferer, gest. um 92 d. H. (710)

Gottes in den Weg und sprach: ›Ich habe dir etwas zu sagen.‹ Da sagte er: ›Setz dich hier hin, wo du willst, damit ich mich zu dir setze‹ und setzte sich mit ihr auf der Straße nieder und ließ sie alles erzählen, was sie zu sagen hatte.«

Die neunte Pflicht

Du sollst keinem Muslim das gegebene Wort brechen. Denn es heißt in der Überlieferung: »Drei Dinge gibt es, die beweisen, daß ein Mensch ein Heuchler ist, mag er noch soviel beten und fasten; das sind lügen, ein gegebenes Wort brechen und anvertrautes Gut veruntreuen.«

Die zehnte Pflicht

Du sollst jedem die Ehre erweisen, die seinem Stande zukommt. Dem Manne, der unter den Leuten einen höheren Rang einnimmt, dem sollst du auch die höhere Ehre erweisen.

Zuweilen kann man den Mann von höherem Stande daran erkennen, daß er bessere Kleider trägt und auf einem Pferd reitet und in reichem Aufzug erscheint.

Als Aischa einst auf einer Reise sich zur Mahlzeit niedersetzte, kam ein Bettler vorbei; da sagte sie: »Gebt ihm ein Brot.« Dann kam ein Mann auf einem Pferd vorbei, da sprach sie: »Ladet ihn zum Mahle ein.« Da sagte man zu ihr: »Den Armen läßt du vorübergehen und diesen Reichen lädst du ein?« Da sagte sie: »Gott hat jedem Menschen einen Stand gegeben; diesem Stand müssen auch wir gerecht werden. Der Arme freut sich über ein Stück Brot, aber es wäre unschicklich, auch den Reichen so zu behandeln, wir müssen vielmehr so an ihm handeln, daß auch er sich freut.«

Es heißt in der Überlieferung: »Wenn zu euch einer kommt, der einen Ehrenrang bei seinem Volke einnimmt,

so ehret ihn.« Einem solchen Manne gab einst der Gesandte
Gottes seinen Mantel, damit er sich darauf setzte.

Und ebenso sollst du den ehren, der alte Rechte auf dich
hat. Es wird überliefert, daß den Gesandten Gottes einst die
Amme, die ihn gesäugt hatte, besuchte. Da breitete er ihr
seinen Mantel aus und sprach: »Sei willkommen, meine
Mutter!« und ließ sie auf seinem Mantel sitzen und sprach:
»Willst du für jemanden Fürsprache einlegen, so soll sie dir
gewährt sein, willst du bitten, so soll dir gegeben werden.«
Sie sagte: »Mein Stamm!« (Der Stamm der Beni Sa'd, gegen
den der Prophet kurz vorher einen Kriegszug unternommen
hatte.) Da sprach der Prophet: »Mein Recht und das Recht
der Beni Hâschim gegen sie soll dein sein.« Da standen die
Leute von allen Seiten auf und sprachen: »Auch unser
Recht, o Gesandter Gottes.« Darauf schenkte er ihr seinen
Beuteanteil von den Ländereien von Chaibar, den sie dann
um tausend Drachmen an Othmân verkaufte[1].

Die elfte Pflicht

Du sollst danach trachten, Frieden zu stiften zwischen denen, die sich verfeindet haben.

Der Gesandte Gottes sprach: »Soll ich euch sagen, was
besser ist als Beten und Fasten und Almosengeben?« Sie
sagten: »Ja, sage es.« Er sprach: »Das Friedenstiften zwischen den Muslimen.«

Anas[2] erzählt: »Einst saß der Gesandte Gottes und lächelte.
Da sagte Omar zu ihm: ›Bei meinem Vater und meiner
Mutter, o Gesandter Gottes, warum lächelst du?‹ Da sprach
der Gesandte Gottes: ›Zwei Leute aus meiner Gemeinde
fallen vor dem Herrn der Ehre aufs Knie, und der eine
spricht: ›Herr, verschaffe mir mein Recht von diesem Manne,
er hat unrecht an mir getan!‹ Da spricht Gott zu dem Ange-
klagten: ›Gib ihm, was sein Recht ist.‹ Spricht der Mann:

[1] nach a [2] s. S. 149

›Alle meine guten Werke, o Herr, haben mir meine Gegner fortgenommen; nun habe ich keine mehr übrig.‹ Dann spricht Gott zu dem Kläger: ›Was soll er tun, er hat keine guten Werke mehr!‹ Der Mann erwidert: ›So laß ihn meine Sünden übernehmen.‹ Dann werden ihm die Sünden jenes Mannes auferlegt, doch es bleibt noch immer Unrecht auf seiner Seite übrig. Hier gingen dem Boten Gottes die Augen über, und er sprach: ›Ja, das ist ein schrecklicher Tag, an dem die Menschen es nötig haben, daß ihnen die Last ihrer bösen Taten abgenommen wird.‹ Dann fuhr er fort: ›Da spricht Gott zu dem Kläger: ›Erhebe deine Augen, was siehst du?‹ Spricht jener: ›Ich sehe Städte aus Silber und Schlösser aus Gold, die mit Edelsteinen und Perlen besetzt sind. Für welchen Propheten, Frommen oder Blutzeugen sind sie bestimmt?‹ Spricht Gott: ›Für den, der den Preis dafür bezahlt.‹ Spricht jener: ›Herr, wer mag den Preis bezahlen?‹ Spricht Gott: ›Du selbst.‹ Sagt jener: ›Womit, o Herr?‹ Spricht Gott: ›Damit, daß du diesem Bruder vergibst.‹ Da sagt der Mann: ›Herr, ich vergebe ihm.‹ Dann spricht Gott: ›So steh auf und nimm die Hand deines Bruders und gehet beide ein ins Paradies.‹ Dann sprach der Gesandte Gottes: ›Fürchtet Gott und versöhnet die Menschen miteinander, denn Gott selbst versöhnt die Muslime am Jüngsten Tage.‹‹‹

Die zwölfte Pflicht

Du sollst die Fehler und die Blößen der Muslime bedecken.

Es heißt in der Überlieferung: »Wer in dieser Welt über die Muslime eine Decke breitet, über dessen Sünden wird Gott am Jüngsten Tage eine Decke breiten.«

Abu Bekr sagt: »Sooft ich einen Trinker oder einen Dieb ertappe, wünsche ich, daß Gott ihre Schande bedecken möchte.«

Der Gesandte Gottes sprach: »O ihr, die ihr mit der Zunge

den Glauben bekennt, aber im Herzen keinen Glauben habt, führt nicht üble Nachrede gegen die Menschen und spürt nicht ihrer Blöße nach, denn wer die Blöße eines Muslims aufdeckt, dessen Blöße deckt Gott auf und stellt ihn bloß, hätte er sein Tun auch im Innersten seines Hauses versteckt.«

Ibn Mas'ûd[1] berichtet: »Ich erinnere mich, wie der erste Dieb vor den Gesandten Gottes gebracht wurde, damit ihm die Hand abgehauen würde, da erbleichte der Gesandte Gottes. Man sagte zu ihm: ›Hast du etwas dawider?‹ Er antwortete: ›Wie sollte ich nichts dawider haben! Soll ich der Helfer des Satans sein in der Feindschaft gegen meine Brüder? Wenn ihr wollt, daß Gott euch verzeiht und eure Sünde vergibt und zudeckt, so deckt auch ihr die Sünde der Leute zu. Denn wenn sie einmal vor den Herrscher gebracht ist, dann muß die Strafe vollzogen werden.‹«

Omar ging eines Nachts in der Stadt umher, um nach dem Rechten zu sehen. Da hörte er aus einem Hause Gesang. Er stieg über das Dach ins Haus und fand einen Mann, der mit einem Frauenzimmer Wein trank. Da sprach er zu ihm: »O du Feind Gottes, hast du gewähnt, daß Gott dir eine solche Sünde verborgen halten würde?« Da sprach jener: »Gemach, o Fürst der Gläubigen, wenn ich eine Sünde gegen Gott getan habe, so hast du drei getan. Es heißt im Worte Gottes: ›Spioniert nicht!‹[2], du aber hast spioniert; und es heißt weiter: ›Tretet in die Häuser ein durch ihre Türen[3]!‹ du aber bist über das Dach hereingekommen; und es heißt: ›Betretet nicht fremde Häuser, bevor ihr um Erlaubnis gebeten und ihre Bewohner begrüßt habt[4]!‹, du aber bist hereingekommen ohne Erlaubnis und hast nicht gegrüßt.« Da sprach Omar: »Wenn ich dir verzeihe, wirst du dich dann bessern?« Da sprach jener: »Ja, ich will es nie wieder tun.« Da verzieh er ihm, und jener kehrte sich zur Besserung.

[1] s. S. 80   [2] Sure 49, 12   [3] Sure 2, 185   [4] Sure 24, 27

Der Gesandte Gottes sagt: »Wer heimlich horcht, was die Leute hinter seinem Rücken sagen, dem wird am Jüngsten Tage geschmolzenes Blei in die Ohren gegossen werden.«

Die dreizehnte Pflicht

Du sollst alles vermeiden, was zu einem Verdachte Anlaß geben kann, damit das Herz der Muslime vor dem Schlechtdenken von anderen und ihre Zunge vor Verleumdung bewahrt bleibe. Denn jeder, der die Ursache für das Sündigen eines anderen wird, hat selbst teil an der Sünde.

Der Gesandte Gottes spricht: »Was haltet ihr von einem Menschen, der seinen Vater und seine Mutter beschimpft?« Sie sagten: »Wer wird das tun, o Gesandter Gottes!« Er sprach: »Wer eines anderen Vater und Mutter beschimpft, so daß dafür auch seine Eltern beschimpft werden, der hat sie selbst beschimpft.«

Omar spricht: »Wer sich selbst dem Verdacht aussetzt, der darf den nicht tadeln, der Verdacht gegen ihn hegt.«

Als der Prophet einst am letzten Tage des Fastenmonats in der Moschee mit seiner Frau Safijja sprach, kamen zwei Männer vorbei. Da rief er sie zu sich und sagte: »Dies ist meine Frau Safijja.« Da sagten die Männer: »O Gesandter Gottes, wenn man gegen jemand Argwohn hegt, so doch gewiß nicht gegen dich.« Da sprach der Prophet: »Der Satan läuft dem Menschen durch die Adern wie das Blut.«

Omar sah einst einen Mann auf offener Straße eine Frau ansprechen und schlug ihn mit der Gerte. Da sagte der Mann: »O Omar, es ist meine Frau!« Sprach Omar: »Kannst du nicht mit ihr reden, wo es niemand sieht?«

Die vierzehnte Pflicht

Du sollst niemandem deine Fürsprache verweigern, wenn du bei jemand Geltung und Einfluß hast.

Der Gesandte Gottes sprach zu seinen Gefährten: »Leget Fürbitte bei mir ein. Gar oft habe ich im Herzen schon beschlossen, etwas zu gewähren, aber ich schiebe es auf, damit einer von euch bei mir Fürsprache einlege und dafür Lohn empfange.«

Und wiederum spricht er: »Es gibt kein schöneres Almosen als das Almosen der Zunge.« Man fragte ihn: »Wieso?« Er sprach: »Es ist die Fürsprache, durch die Blutvergießen verhindert, einem Menschen genützt oder ein Mensch vor Schaden bewahrt wird.«

Die fünfzehnte Pflicht

Wenn du hörst, daß ein Mensch einen Muslim in dessen Abwesenheit verleumdet oder nach seinem Gute trachtet, so sollst du für den Abwesenden eintreten und für ihn Antwort geben und jeden Übergriff von ihm abwehren.

Denn der Gesandte Gottes spricht: »Wenn ein Muslim einem Muslim beisteht, wenn übel von ihm geredet und seine Ehre in den Staub gerissen wird, so wird ihm Gott beistehen da, wo er es nötiger hat; und wenn ein Mensch dem andern den Beistand versagt und nicht für ihn kämpft, so wird ihn Gott im Stich lassen da, wo ihm der Beistand lieber wäre.«

Die sechzehnte Pflicht

Wenn du heimgesucht bist durch den Umgang mit einem schlechten Menschen, so sollst du dich freundlich und höflich zu ihm stellen, um seiner Bosheit zu entgehen, und nicht ins Gesicht grob zu ihm sein.

Ibn Abbâs[1] sagt zur Erklärung des Gotteswortes »Die das Böse durch das Gute abweisen[2]«: »Das heißt: Begegnet der Bosheit mit Gruß und Höflichkeit.«

Aischa erzählt: »Ein Mann begehrte bei dem Gesandten

---

[1] berühmter Prophetengenosse und Koranerklärer, S. 17   [2] Sure 13, 22

Gottes Einlaß. Da sprach jener: ›Laßt ihn herein, es ist der schlechteste Mensch seines Stammes.‹ Als er aber eingetreten war, war der Gesandte Gottes so höflich und aufmerksam gegen ihn, daß ich dachte, jener müsse doch sehr hohe Geltung bei ihm haben. Als der Mann hinausgegangen war, sagte ich: ›O Gesandter Gottes, du sagtest doch, er sei ein schlechter Mensch, trotzdem aber hast du ihn so aufmerksam behandelt?‹ Da sprach er: ›Als die schlechtesten von allen Menschen werden vor Gott am Jüngsten Tage die gelten, die man aus Furcht vor ihrer Bosheit höflich behandelt‹.«

Es heißt in der Überlieferung: »Alles, womit du deine Ehre gegen böse Zungen schützest, das ist Almosen.«

Abu d-Dardâ sagt: »Es gibt viele Leute, denen wir ins Gesicht lächeln, während unser Herz sie verflucht.«

Die siebzehnte Pflicht

Du sollst mit den Armen Umgang pflegen und dich vor dem Verkehr mit den Reichen hüten.

Der Gesandte Gottes sagte: »Sitzet nicht mit den Toten zusammen.« Man sagte: »Wer sind die Toten, o Gesandter Gottes?« Er sprach: »Die Reichen.«

Salomon pflegte, wo er in seinem Lande einen Armen sah, sich zu ihm zu setzen und zu sagen: »Ein Armer hat sich zu einem Armen gesetzt.« – Jesus ließ sich mit keinem Namen lieber nennen als mit dem Namen »Armer«.

Der Gesandte Gottes sagte: »Gott, laß mich arm leben und arm sterben und mit den Armen auferstehen.«

Moses sprach: »Wo soll ich dich suchen, mein Gott?« Da sprach Gott: »Bei denen, die gebrochenen Herzens sind.«

Du sollst dich bemühen, das Herz des Muslims fröhlich zu machen, und ihm bei seinen Angelegenheiten behilflich sein.

Der Gesandte Gottes spricht: »Wenn einer einem Muslim in seinen Angelegenheiten hilft, so ist das so gut, als ob er sein ganzes Leben Gott diente.« Und weiter: »Wer das Auge eines Muslims zum Leuchten bringt, dessen Auge wird Gott am Jüngsten Tage zum Leuchten bringen.« Und weiter: »Wenn einer für seinen Bruder eine Stunde Wegs geht, des Nachts oder am Tage, gleichviel, ob er die Sache erledigt oder nicht, so ist das besser als zwei Monate geistlicher Übungen in der Moschee.« Und weiter: »Wer einen Bekümmerten fröhlich macht oder einen Unterdrückten befreit, dem vergibt Gott dreiundsiebenzigmal.« Und weiter: »Helfet eurem Bruder, ob er Unrecht tut oder Unrecht leidet.« Sie sprachen: »Wie sollen wir ihm helfen, wenn er Unrecht tut?« Er sprach: »Ihn vom Unrecht zurückhalten, heißt ihm helfen.« Und ferner: »Kein Werk des Gehorsams ist Gott so lieb, wie daß du das Herz eines Muslims fröhlich machst.«

Fudail[1] brach einst in Tränen aus, da fragte man ihn: »Warum weinst du?« Er sagte: »Ich weine aus Kummer über die armen Muslime, die mir unrecht getan haben. Denn morgen, am Tag der Auferstehung, wird man sie fragen: ›Warum habt ihr das getan?‹ Dann werden sie beschämt dastehen und keine Entschuldigung wissen.«

Ma'rûf el-Karchi[2] sagt: »Wer täglich dreimal spricht: ›Gott, hilf der Gemeinde Muhammeds zurecht, Gott, erbarme dich der Gemeinde Muhammeds, Gott, befreie die Gemeinde Muhammeds von allem Kummer‹, der wird zu der Zahl der großen Heiligen gerechnet.«

[1] s. S. 80 [2] s. S. 141

Du sollst jeden, dem du begegnest, zuerst grüßen und ihm die Hand geben, ehe du ihn anredest.

Der Gesandte Gottes spricht: »Wer zu reden beginnt, ohne zuvor zu grüßen, dem antwortet nicht, ehe er gegrüßt hat.« Jemand trat einst beim Propheten ein, ohne zu grüßen. Da sagte der Prophet: »Geh noch einmal hinaus und grüße, wenn du hereinkommst.«

Anas[1] erzählt: »Als ich dem Propheten acht Jahre lang gedient hatte, sagte er zu mir: ›Halte dich stets in vollkommener Reinheit, damit du lange lebst, grüße den, der dir begegnet, auf daß deine guten Werke sich mehren, und wenn du nach Hause kommst, so begrüße deine Familie, auf daß sich der Segen in deinem Hause mehre‹.«

Es kam ein Mann zum Gesandten Gottes und sprach: »Heil über Euch!« Da sagte er: »Ihm werden zehn gute Taten angeschrieben.« Da kam ein anderer und sprach: »Heil über Euch und Gottes Erbarmen!« Da sagte er: »Ihm werden zwanzig gute Taten angeschrieben.«

Und ferner sprach der Gesandte Gottes: »Grüßet, wenn ihr kommt, und wenn ihr geht, denn am Ende ist es nicht weniger gut zu grüßen als am Anfang.« Und weiter: »Wenn sich zwei Gläubige die Hand reichen, so werden siebzig Erbarmungen zwischen ihnen verteilt, neunundsechzig aber fallen dem zu, der das freundlichere und fröhlichere Gesicht zeigt.« Und weiter: »Wenn sich zwei Muslime begegnen und sich grüßen, so werden hundert Erbarmungen zwischen ihnen verteilt, neunzig für den, der mit dem Gruß beginnt, und zehn für den, der ihn erwidert.«

Es ist aber gute Sitte, die Hand der großen religiösen Meister zu küssen. Abu Ubeida ibn al-Dscharrâch[2] küßte dem Herrscher der Gläubigen Omar die Hand. – Zum Gruß den Rücken zu krümmen aber ist verboten[3]. Anas erzählt: »Ich

---

[1] s. S. 149   [2] Gefährte des Propheten, gest. 18 d.H. (639)   [3] nach a

fragte den Gesandten Gottes: ›Sollen wir voreinander den Rücken krümmen?‹ Er sprach: ›Nein.‹ ›Sollen wir uns küssen?‹ Er sagte: ›Nein.‹ ›Sollen wir uns die Hand geben?‹ Er sagte: ›Ja.‹« – Bei der Rückkehr von einer Reise aber ist es gute Sitte, sich ins Gesicht zu küssen und zu umarmen.

Das Aufstehen aber, um dem andern Ehre zu erweisen, hat der Gesandte Gottes nicht gern gesehen. Anas erzählt: »Ich hatte niemanden lieber als den Gesandten Gottes, aber ich stand nicht vor ihm auf, weil ich wußte, daß er es nicht gern sah.« – Wenn es aber jemand tut, um einen anderen besonders zu ehren, da, wo es Sitte geworden ist, so ist nichts dagegen zu sagen.

Vor einem Menschen zu stehen aber ist verboten. Der Gesandte Gottes sagt: »Wer es liebt, daß die Menschen vor ihm stehen, während er selber sitzt, der möge seinen Sitzplatz in der Hölle einnehmen.«

Die zwanzigste Pflicht

Wenn einer niesen muß, so soll er sagen: »Gelobt sei Gott!« – Ibn Mas'ûd[1] erzählt: »Der Gesandte Gottes lehrte uns: Wenn einer niest, so soll er sagen: ›Gelobt sei Gott, der Herr der Welten!‹ Dann soll der andere, der es hört, sagen: ›Gott erbarme dich deiner!‹ und der Niesende soll erwidern: ›Gott verzeih mir und Euch!‹ Wenn aber der Niesende das ›Gelobt sei Gott!‹ nicht sagt, so hat er keinen Anspruch auf das ›Gott erbarme sich deiner!‹« – Wenn der Gesandte Gottes niesen mußte, unterdrückte er das Geräusch und bedeckte sein Gesicht. – Und er sagte: »Das Niesen kommt von Gott, das Gähnen vom Satan. Und wenn einer von euch gähnt, so lege er die Hand vor den Mund; und wenn er beim Gähnen sagt ›Ha, ha!‹, so lacht der Satan aus seinem Bauche[2].«

[1] s. S. 80   [2] nach a

Du sollst den kranken Muslim besuchen, auch wenn er nur dein Bekannter, nicht dein Freund ist.

Der Gesandte Gottes sagt: »Wer einen Kranken besucht, der erhält einen Platz im Himmelreich, und wenn er von dem Besuch zurückkehrt, so werden siebzigtausend Engel über ihn bestellt, die Segnungen über ihn sprechen bis zur Nacht.«

Und es ist gute Sitte, die Hand auf die Hand oder die Stirn des Kranken zu legen und zu fragen: »Wie geht es dir?« und zu sprechen: »Im Namen Gottes! Gott, der Einige und Ewige, der nicht zeugte und nicht gezeugt ward, der seinesgleichen nicht hat, gewähre dir Zuflucht vor allem Bösen, das dir zustößt.« Othmân erzählt, daß dies der Prophet mehrmals zu ihm gesagt habe, als er einst krank war und der Prophet ihn besuchte. Der Kranke aber soll sagen: »Ich suche meine Zuflucht bei der Herrlichkeit und Macht Gottes vor dem Bösen, das mir zustößt.« Und wenn er nach seinem Befinden gefragt wird, so soll er nicht viel jammern und klagen. Es heißt in der Überlieferung: »Wenn der Mensch krank wird, so bestellt Gott zwei Engel über ihn, um zu sehen, ob er, wenn die Besucher kommen, Gott dankt, oder ob er klagt. Und wenn er dankt und sagt: ›Es ist gut so, Gott sei gepriesen!‹, so spricht Gott: ›Es ist meine Pflicht gegen meinen Knecht, daß, wenn ich ihn hinwegnehme, ich ihn in meine Barmherzigkeit aufnehme und ins Paradies kommen lasse, und wenn ich ihm die Gesundheit wieder schenke, seine Sünden um dieser Krankheit willen vergebe und ihm ein besseres Fleisch und Blut gebe, als er zuvor hatte.‹« – Dem Kranken aber geziemt es, nicht zu klagen und zu verzweifeln, sondern zu hoffen, daß die Krankheit eine Sühne für seine Sünden sein wird. Und wenn er Arzneimittel nimmt, so soll er auf den vertrauen, der das Heilmittel geschaffen hat, nicht auf das Heilmittel. Zu der guten Sitte des Krankenbesuches aber gehört es, sich nicht allezu lange hinzusetzen und nicht zu viel zu fragen, sondern Gebete zu sprechen für die Gesundheit des Kranken und sein Mitempfinden für ihn zu zeigen. Der Besucher soll sich auch nicht nach allen Zimmern und Türen des Hauses umsehen; ehe er eintritt, soll er um Einlaß bitten und sich nicht gerade der Tür gegenüber hinstellen, sondern sich zur Seite halten, damit beim Öffnen der Tür sein Blick nicht auf etwas fällt, was zu sehen sich nicht schickt. Er soll behutsam an die Tür klopfen und nicht den Diener rufen und sagen: »Ich«, wenn gefragt wird: »Wer ist da?«, sondern statt dessen soll er sagen: »Gepriesen und gelobt sei Gott!« Dies soll er überhaupt stets tun, wenn er an eine Tür anklopft.

Die zweiundzwanzigste Pflicht

Du sollst hinter der Leiche des Muslims hergehen. – Der Gesandte Gottes sagt: »Wer hinter einer Leiche hergeht, dem wird eine Unze Lohn zuteil, und wer dabeisteht, bis sie ins Grab gesenkt wird, dem werden zwei Unzen Lohn zuteil, eine jede so groß wie der Berg Uhud.«

Gute Sitte beim Grabgeleit aber ist, zu schweigen und nicht zu lachen, sondern eine Mahnung für sich selbst daraus zu ziehen und über das eigene Sterben nachzudenken.

A'masch[1] sagt: »Ein Gottesmann sagte, als einst einige Leute einen Toten betrauerten: ›Trauert lieber über euch, denn er ist schon von drei Schrecknissen erlöst: Das Angesicht des Todesengels hat er gesehen, die Bitterkeit des Sterbens hat er gekostet, und die Angst vor dem Ende hat er überwunden.‹«

Der Gesandte Gottes sagt: »Drei Dinge geben dem Toten das Grabgeleit: seine Anverwandten, seine Habe und seine Taten. Anverwandte und Habe kehren wieder um, aber seine Taten bleiben bei ihm.«

[1] Überlieferer, gest. 148 d.H. (765)

Du sollst endlich die Gräber der Toten besuchen und für sie beten und für dich selbst eine Mahnung daraus nehmen und daran denken, daß sie vorangegangen sind und du ihnen bald nachfolgen und da sein wirst, wo sie jetzt sind.

Sufjân eth-Thauri[1] sagt: »Wer viel an sein Grab denkt, der wird in dem Grab eine Aue des Paradieses finden, wer es aber vergißt, der wird in ihm eine Gruft der Hölle finden.«

Rabî ibn Chuthaim, der in Tûs begraben liegt und einer der großen Nachfolger[2] war, hatte sich in seinem Hause ein Grab gegraben, und sooft er fand, daß sein Herz in seinem Eifer erlahmte, legte er sich hinein und blieb eine Zeitlang darin liegen. Dann sprach er: »Herr, sende mich zur Welt zurück, damit ich nachhole, was ich versäumt habe.« Dann stand er auf und sprach: »So, Rabî, diesmal bist du noch in die Welt zurückgesandt worden; nun gib dir Mühe, ehe es geschieht, daß du nicht wieder zurückgeschickt wirst!«

Omar erzählt: »Der Gesandte Gottes ging einst auf den Friedhof hinaus und setzte sich zu Häupten eines Grabes und weinte sehr. Ich war bei ihm und sagte: ›Warum weinst du, o Gesandter Gottes?‹ Er sprach: ›Dies ist das Grab meiner Mutter, ich habe Gott um Erlaubnis gebeten, es zu besuchen und für sie um Verzeihung zu bitten. Den Besuch hat er mir erlaubt, aber die Fürbitte hat er mir nicht erlaubt. Nun ist die Kindesliebe in mir erwacht, und darum weine ich.‹«

Das sind die Regeln der Zucht und Sitte für den Umgang mit allen Menschen[3]. Alledem aber liegt die gemeinsame Regel zugrunde, daß du keinen Menschen, sei er lebend oder tot, gering achten sollst, damit du nicht ins Verderben gerätst. Denn du weißt nicht, ob der andere nicht besser ist

---

[1] s. S. 116   [2] So heißt die auf die Gefährten des Propheten folgende Generation   [3] der folgende Schluß dieses Abschnittes nach a

als du; und wenn er ein Übeltäter ist, so weißt du nicht, ob du nicht auch am Ende so wirst wie er oder er zum rechtschaffenen Manne wird. Achte die Menschen in ihrem irdischen Dasein aber auch nicht allzu hoch. Denn diese Welt und alles, was darinnen ist, ist gar gering vor Gott; und wenn du die Bewohner dieser Erdenwelt hochachtest, so achtest du diese Erdenwelt selber hoch und verlierst dadurch in den Augen Gottes. Gib aber nicht dein Seelenheil hin, um von ihren Erdengütern zu erlangen, denn damit machst du dich nur verächtlich bei ihnen und erlangst erst recht nichts von irdischen Gütern. Und wenn das auch nicht der Fall ist, so hast du doch das Schlechtere für das Bessere eingetauscht.

Stelle dich aber auch nicht offen feindlich zu ihnen, denn dann wirst du um ihretwillen an deinem ewigen und zeitlichen Heile Schaden erleiden, und sie werden durch dich Schaden an ihrem Seelenheile leiden.

Siehst du aber, daß sie etwas Böses tun, so bekämpfe ihre schlechten Taten, auf sie selbst aber blicke mit dem Auge der Barmherzigkeit. Denn sie setzen sich mit ihrem Tun Gottes Zorn und Strafe aus, und das höllische Feuer wird ihr Los sein. Warum willst du ihnen da grollen?

Vertraue ihnen aber auch nicht allzusehr in ihrer Liebe und dem Lob, das sie dir spenden, und der freundlichen Miene, mit der sie dir begegnen; denn unter hundert findest du kaum einen, der es ehrlich meint. Klage ihnen auch nicht dein Leid, damit dich Gott nicht ihrer Fürsorge überläßt, und verlange nicht, daß sie hinter deinem Rücken und im geheimen sich so zu dir stellen wie in deiner Gegenwart, denn mit solchem Verlangen betrügst du dich nur selber. Denn wann würde dir das je zuteil? Begehre auch nichts von ihrem Besitz, denn dadurch machst du dich ihnen nur verächtlich und kommst erst recht nicht zu deinem Ziel.

Wende dich aber auch nicht hochmütig von ihnen ab und tue nicht, als ob du sie nicht nötig hättest, denn dann wird

Gott dich gerade von ihnen abhängig machen zur Strafe für deine Hoffart. Wenn du einen von ihnen um etwas bittest und er gewährt es dir, so sieh in ihm einen Bruder, von dem du Nutzen hast; schlägt er aber deine Bitte ab, so schilt ihn deswegen nicht, denn dann wird er dir zum Feind, der dir lange gram bleibt.

Gib dich auch nicht damit ab, dem Ermahnungen zu geben, den du nicht geneigt findest, sie anzunehmen, er wird doch nicht auf dich hören und dir nur zum Feinde werden. Wenn du sie aber ermahnst, so tu es in allgemeiner Form, ohne Bezugnahme auf eine bestimmte Person.

Wenn dir die Menschen Ehre und Gutes erweisen, so danke dafür Gott, der sie dir dienstbar gemacht hat, bitte ihn aber zugleich darum, daß du nicht auf sie angewiesen bleibst. Wenn sie dich verleumden und dir unrecht tun und dich kränken, so stelle es Gott anheim und bitte ihn um Schutz vor ihnen, gib dich aber selbst nicht damit ab, sie zu strafen, denn das macht den Schaden nur schlimmer und ist unnütze Zeitvergeudung. Sprich auch nicht zu ihnen: »Ihr habt mich verkannt«, sondern glaube, daß Gott, wenn du es verdientest, dir schon einen Platz in ihren Herzen bereiten würde, denn er ist es, der beliebt und verhaßt macht. Sei feinhörig und beredt da, wo sie recht haben, taub und stumm da, wo sie unrecht haben.

Vor der Freundschaft der meisten Menschen aber hüte dich, denn sie verzeihen keinen Fehltritt und bedecken keine Blöße, sie rechten um ein Schnalzen mit der Zunge und um die Haut eines Dattelkernes, sie sind mißgünstig auf das Wenige und das Viele, verlangen Recht und geben keines, bestrafen wegen eines Versehens und Vergessens und verzeihen nie. Sie hetzen Bruder gegen Bruder mit Zwischenträgerei und Verleumdung, und die Freundschaft der meisten von ihnen bringt nur Schaden. –

Darum baue nicht auf die Liebe dessen, den du nicht genau erprobt hast, dadurch, daß du eine Zeitlang mit ihm in demselben Hause oder Orte zusammengelebt hast. Prüfe ihn, wenn er im Amt und wenn er abgesetzt ist, in Reichtum und Armut, oder reise mit ihm und verhandle mit ihm um Geld und Gut, oder erprobe ihn, wenn du in Not bist und Hilfe von ihm brauchst. Wenn er sich dir unter allen diesen Umständen bewährt, so nimm ihn, wenn er älter ist als du, zum Vater oder, wenn er jünger ist, zum Sohne oder zum Bruder, wenn er so alt ist wie du.

Das ist alles, was über die Zucht und Sitte des Umgangs mit den Menschen zu sagen ist.

Von den Pflichten gegen den Nachbarn

Die Nachbarschaft begründet noch ein Recht mehr als die Bruderschaft des Islam allein.

Der Gesandte Gottes spricht: »Es gibt einen Nachbarn, der ein Recht hat, das ist der ungläubige Nachbar; und einen, der zwei Rechte hat, das ist der muslimische Nachbar; und einen, der drei Rechte hat, das ist der muslimische Nachbar, der mit dir verwandt ist.« Du siehst, daß er selbst für den Ungläubigen ein Recht festsetzt auf Grund der bloßen Nachbarschaft[1].

Und weiter spricht er: »Gabriel schärfte mir das Recht des Nachbarn so ein, daß ich glaubte, er würde ihm noch das Recht zugestehen, mich zu beerben.« – Und weiter: »Wer an Gott und den Jüngsten Tag glaubt, der ehre seinen Nachbarn.« – Und weiter: »Niemand ist gläubig, solange nicht sein Nachbar vor aller Kränkung durch ihn sicher ist.« – Und weiter: »Die ersten beiden Gegner, die am Jüngsten Tag einander gegenübergestellt werden, werden zwei Nachbarn sein.« – Und weiter: »Wenn einer mit einem Steine nach dem Hund seines Nachbarn wirft, so kränkt er ihn selber damit.« –

[1] nach a

Man sagte zu dem Gesandten Gottes: »Diese Frau fastet am Tage und betet in der Nacht, aber sie kränkt ihre Nachbarn.« Da sagte er: »So gehört sie ins Höllenfeuer.« – Und er sagte: »Bis zum vierzigsten Hause gilt die Nachbarschaft«, und Suhri[1] setzte hinzu: »Bis zum vierzigsten Hause nach vorn und nach hinten, nach links und nach rechts.«

Und wisse: Die Pflicht gegen den Nachbarn besteht nicht nur darin, daß du ihn nicht kränkst, sondern du sollst dem Nachbarn auch Gutes tun. Denn es heißt in der Überlieferung: »Am Jüngsten Tage wird sich der arme Nachbar an den reichen hängen und sprechen: ›O Herr, frage ihn, warum er mir nichts Gutes getan und seine Tür vor mir verschlossen hat.‹«

Einer der großen Frommen wurde in seinem Hause von Mäusen belästigt. Man fragte ihn: »Warum hältst du keine Katze?« Da sagte er: »Ich fürchte, daß die Mäuse die Katze hören und sich in das Haus des Nachbarn begeben werden, und dann laß ich ihm geschehen, was ich selbst nicht ertragen will.«

Der Gesandte Gottes sprach: »Wißt ihr, was die Pflicht des Nachbarn gegen den Nachbarn ist? Wenn er dich um Hilfe bittet, so hilf ihm; wenn er von dir etwas entleihen will, so leihe es ihm; wenn er arm ist, so unterstütze ihn; wenn er krank ist, so besuche ihn; und wenn er stirbt, so gib ihm das Grabgeleit. Wenn er eine Freude erlebt, beglückwünsche ihn, wenn ihn ein Unglück betroffen hat, so drücke ihm dein Beileid aus. Verbaue ihm nicht den Zugang zum Wind; wenn du Früchte kaufst, so schicke ihm davon, und wenn du das nicht kannst, so halte sie verborgen und leide nicht, daß dein Kind davon nimmt und damit vor die Türe geht, so daß sich des Nachbars Kind darüber ärgert. Ärgere ihn auch nicht mit dem Duft deines Kochtopfes, sondern schicke ihm auch etwas.« – Und weiter sagt er: »Wißt ihr, worin die Pflicht gegen den Nachbarn besteht? Bei dem, in dessen

[1] berühmter Lehrer der Omajjadenzeit, gest. 124 d. H. (741)

Hand meine Seele ist, die Nachbarpflicht kann nur der erfüllen, dem Gott Gnade geschenkt hat.«

Zur Pflicht gegen den Nachbarn gehört auch, daß du nicht vom Dach herab in sein Haus hineinsiehst; und wenn er Holz auf deine Mauer legt, sollst du ihn nicht daran hindern, ihm auch den Rinnstein nicht versperren und nicht zanken, wenn er Schutt vor dein Haus schüttet. Auch sollst du die Blöße bedecken, die du bei ihm gewahr wirst, und nicht heimlich über ihn reden und sollst den Blick vor den Frauen seines Hauses niederschlagen und seine Dienerin nicht viel betrachten. Alles dieses mußt du beachten außer den Pflichten gegen alle Muslime, die wir aufgezählt haben.

Mudschâhid[1] erzählt: »Ich war bei Abdallâh ibn Omar, als gerade einer seiner Sklaven sein Schaf abzog. Da sagte er zu dem Sklaven: ›Wenn du es fertig abgezogen hast, so biete zuerst unserem Nachbarn, dem Juden, an‹, und das sagte er mehrmals, bis der Sklave sprach: ›Wie oft willst du es noch sagen?‹ Da sagte er: ›Der Gesandte Gottes hat uns die Pflicht gegen den Nachbarn so oft eingeschärft, daß wir am Ende fürchteten, er werde ihm noch ein Erbrecht zugestehen.‹«

Und Hischâm[2] sagt: »Hasan el-Basri[3] fand nichts Böses darin, daß man dem jüdischen und christlichen Nachbarn vom Fleisch des großen Opfertages abgebe[4].«

Abu Dharr[5] erzählt: »Der Prophet gab mir die Mahnung: ›Wenn du kochst, so setze reichlich Wasser auf und schicke dem Nachbarn.‹«

Jemand sagte zu Abdallâh ibn Mubârak[6]: »Mein Nachbar beklagt sich über meinen Sklaven; wenn ich nun züchtige, ohne Beweisgrund, so tue ich Unrecht, züchtige ich ihn aber nicht, so nimmt es mein Nachbar übel. Was soll ich nun tun?« Da sagte jener: »Warte, bis dein Sklave einmal einen

[1] s. S. 80 [2] Ibn Hassân, Überlieferer, gest. 147 d.H. (764) [3] s. S. 103
[4] nach a [5] s. S. 125 [6] Sufi, gest. 181 d.H. (797)

Streich begeht, der Züchtigung verdient, das hebe ihm dann
auf, bis sich dein Nachbar über ihn beklagt, und dann züchtige ihn. Dann hast du beiden Recht getan.«

Die Pflichten gegen die Anverwandten

Wisse, daß der Gesandte Gottes gesagt hat: »Gott spricht:
›Wer es mit seinen Verwandten hält, mit dem werde ich
es auch halten. Wer langes Leben und Wohlergehen wünscht,
der sorge für das Wohl seiner Anverwandten.‹[1]«

Abu Dharr[2] berichtet: »Mein Freund, der Gesandte Gottes,
ermahnte mich, es mit meinen Verwandten zu halten, auch
wenn sie mir den Rücken kehrten, und befahl mir zu denken: ›Es ist meine Pflicht, auch wenn sie bitter ist.‹[3]«

Der Gesandte Gottes sagt: »Keine Tat des Gehorsams
wird schneller belohnt als das Halten zu den Verwandten.
Ja es kann geschehen, daß die Glieder einer Familie Übeltäter sind und doch ihre Habe und ihre Kinder sich mehren,
deswegen, weil sie zu ihren Verwandten halten.«

Omar schrieb an seine Statthalter: »Laßt die Verwandten
einander besuchen, aber laßt sie nicht zusammen wohnen.«
Denn die Verwandten, die zusammen wohnen, werden einander leicht beschwerlich, und das führt zur Entfremdung
und Verfeindung[4].

Der Gesandte Gottes sagt: »Es gibt kein schöneres Almosen als welches du den Verwandten gibst, die dir feindlich
gesinnt sind.« – Und wisse: Das Halten zu den Verwandten
besteht darin, daß du an ihnen festhältst, wenn sie sich von
dir scheiden. Der Gesandte Gottes sagt: »Die schönste aller
Tugenden ist die, daß du das Band knüpfest zu dem, der es
zerreißt, daß du gibst dem, der dich beraubt, und verzeihst
dem, der dir Unrecht tut.«

---

[1] nach a   [2] s. S. 125   [3] Das Wortspiel rahmân-rahim ist als unüber-
setzbar ausgelassen   [4] nach a

168

Wisse: Das Recht der Eltern ist das allergrößte und die Beziehung zu ihnen die allerinnigste.

Der Gesandte Gottes sprach: »Kein Sohn hat seine Pflicht gegen den Vater erfüllt, ehe er ihn als Sklaven gefunden und freigekauft hat.« – Und weiter: »Den Eltern Gutes tun ist besser als Gebet und Almosen und Fasten und Wallfahrt und der Heilige Krieg.« – Und weiter: »Den Duft des Paradieses wird man riechen auf eine Strecke von fünfhundert Jahren, aber der ungehorsame Sohn und der, der seine Verwandten im Stich läßt, werden ihn nicht riechen.«

Gott offenbarte Mose: »Wer Vater und Mutter gehorcht und mir zuwider handelt, den schreibe ich als gehorsam auf; wer aber mir gehorcht und seinen Eltern zuwiderhandelt, den schreibe ich als widerspenstig auf.«

Der Gesandte Gottes sprach: »Wenn einer Almosen gibt und den Lohn dafür seinen Eltern abtritt, so bringt ihm das keinen Schaden, denn sein Lohn wird dadurch nicht geschmälert.«

Jemand kam zum Gesandten Gottes und sagte zu ihm: »Mein Vater und meine Mutter sind gestorben, welche Pflicht bleibt mir nun noch an ihnen zu erfüllen?« Er sprach: »Bete für sie und bitte für sie um Vergebung der Sünden, führe ihr Vermächtnis aus, ehre ihre Freunde und sorge für ihre Anverwandten.« – Ferner sprach er: »Das Recht der Mutter ist doppelt so groß wie das Recht des Vaters.«

Die Pflichten der Eltern gegen die Kinder

Ein Mann fragte den Gesandten Gottes: »Wem soll ich Gutes tun?« Er sprach: »Deinem Vater und deiner Mutter.« Sprach der Mann: »Sie sind gestorben.« Da sprach der Gesandte Gottes: »Deinem Kinde, denn so wie die Eltern ein Recht haben, so hat auch das Kind ein Recht.«

Eine der Pflichten gegen die Kinder aber ist die, daß du sie nicht durch deine Härte selbst zum Ungehorsam treibst. Der Gesandte Gottes sprach: »Gott schenke seine Gnade dem Vater, der seinen Sohn nicht selbst zum Ungehorsam treibt.«

Es heißt in der Überlieferung: »Sieben Jahre lang ist dein Sohn dein Blumenstrauß, sieben Jahre lang dein Diener, dann aber ist er dein Feind oder dein Freund[1].«

Anas[2] erzählt: »Der Gesandte Gottes sagt: Wenn der Knabe sieben Tage alt ist, so bringt das Haaropfer für ihn dar und gebt ihm einen Namen; wenn er sechs Jahre alt ist, so lehrt ihn gute Sitte; mit dem neunten Jahr laßt ihn auf getrenntem Lager schlafen; mit dem dreizehnten Jahr haltet ihn, auch mit Schlägen, zum Gottesdienst an; ist er sechzehn Jahre alt geworden, so gebt ihm ein Weib und faßt seine Hand und sprecht: ›Ich habe dich erzogen und belehrt und dir ein Weib gegeben, nun möge mich Gott vor Anfechtung durch dich in dieser und vor Strafe in jener Welt bewahren.‹«

Ferner gehört zu den Pflichten gegen die Kinder, daß du sie gleich hältst mit deinen Gaben und mit deinen Küssen und allem Guten, was du ihnen tust.

Das Zärtlichsein gegen die kleinen Kinder und sie zu küssen ist fromme Sitte. Als der Gesandte Gottes einst seinen Enkel Hasan küßte, sprach Akra' ibn Hâbis[3] zu ihm: »Ich habe zehn Söhne und habe nie einen davon geküßt.« Da sagte der Gesandte Gottes: »Wer selbst nicht zärtlich ist, gegen den wird Gott auch nicht zärtlich sein.«

Als einst der Gesandte Gottes auf der Kanzel saß, fiel Hasan[4] auf das Gesicht. Da stieg er sogleich herab und nahm ihn auf und rezitierte den Koranvers: »Eure Güter und eure Kinder sind eine Anfechtung[5].« – Und als er einst betete und sich gerade niedergeworfen hatte, kam der kleine Husein[4]

[1] nach a [2] Ibn Mâlik, s. S. 149 [3] Zeitgenosse des Propheten, Mitglied der Gesandtschaft der Benû Temîm an ihn [4] Enkel des Propheten [5] Sure 5, 28, und 64, 15

und kletterte ihm auf den Nacken. Da hielt der Gesandte Gottes in dieser Stellung so lange inne, daß seine Gefährten glaubten, es sei eine Offenbarung über ihn gekommen, weil er diese Stellung so lange ausdehnte. Als das Gebet zu Ende war, fragten sie ihn, ob er während der Niederwerfung eine Offenbarung erhalten habe. Da sagte er: »Nein, Husein wollte auf mir reiten, und dabei wollte ich ihn doch nicht stören.«

Im allgemeinen aber ist zu sagen, daß die Rechte der Eltern größer sind als die Rechte der Kinder, denn die Eltern zu ehren ist für das Kind Pflicht, im Worte Gottes wird diese Pflicht zusammen mit dem Dienste Gottes genannt, da es heißt: »Dein Herr hat bestimmt, daß ihr ihm allein dient und den Eltern Gutes tut[1].«

Und wegen der Größe des Rechts der Eltern sind zwei Dinge zur unbedingten Pflicht gemacht worden. Das eine ist dies, daß, wenn Vater und Mutter dem Sohne eine Speise zu essen gebieten, die zweifelhaft, aber nicht schlechthin verboten ist, er nach Ansicht der meisten Rechtsgelehrten sie essen muß, denn der Eltern Zufriedenheit erwerben ist wichtiger als sich vor zweifelhaften Speisen hüten. Das andere ist dies, daß man ohne Einwilligung von Vater und Mutter keine Reise unternehmen darf, es sei denn zur Erfüllung einer unerläßlichen Pflicht, wie die Erlernung des Gebets und der Fastenbestimmungen, wenn man daheim keinen Lehrer finden kann. Zur Pilgerfahrt aber darf man nicht ohne Einwilligung von Vater und Mutter aufbrechen, denn sie ist zwar eine unerläßliche Pflicht, doch ist es erlaubt, sie aufzuschieben.

Ein Mann bat einst den Gesandten Gottes, an einem Kriegszug teilnehmen zu dürfen. Da sagte er zu ihm: »Hast du eine Mutter?« Er sprach: »Ja.« Da sprach der Gesandte Gottes: »So gehe hin und setze dich zu ihr, denn dein Paradies liegt zu ihren Füßen.«

[1] Sure 17, 24

Ein anderer kam zu ihm aus dem Jemen, um am Kriege teilzunehmen. Da sagte er: »Hast du Vater und Mutter?« Jener sagte: »Ja.« Da sprach der Gesandte Gottes: »So kehre um und bitte sie zuvor um Erlaubnis, und wenn sie dir die Erlaubnis nicht geben, so gehorche ihnen, denn nächst dem Glaubensbekenntnis kannst du vor Gott keine bessere fromme Tat tun als diese.«

Wisse auch, daß das Recht des älteren Bruders dem Recht des Vaters nahekommt. Es heißt in der Überlieferung: »Der ältere Bruder hat über den jüngeren Bruder dasselbe Recht wie der Vater über den Sohn.«

DIE PFLICHTEN GEGEN DIE SKLAVEN

Der Gesandte Gottes spricht: »Seid gottesfürchtig in der Behandlung eurer Sklaven und Untergebenen. Gebt ihnen zu essen von dem, was ihr esset, und kleidet sie mit dem, womit ihr euch kleidet, und ladet ihnen nichts auf, was ihnen zu schwer ist. Behaltet die, die euch angenehm sind, und verkauft die anderen, aber quält nicht die Geschöpfe Gottes. Gott hat sie zu euren Sklaven und Untergebenen gemacht, aber wenn er wollte, so könnte er euch leicht zu ihren Untergebenen machen.«

Ein Mann fragte den Gesandten Gottes: »Wie oft sollen wir unseren Sklaven verzeihen?« Er sagte: »Siebenzigmal.«

Man fragte den Ahnaf ibn Kais[1]: »Von wem hast du die Großmut gelernt?« Er sagte: »Von Kais ibn Asim[2]. Ihm brachte einst eine Sklavin ein heißes Rösteisen mit Fleisch; es fiel ihr aus der Hand und traf sein Söhnchen, das daran starb. Die Sklavin aber verging vor Angst. Da sagte er zu ihr: ›Sei ruhig, du hast keine Schuld, und ich lasse dich frei um Gottes willen.‹«

---

[1] s. S. 131 [2] Zeitgenosse des Propheten, Mitglied der Gesandtschaft der Benû Temîm an ihn

Aun ibn Abdallâh[1] pflegte zu sagen, wenn ein Sklave ihm ungehorsam war: »Du machst es deinem Herrn nach. So wie er gegen seinen Herrn ungehorsam ist, bist du es gegen deinen Herrn.« Und als ihn ein Sklave einst zum Zorne reizte, sprach er: »Du willst nur, daß ich dich schlagen soll. Geh hin, du bist frei.«

Ibn al-Munkadir[2] erzählt: »Einer von den Genossen des Propheten schlug einst seinen Sklaven. Da begann der Sklave zu schreien: ›Ich bitte dich um Gottes willen! Ich bitte dich um Gottes Angesichts willen!‹ Da der Gesandte Gottes das Schreien des Sklaven hörte, ging er zu dem Manne. Als dieser den Gesandten Gottes sah, hörte er zu schlagen auf. Da sprach der Gesandte Gottes zu ihm: ›Der Sklave hat dich um Gottes Angesichts willen gebeten, und du hast ihm nicht verziehen, als du aber mich sahst, zogst du deine Hand zurück?‹ Da sprach der Mann: ›Er soll frei sein um Gottes willen, o Gesandter Gottes!‹ Da sprach der Prophet: ›Hättest du das nicht gesagt, so würde die Flamme des Höllenfeuers dir ins Gesicht schlagen.‹[3]«

Abu Mas'ûd al-Ansârî[4] schlug einst einen seiner Sklaven. Da hörte er jemanden hinter sich seinen Namen rufen. Er wandte sich um und sah den Propheten vor sich stehen; der sprach zu ihm: »O Abu Mas'ûd, Gott hat mehr Macht über dich als du über diesen hier.«

Der Gesandte Gottes hat gesagt: »Jeder, dem sein Untergebener das Essen kocht und die Mühe des Kochens auf sich nimmt und den Rauch des Herdes erträgt und ihm selbst all das erspart, der lasse ihn neben sich sitzen und esse mit ihm. Und wenn er das nicht tut, so nehme er einen Bissen, tauche ihn in Fett, stecke ihn mit eigner Hand dem Sklaven in den Mund und spreche: ›Iß!‹«, und Gott weiß es am besten.

[1] Zeitgenosse des Omajjadenkalifen Omar ibn Abdelasîs [2] gest. 130 d. H. (747/48) [3] nach a [4] Okba ibn Âmir, einer der ersten Anhänger Muhammeds in Medina, gefallen i. J. 12 d. H. (633)

So besteht also die Pflicht gegen den Sklaven darin, daß du es ihm an Nahrung und Kleidung nicht fehlen lässest, nicht mit Hochmut auf ihn herabsiehst, sondern bedenkst, daß auch er ein Mensch ist wie du. Wenn er aber einen Fehltritt begeht, so sollst du an die Fehltritte und Vergehen denken, die du dir selbst gegen Gott zuschulden kommen läßt. Und wenn du auf ihn zornig bist, so sollst du an die Macht denken, die Gott über dich hat. Denn die Macht Gottes über dich ist größer als deine Macht über deinen Sklaven.

VON DER LIEBE

Wisse[1]: Die Liebe zu Gott ist die höchste der Stationen, ja das eigentliche Endziel aller Stationen, denn der Zweck alles dessen, was zu dem Viertel der *verderbenbringenden Dinge* gehört, ist ja nichts anderes als die Reinigung von allem, was von der Liebe zu Gott abzieht, und die *rettenden Dinge,* von denen wir geredet haben, wie die Buße, die Geduld, die Weltflucht, die Furcht und die anderen, sind nur Vorstufen zu ihr, und das, was darauf folgt, wie die Sehnsucht und die Ergebung, sind ihre Frucht und Folge. Die höchste Vollkommenheit, die der Mensch erreichen kann, ist die, daß die Liebe zu Gott sein Herz so erfüllt, daß sie alles andere aufhebt, und wenn das nicht möglich ist, sie doch die Liebe zu allen anderen Dingen überwiegt. Die Erkenntnis des Wesens der Liebe ist aber so schwierig, daß manche Dogmatiker sie ganz geleugnet und gesagt haben, daß man ein Wesen, das nicht von der gleichen Art sei wie wir selbst, überhaupt nicht lieben könne, und daß daher die Liebe zu Gott nichts anderes als Gehorsam gegen ihn bedeute. Wer aber dies glaubt, der weiß nichts vom Wesen der Religion. Darum müssen wir dies notwendig auseinandersetzen; und wollen daher zuerst reden von den Zeugnissen des heiligen Gesetzes über die Liebe zu Gott, und sodann von ihrem Wesen und ihren Gesetzen.

Von der Vorzüglichkeit der Liebe zu Gott

Wisse: Alle Muslime stimmen darin überein, daß die Liebe zu Gott eine Pflicht ist.

[1] das folgende nach p

Wie kann aber zur Pflicht gemacht werden, was es gar nicht gibt, und wie kann man die Liebe als Gehorsam deuten, da doch der Gehorsam der Liebe folgt und ihre Frucht ist? Denn notwendig ist zuerst immer die Liebe da, dann, danach gehorcht der Liebende[1]. Es heißt im Worte Gottes: »Er liebt sie und sie lieben ihn[2].« Der Gesandte Gottes sagt: »Niemand ist gläubig, ehe er Gott und seinen Gesandten mehr liebt als alles außer ihnen.« Und weiter: »Der Gottesknecht ist nicht gläubig, solange er nicht Gott und seinen Gesandten mehr liebt als sein Weib und sein Gut und alle Menschen.« Man fragte ihn: »Was ist der Glaube?« Er sagte: »Daß man Gott und seinen Gesandten mehr liebt als alles außer ihnen.«

Auch spricht Gott eine Drohung hierüber aus, da er sagt: »Sprich: Wenn euch eure Väter und Söhne und Brüder und Frauen und eure Sippe und das Gut, das ihr erworben habt, und der Handel, dessen Stocken ihr befürchtet, und die Wohnungen, an denen ihr Wohlgefallen habt, lieber sind als Gott und sein Gesandter und der Heilige Krieg auf seinem Wege, so wartet nur, bis Gott sein Wort erfüllt[3].«

Ein Mann sprach zu dem Gesandten Gottes: »Ich habe dich lieb.« Er sagte: »Mache dich bereit zur Armut.« Sprach jener: »Ich liebe Gott.« Da sagte er: »Mache dich bereit zur Trübsal.«

Es heißt in der Überlieferung, daß Abraham, der Freund Gottes, als der Todesengel kam, um seine Seele hinwegzunehmen[4], zu ihm sprach: »Hast du je einen Freund gesehen, der seinen Freund tötet?« Da offenbarte ihm Gott: »Hast du je einen Liebenden gesehen, der sich sträubte, zu seinem Geliebten zu kommen?« Da sagte er: »O Todesengel, jetzt nimm meine Seele, denn nun willige ich darein.«

In einem Gebet des Gesandten Gottes heißt es: »Herr, schenke mir Liebe zu dir und Liebe zu denen, die dich

---

[1] nach a [2] Sure 5, 59 [3] Sure 9, 24 [4] Er durfte sie nach Gottes Befehl nur nehmen, wenn Abraham selbst darein willigte

178

lieben, und zu allem, was mich zu deiner Liebe führt, und laß mir die Liebe zu dir lieber sein als dem Durstigen das frische Wasser.«

Ein Beduine kam zu dem Gesandten Gottes und fragte ihn: »O Gesandter Gottes, wann wird der Jüngste Tag sein?« Er sprach: »Was hast du bereit für jenen Tag?« Sprach jener: »Beten und Fasten habe ich nicht viel, aber ich liebe Gott und seinen Gesandten.« Da sprach er: »Morgen, am Jüngsten Tage wird jeder mit dem zusammen sein, den er liebt.«

Abu Bekr, der Fromme, sprach: »Wer die reine Liebe zu Gott geschmeckt hat, der vergißt darüber diese Welt und kehrt sich von den Menschen ab.«

Hasan el-Basri[1] sagte: »Wer Gott recht erkennt, der liebt ihn, und wer die Welt recht erkennt, der haßt sie; nur so lange ist der Gläubige lustig, als er gedankenlos ist, wenn er aber nachdenkt, so wird er ernst.«

Es wird erzählt, daß Jesus einst an Leuten vorüberkam, die elend und abgemagert aussahen. Er sprach zu ihnen: »Was ist mit euch?« Sie sagten: »Aus Furcht vor der Strafe Gottes sind wir so abgemagert.« Da sagte er: »Ihr habt es vor Gott verdient, daß er euch vor seiner Strafe sicher macht.« Darauf traf er andere Leute, die sahen noch elender und abgemagerter aus. Da sprach er: »Was ist mit euch?« Sie sprachen: »Die Sehnsucht nach dem Paradies hat uns so abmagern lassen.« Da sagte er: »Ihr habt es vor Gott verdient, daß er eure Sehnsucht erfüllt.« Dann traf er andere Leute, die sahen noch elender und abgemagerter aus die vorigen, aber ihre Gesichter glänzten gleich einem Spiegel. Er sprach: »Was ist mit euch?« Sie sagten: »Die Liebe zu Gott hat uns so werden lassen.« Da setzte er sich zu ihnen und sprach: »Ihr seid die, die Gott nahe sind, ihr seid die, die Gott nahe sind, mit euch zusammenzusitzen ist uns befohlen worden.«

[1] s. S. 103

Sari es-Sakati[1] sagte: »Morgen, am Jüngsten Tage wird man alle Menschen zusammen mit ihren Propheten aufrufen mit den Worten: ›O Gemeinde Mosis, o Gemeinde Jesu, o Gemeinde Mohammeds‹, bis auf die Liebenden Gottes, denn sie wird man aufrufen mit den Worten: ›Ihr Freunde Gottes, kommt her zu Gott, dem Erhabenen‹, und dann wird ihnen schier das Herz vor Freude springen.«

In einem der heiligen Bücher heißt es: »Mein Knecht, ich habe dich lieb; bei dem Recht, das ich über dich habe, habe auch du mich lieb!«

Von dem Wesen der Liebe und ihren Ursachen und was die Liebe zu Gott bedeutet[2]

Wisse: Zum Verständnis dessen, wovon in diesem Kapitel die Rede ist, bedarf es zunächst der Erkenntnis des Wesens der Liebe an sich und ihrer Bedingungen und Ursachen. Dann können wir betrachten, was die Liebe in bezug auf Gott bedeutet.

Zuerst nun ist zu sagen, daß Liebe nur denkbar ist nach einer Erkenntnis und Wahrnehmung, denn der Mensch kann nur das lieben, wovon er eine Kenntnis hat. Darum ist es auch nicht möglich, unbeseelten Körpern Liebe zuzuschreiben. Sie ist vielmehr eine Eigentümlichkeit der mit der Fähigkeit zur Wahrnehmung begabten lebendigen Wesen.

Die wahrgenommenen Dinge sind nun teils solche, die der Natur des Wahrnehmenden entsprechend und genehm und für ihn lustvoll sind, teils solche, die ihr entgegengesetzt und zuwider sind und ihm Schmerz bereiten, teils endlich solche, die weder Schmerz noch Lust bei ihm hervorrufen. Alles nun, dessen Wahrnehmung Lust und Wohlbehagen bereitet, ist dem Wahrnehmenden lieb, und das, dessen

[1] einer der ältesten Sufis, gest. 257 d.H. (871) [2] das folgende nach a

Wahrnehmung Schmerz bereitet, wird von dem Wahrnehmenden gehaßt, das aber, was weder Lust noch Schmerz
bereitet, wird weder als lieb noch als verhaßt bezeichnet.
Geliebt wird also alles, was Lust bereitet, von dem, der die
Lust empfindet.

Daß etwas geliebt wird, bedeutet aber, daß in der Natur
eine Neigung dazu besteht, und daß etwas gehaßt wird, bedeutet, daß in der Natur eine Abneigung dagegen besteht.
Die Liebe besteht also in der Neigung der Natur zu dem,
was Lust bereitet. Wenn sich diese Neigung befestigt und
stark wird, so wird sie Liebesleidenschaft genannt. Der
Haß wiederum besteht in einem Widerwillen der Natur
gegen das, was Schmerz und Unlust bereitet; und wenn er
stark wird, wird er Ekel genannt.

Das ist das eine, was man von dem Wesen der Liebe wissen
muß.

Das *zweite* aber ist dies, daß die Liebe, da sie von der Wahrnehmung und Erkenntnis abhängig ist, entsprechend der
Verschiedenheit der Gegenstände und der Organe der
Wahrnehmung sich in verschiedene Arten teilt. Jedes Sin-
nesorgan nimmt nur eine bestimmte Art von Gegenständen
wahr und hat nur an einigen der Wahrnehmungsobjekte
seine Lust, infolge deren sich dann diesen Objekten die
Natur zuneigt, so daß sie von der gesunden Natur geliebt
werden. Das Auge hat seine Lust am Schauen und Wahrnehmen schöner Schauobjekte und lieblicher, schöner Gestalten, das Ohr an schönen rhythmischen Melodien, der
Geruchssinn an Wohlgerüchen, der Geschmackssinn an
Speisen und der Tastsinn an weichen und zarten Dingen.
Da diese durch die Sinne wahrgenommenen Dinge Lust bereiten, werden sie geliebt, das heißt, die gesunde Natur
neigt sich ihnen zu.

Der Gesandte Gottes hat gesagt: »Von eurer Welt sind
mir lieb gemacht worden drei Dinge: Die Wohlgerüche

und die Weiber, mein Augentrost aber ist das Gebet.« Er nennt also die Wohlgerüche »lieb«, obwohl Auge und Ohr keinen Genuß davon haben, sondern nur der Geruchsinn, und ebenso die Weiber, obwohl nur der Gesichts- und der Tastsinn mit ihnen zu tun hat, nicht der Geruch und der Geschmack und das Gehör. Das Gebet aber nennt er seinen Augentrost und bezeichnet es im weitesten Sinne als etwas Liebes, und doch hat keiner der fünf Sinne damit zu tun, sondern vielmehr ein sechster Sinn, dessen Organ das Herz ist. Das begreift aber nur, wer selber ein Herz hat!

Die Lust der fünf Sinne hat der Mensch mit den Tieren gemein. Wenn also die Liebe auf die Objekte der fünf Sinne beschränkt wäre, so daß man sagen müßte: ›Da Gott nicht durch die Sinne wahrgenommen und nicht durch die Einbildungskraft vorgestellt werden kann, kann er auch nicht geliebt werden‹, so wäre – wehe uns – die Vorzugsstellung des Menschen null und nichtig samt jenem sechsten Sinn, der ihm allein eigen ist, den man Vernunft oder Licht oder Herz oder anders nennt – es kommt auf den Namen nicht an.

Das innere Gesicht aber ist stärker als das äußere und das Herz im Wahrnehmen schärfer als das Auge und die Schönheit der mit der Vernunft geschauten Dinge ist größer als die Schönheit der äußeren Formen, die sich den Blicken darbieten. Daher muß notwendig die Lust des Herzens an den erhabenen göttlichen Gegenständen, die es erschaut und die zu gewaltig sind, als daß die Sinne sie wahrnehmen könnten, vollkommener und größer und die Neigung der gesunden Natur und Vernunft zu ihnen stärker sein. Denn Liebe bedeutet nichts anderes als Hinneigung zu dem, dessen Wahrnehmung Lust bereitet, wie wir noch im einzelnen zeigen werden.

So kann also die Liebe zu Gott nur der leugnen, der auf der Stufe der Tiere zurückgeblieben ist und über die sinnliche Wahrnehmung nicht hinausgelangt ist.

Drittens aber liegt es am Tage, daß der Mensch sich selber liebt, und ferner auch, daß er auch andere lieben kann um seiner selbst willen. Ist es aber auch denkbar, daß er einen anderen liebt um dessentwillen, nicht um seiner selbst willen? Das macht den Schwachen Schwierigkeiten, und sie meinen, es sei undenkbar, daß ein Mensch einen anderen liebe um dessentwillen, ohne daß der Liebende einen anderen Gewinn davon habe als die Wahrnehmung dieses anderen selbst. Doch die Wahrheit ist, daß dies wohl denkbar ist und in der Wirklichkeit vorkommt.

Wir wollen daher nunmehr die *Ursachen und die Arten der Liebe* auseinandersetzen.

Der erste Geliebte jedes lebendigen Wesens ist es selbst und das eigene Ich. Diese Liebe zu sich selbst bedeutet, daß in der Natur jedes lebenden Wesens eine Neigung zur Erhaltung des eigenen Daseins und ein Widerwille gegen seine Aufhebung und Vernichtung liegt. Denn von Natur geliebt wird das, was dem Liebenden genehm ist. Was aber wäre ihm genehmer als das eigene Ich und die Fortdauer des Daseins, und was wäre ihm mehr zuwider und entgegen als dessen Aufhebung und Vernichtung? Darum liebt der Mensch die Erhaltung seines Daseins und scheut das Sterben und Getötetwerden, nicht bloß aus Furcht vor dem, was nach dem Tode kommt, und nicht nur aus Grauen vor dem Todeskampf, sondern selbst wenn er hinweggenommen würde ohne Schmerz und er den Tod erlitte ohne Lohn und Strafe im Jenseits, würde er doch nicht gerne sterben, sondern einen Widerwillen dagegen haben. Er liebt den Tod und das reine Nichtdasein nur, wenn er im Leben einen allzu harten Schmerz ertragen muß, denn wer von einem Leiden betroffen wird, der liebt das Aufhören des Leidens. Und wenn er dann auch das Nichtdasein liebt, so liebt er es doch nicht um seiner selbst willen, sondern weil es das Aufhören des Leidens bedeutet. Denn die Vernichtung und das Nichtdasein wird gehaßt und die Erhaltung des Daseins geliebt.

So wie nun die Erhaltung des Daseins geliebt wird, so wird auch die Vollkommenheit des Daseins geliebt, denn das Unvollkommene ist das, dem etwas an der Vollkommenheit fehlt, und Unvollkommenheit bedeutet ja nichts anderes als Nichtdasein in bezug auf den fehlenden Teil. Nichtdasein ist aber bei den Eigenschaften der Vollkommenheit des Daseins ebenso verhaßt wie beim Dasein selbst; und das Dasein der Eigenschaften der Vollkommenheit wird ebenso geliebt wie das Dasein selbst. Das ist eine der Natur des Menschen innewohnende Anlage, die durch das Walten der Gewohnheit Gottes bedingt ist, und in der Gewohnheit Gottes gibt es keine Veränderung.

So ist also der erste Geliebte des Menschen er selbst, sodann das Heil seiner Glieder, dann seine Habe, seine Kinder, seine Sippe und seine Freunde. Die Glieder werden geliebt und ihr Heilsein gewünscht, weil die Vollkommenheit und Erhaltung des Daseins darauf beruht. Die Habe wird geliebt, weil auch sie ein Mittel für die Erhaltung und Vervollkommnung des Daseins ist, und so ist es mit allen Dingen, die als Mittel dienen. Denn der Mensch liebt diese Dinge nicht um ihrer selbst willen, sondern weil für ihn das Gut der Erhaltung und der Vollkommenheit des Daseins daran geknüpft ist. So liebt er ja auch seinen Sohn, obwohl er kein Gut durch ihn erlangt, sondern um seinetwillen Mühe und Arbeit auf sich nehmen muß, deshalb, weil der Sohn, wenn er selbst nicht mehr da ist, ihn im Dasein ersetzen wird und ihm durch das Leben seiner Nachkommenschaft eine Art Weiterleben seiner selbst gesichert wird. Weil er selber so gern leben möchte, wünscht er, daß der leben soll, der an seine Stelle tritt und gleichsam ein Teil seiner selbst ist, da er ja auf die Erhaltung des eigenen Daseins nicht hoffen kann. Ja, wenn ihm die Wahl gelassen würde zwischen dem Tode des Sohnes und dem eigenen Tode, so würde er, wenn der Trieb der Natur bei ihm rein erhalten bliebe, das eigene Leben über das des Sohnes stellen. Denn das Leben des Sohnes kommt zwar in gewissem Sinne dem eigenen Weiterleben nahe, ist aber doch kein wirkliches Weiterleben.

Ebenso ist auch die Liebe zur Verwandtschaft und Sippe auf die Liebe zur eigenen Vollkommenheit zurückzuführen. Er fühlt das eigene Ich durch sie erweitert und gestärkt, sich selbst geziert durch ihre Vollkommenheit. Denn Sippe und Habe und äußere Güter sind wie ein Flügel, der den Menschen zur Vollkommenheit erhebt, und die Vollkommenheit und die Erhaltung des Daseins werden ja notwendig von Natur geliebt.

So ist also das erste, was jedes lebendige Wesen liebt, es selbst und die Vollkommenheit seiner selbst und dessen Erhaltung; und verhaßt ist ihm das Gegenteil. Und das ist *die erste Ursache der Liebe.*

Die zweite Ursache der Liebe ist das Empfangen von Wohltaten. Denn der Mensch ist der Knecht der Wohltat, und die Herzen sind von Natur so beschaffen, daß sie den lieben, der ihnen wohltut, und den hassen, der ihnen übel tut. Der Gesandte Gottes spricht: »O Gott, laß nicht einen Bösewicht durch Wohltat Macht über mich erlangen, so daß ihn mein Herz lieb gewinnt.« Das zeigt, daß die Liebe zum Wohltäter ein Zwang ist, dem man nicht entgehen kann, eine natürliche Anlage, die sich nicht ändern läßt. Aus dieser Ursache kann ein Mensch auch einen Fremden lieben, mit dem ihn keine Verwandtschaft noch sonst ein Band verbindet.

Wenn man es aber recht untersucht, so geht diese Liebe auf die erste Ursache zurück. Denn der Wohltäter trägt ja mit Geld und Gut und sonstigen Mitteln zur Erhaltung und Vollkommenheit des Daseins und zur Erlangung der Güter, die das Dasein ermöglichen, bei. Der Unterschied ist nur der, daß man die Glieder des eigenen Leibes deshalb liebt, weil auf ihnen die Vollkommenheit des Daseins selbst

beruht und sie die erstrebte Vollkommenheit selbst ver-
körpern. Der Wohltäter aber verkörpert die gewünschte
Vollkommenheit nicht selbst, sondern vermittelt sie nur,
so wie der Arzt die Erhaltung der Gesundheit der Glieder
vermittelt. Der Unterschied zwischen der Liebe zur Gesundheit und der zum Arzt, der die Gesundheit vermittelt,
liegt darin, daß die Gesundheit um ihrer selbst willen, der
Arzt aber nicht um seiner selbst willen, sondern als Vermittler der Gesundheit geliebt wird. So wird auch sowohl
das Wissen wie der Lehrer geliebt, das Wissen um seiner
seiner selbst willen, aber der Lehrer, weil er der Vermittler
des geliebten Wissens ist. So wird auch sowohl die Speise
als auch das Geld geliebt, die Speise um ihrer selbst willen,
das Geld aber als Mittel, die Speise zu erlangen. Der Unterschied ist lediglich ein solcher des Grades, sonst aber geht
all dies auf die Liebe des Menschen zu sich selbst zurück.
Wer den Wohltäter liebt um seines Wohltuns willen, der
liebt in Wirklichkeit gar nicht ihn, sondern seine Wohltat,
das heißt also, eine bestimmte Art des Handelns von ihm.
Wenn dieses Handeln aufhört, so hört auch die Liebe auf,
obwohl er selbst ja bleibt, und je nach der Zunahme oder
Abnahme des Wohltuns vermehrt oder vermindert sich auch
die Liebe.

Die dritte Ursache besteht darin, daß man etwas liebt um
dessen selbst willen, nicht um eines anderen Gutes willen,
das man von ihm zu erlangen hofft, sondern so, daß der
Gegenstand der Liebe selber das erstrebte Gut verkörpert.
Das ist die echte große Liebe, auf deren Dauer man bauen
kann.

Dazu gehört die Liebe zur Schönheit, denn alle Schönheit
wird geliebt von dem, der sie wahrnimmt, und zwar um
dieser Schönheit selbst willen; denn die Wahrnehmung
der Schönheit ist die Lust selbst, und die Lust wird ja um
ihrer selbst willen geliebt, nicht um eines anderen willen.

Glaube doch nicht, daß die Liebe zu schönen Gestalten nur denkbar sei um der Befriedigung der Begierde willen. Die Befriedigung der Begierde ist eine andere Lust, um derentwillen wohl schöne Gestalten geliebt werden können. Die Wahrnehmung der reinen Schönheit aber gewährt auch Lust und kann allein um ihrer selbst willen geliebt werden.

Wie kann man das leugnen? Das Grüne und das fließende Wasser wird doch auch geliebt, ohne daß man das Wasser trinkt und das Grüne ißt oder einen Vorteil dadurch erlangt außer dem Anblick selber. Auch der Gesandte Gottes hatte seine Lust am Grünen und am fließenden Wasser. Das Verhalten jeder gesunden Natur beweist ja, daß das Anschauen von Blumen und Blüten und Vögeln von schöner Farbe, anmutiger Zeichnung und Gestalt Lust bereitet. Verlassen doch den Menschen selbst Kummer und Sorgen bei ihrem Anblick, nicht um eines Vorteiles willen, den er außer dem Schauen selbst erstrebte. Diese Dinge also gewähren Lust; und alles Lustvolle wird geliebt. Die Wahrnehmung aller Schönheit aber bringt immer Lust mit sich, und kein Mensch wird leugnen, daß die Schönheit von Natur geliebt wird.

Wenn es sich also erweist, daß Gott schön ist, so muß er notwendig von dem geliebt werden, dem sich seine Schönheit und Majestät offenbart. Der Gesandte Gottes spricht: »Gott ist schön, und er liebt die Schönheit.«

Viertens: Von dem Wesen der Schönheit. Wisse: Wer in der Enge der Sinnesvorstellungen und Empfindungen befangen ist, meint wohl, Schönheit könne nichts anderes bedeuten als Ebenmaß des Körperbaus und des Anlitzes, Schönheit der Farbe, Weiß mit Rot gemischt, schlanker Wuchs und was sonst von der Schönheit eines Menschen gerühmt wird. Denn das, was die Menschen zumeist Schönheit nennen, ist die Schönheit, die man mit dem Auge sehen kann, und zumeist kümmern sie sich nur um die äußeren Gestalten von Menschen und meinen, demjenigen, was nicht geschaut oder vorgestellt werden könne noch Gestalt noch Farbe noch Ausdehnung besäße, könne die Eigenschaft der Schönheit nicht zukommen, und daher könne auch seine Wahrnehmung keine Lust gewähren und daher auch nicht geliebt werden. Das ist aber ein offenbarer Irrtum. Denn die Schönheit ist nicht beschränkt auf das, was das Auge wahrnimmt, noch auf das Ebenmaß des Körperbaus und die schöne Gesichtsfarbe eines Menschen. Denn wir sagen ja: »Dies ist eine schöne Schrift, dies ist eine schöne Stimme, dies ist ein schönes Pferd«, und auch: »Dies ist ein schönes Gewand, und dies ist ein schönes Gefäß.« Was sollte aber Schönheit der Stimme, der Schrift und der anderen Dinge bedeuten, wenn es keine Schönheit gäbe außer der der menschlichen Gestalt? Das Auge hat doch seine Lust am Schauen der schönen Schrift, das Ohr am Hören lieblicher Melodien, und bei *allen* Gegenständen der Wahrnehmung werden schöne und häßliche unterschieden. Was ist das aber für eine Schönheit, die allen diesen Dingen gemeinsam ist? Das eben wäre zu untersuchen. Doch diese Untersuchung würde uns zu weit von der Wissenschaft vom *tätigen Leben*, die wir hier behandeln, abführen. Darum wollen wir lieber die Wahrheit kurz aussprechen und sagen: *Die Schönheit eines Dinges besteht darin, daß die seinem Wesen entsprechende und ihm mögliche Vollkommenheit an ihm in Erscheinung tritt.* Wenn jede für ein Ding mögliche Vollkommenheit an ihm in Erscheinung tritt, so ist das die äußerste Stufe der Schönheit, ist dies aber nur mit einem Teil der möglichen Vollkommenheit der Fall, so ist es der Schönheit in dem Maße teilhaftig, als die ihm mögliche Vollkommenheit an ihm in Erscheinung tritt.

Das schöne Pferd ist dasjenige, das in sich alles vereint, was dem Wesen des Pferdes entspricht an Aussehen, Gestalt, Farbe, schönem Gang und leichter Wendigkeit. Die schöne Schrift ist diejenige, in der alles vereint ist, was dem

Wesen der Schrift eigentümlich ist an Ebenmaß der Buchstaben, richtiger Stellung zueinander, an gerader Folge und schöner Anordnung. So gibt es für jedes Ding eine seinem Wesen entsprechende Vollkommenheit, deren gerades Gegenteil unter Umständen dem Wesen eines anderen Dinges entsprechend sein kann. Und zwar besteht die Schönheit jedes Dinges eben nur in der seinem Wesen entsprechenden Vollkommenheit. Der Mensch ist nicht durch dasselbe schön, was die Schönheit des Pferdes ausmacht, die Schrift nicht durch dasselbe, was die Schönheit der Stimme ausmacht, die Gefäße nicht durch dasjenige, was die Schönheit der Gewänder ausmacht, und so fort.

Wenn du aber sagst: ›Die Schönheit dieser Dinge wird zwar nicht immer durch den Gesichtssinn wahrgenommen, wie die Töne und die Geschmäcke, aber sie werden doch stets von den ihnen entsprechenden Sinnen wahrgenommen, es sind also sinnlich wahrgenommene Dinge, die Schönheit für die sinnlich wahrnehmbaren Dinge leugnen wir ja nicht, ebensowenig, daß aus ihrer Wahrnehmung Lust entspringt, wir leugnen die Schönheit nur für das, was nicht durch die Sinne wahrgenommen wird‹, so wisse:

Die Schönheit findet sich auch an Dingen, die nicht mit den Sinnen wahrnehmbar sind. Man sagt: »Dies ist eine schöne Gesinnung, dies ist eine schöne Wissenschaft, dies ist eine schöne Lebensführung, dies sind schöne Tugenden«, womit man Gelehrsamkeit, guten Verstand, Schamhaftigkeit und Tapferkeit, Frömmigkeit, Edelmut, Ritterlichkeit und sonstige gute Eigenschaften meint. Keine von diesen Eigenschaften wird mit den fünf Sinnen wahrgenommen, sondern nur mit dem Licht des inneren Gesichts. Alle diese schönen Eigenschaften können Gegenstand der Liebe sein, und ihr Träger wird von Natur von jedem geliebt, der diese Eigenschaften an ihm erkennt.

Ein Zeichen dafür, daß es sich so verhält, ist die Tatsache, daß dem menschlichen Herzen eine natürliche Liebe zu den

Propheten und ihren Genossen und ebenso zu den Stiftern der Ritusgemeinschaften, wie Schâfi'î, Abu Hanîfa, Mâlik und anderen innewohnt, obwohl das Auge jene Männer doch nicht sehen kann. Die Liebe eines Menschen zu dem Herrn seiner Ritusgemeinschaft kann selbst in Leidenschaft übergehen, so daß er all sein Geld zur Unterstützung und Verteidigung seiner Gemeinschaft ausgibt und sein Leben wagt im Kampf gegen die, die seinen Imâm und Führer angreifen. Wieviel Blut ist schon für die Herren der Ritusgemeinschaften vergossen worden!

Wenn nun einer z. B. den Schâfi'î liebt, weshalb liebt er ihn wohl? Er hat ihn doch nie zu Gesicht bekommen, und wenn er sein Gesicht sähe, würde er es vielleicht nicht einmal schön finden. Das Schönfinden, das ihn zu jenem Überschwang der Liebe treibt, das gilt der inneren Gestalt, nicht der äußeren, denn die äußere Gestalt des Schâfi'î ist zu Staub geworden. Er liebt ihn wegen seiner inneren Eigenschaften, wegen seines Glaubens, seiner Frömmigkeit, seiner großen Gelehrsamkeit, seiner Beherrschung der Quellen der Religionslehre und weil er aufstand, die Wissenschaft des heiligen Gesetzes zu lehren und soviel Gutes in der Welt zu stiften. Das aber sind schöne Dinge, deren Schönheit nur von dem Lichte des inneren Gesichts wahrgenommen wird, die Sinne sind nicht imstande dazu. Nicht anders ist es mit dem, der Abu Bekr den Frommen oder Alî liebt und über andere stellt und sich für sie ereifert. Er liebt sie, weil er ihre innere Gestalt schön findet, ihr Wissen, ihren Glauben, ihre Frömmigkeit, ihre Tapferkeit, ihren Edelmut und anderes mehr. Es ist doch klar, daß, wer z. B. Abu Bekr den Frommen liebt, nicht seine Knochen und sein Fleisch und seine Haut und seine Glieder und seine äußere Gestalt liebt, denn alles das hat aufgehört und ist vergangen und dahingeschwunden. Geblieben aber ist das, wodurch der »Fromme« »fromm« war, die edlen Eigenschaften seines Wesens, aus denen der schöne Lebenswandel entspringt.

Die Liebe aber bleibt bestehen, solange diese Eigenschaften bestehen bleiben, auch nachdem alle äußere Gestalt dahingeschwunden ist.

Ja, wenn wir einem seinem natürlichen Gefühl überlassenen Knaben einen Menschen lieb machen wollen, gleichviel, ob dieser abwesend oder anwesend, lebend oder tot ist, so gibt es keinen anderen Weg dazu, als daß wir dessen Tapferkeit, Edelmut, Wissen und sonstige Tugenden rühmen. Wenn uns der Knabe dann glaubt, so kann er sich nicht halten und muß jenen lieben. Ist denn die Liebe zu den Prophetengenossen und der Haß gegen Abû Dschahl[1] und den Satan auf andere Weise zur Herrschaft gekommen als durch die Beschreibung von Tugenden und Lastern, die nicht mit den Sinnen wahrgenommen werden? Nein! Als die Menschen den Hâtim Tai[2] als Vorbild der Freigebigkeit und den Châlid ibn al-Walîd[3] als Vorbild der Tapferkeit rühmten, da wurden die Herzen unwillkürlich von der Liebe zu ihnen ergriffen, nicht durch den Blick auf eine sinnlich wahrnehmbare Gestalt und nicht ob der Aussicht auf ein Gut, das von ihnen zu erlangen wäre. Ja, wenn von den Taten eines Königs in einem fernen Lande erzählt wird, wie er gerecht sei und wohltuend und mildtätig, dann werden die Herzen von Liebe erfaßt, obwohl es doch nicht denkbar ist, daß aus jenem fernen Lande die Wohltaten des Königs die Liebenden erreichen könnten.

So ist also die Liebe des Menschen nicht beschränkt auf den, der ihm wohltut, sondern der Wohltuende wird schon als solcher geliebt, auch wenn seine Wohltat niemals den Liebenden erreicht. Denn alle Schönheit wird geliebt, und es gibt eine äußere und eine innere Gestalt, welchen beiden die Eigenschaft der Schönheit zukommen kann. Die äußere

[1] einer der erbittertsten Gegner Mohammeds in Mekka   [2] wegen seiner schrankenlosen Freigebigkeit berühmter altarabischer Held und Dichter   [3] das »Schwert Gottes«, der berühmte Feldherr der ersten Eroberungszeit, gest. 21 d. H. (642)

Gestalt wird von dem äußeren Gesicht wahrgenommen, die innere Gestalt von dem inneren Gesicht. Wer aber des inneren Gesichts entbehrt, der kann sie nicht wahrnehmen und keine Lust daran haben und sie nicht lieben und ihr nicht zuneigen. Wem aber das innere Gesicht mehr gilt als die äußeren Sinne, der liebt die inneren Dinge mehr als die äußeren. Und es ist ein großer Unterschied zwischen dem, der das gemalte Bild auf der Wand wegen der Schönheit seiner äußeren Form liebt, und dem, der einen Propheten liebt wegen der Schönheit seiner inneren Gestalt.

Die fünfte Ursache der Liebe ist die verborgene innere Verwandtschaft zwischen dem Liebenden und dem Geliebten.
   Zuweilen befestigt sich die Liebe zwischen zwei Menschen, ohne daß Schönheit oder ein zu erlangendes Gut die Ursache wäre, nur infolge der Verwandtschaft der Geister. Wir haben das schon dargelegt in dem Buch über die *Zucht und Sitte der Freundschaft*, als wir von der Liebe in Gott sprachen. Dort mögest du nachsehen, denn auch dies ist eine wunderbare Ursache der Liebe.

So haben denn alle Arten der Liebe ihre Wurzel in diesen fünf Ursachen. – Wenn sich nun alle fünf Ursachen in einer Person vereinigen würden, so müßte sich notwendig die Liebe vervielfältigen. Gesetzt, ein Mann hätte einen Sohn, der schön an Gestalt, von schöner Sinnesart, reich an Wissen, besonnen im Handeln wäre und an den Menschen und an seinem Vater Gutes täte, so würde er ihn notwendig mit der größten Liebe lieben, und die Stärke der Liebe würde von der Stärke dieser in ihm vereinigten Eigenschaften abhängen. Und wenn diese Eigenschaften den höchsten Grad der Vollkommenheit erreichen würden, so würde auch seine Liebe notwendig den höchsten Grad erreichen.
   Jetzt aber werden wir zeigen, daß alle diese Ursachen in der Vollkommenheit sich nur bei Gott zusammenfinden, so daß in Wahrheit nur Gott, der Erhabene, der Liebe würdig ist.

Nur Gott allein ist der Liebe würdig, und wer etwas außer ihm liebt, aus einem anderen Grunde als um seiner Beziehung willen zu ihm, der tut es aus Unwissenheit und mangelnder Erkenntnis Gottes. Die Liebe zum Gesandten Gottes ist deshalb löblich, weil sie nichts anderes ist als Liebe zu Gott, ebenso wie die Liebe zu den Gottesgelehrten und Frommen. Denn man liebt den, den der Geliebte liebt, und den Boten des Geliebten und den, der den Geliebten liebt; und alles das geht zurück auf den eigentlichen Gegenstand der Liebe und bedeutet kein Abgehen von ihm zu einem anderen. Für Menschen von klarer Einsicht aber gibt es in Wahrheit keinen Geliebten außer Gott und keinen, der der Liebe würdig wäre, außer ihm.

Um das zu erklären, wollen wir auf die fünf Ursachen der Liebe, die wir aufgezählt haben, zurückgehen und zeigen, daß sie sich alle bei Gott zusammenfinden, bei allem, außer ihm, aber immer nur einzeln vorhanden sind, sowie, daß sie nur bei Gott Wirklichkeit sind, bei allem anderen aber ihr Dasein nur Wahn und Einbildung, bildlicher Ausdruck, nicht Wirklichkeit ist. Ist das festgestellt, so wird jedem Einsichtigen das Gegenteil von dem klar werden, was die Leute mit schwachen Köpfen und Herzen wähnen, daß nämlich die Liebe zu Gott unmöglich sei, und es wird sich erweisen, daß die Einsicht in die Wahrheit im Gegenteil verlangt, daß wir nichts lieben außer Gott.

Die erste Ursache war die Liebe des Menschen zu sich selbst und zur Erhaltung und Vollkommenheit seines Daseins und der Widerwille gegen dessen Vernichtung, Aufhebung und Unvollkommenheit und gegen alles, was seiner Vollkommenheit Abbruch tut. Diese Liebe ist jedem lebendigen Wesen eingeboren, und es ist nicht denkbar, daß es sich davon frei machen könnte.

Dies alles aber bedingt die Liebe zu Gott im höchsten Grade. Denn wer sich selbst und seinen Herrn erkannt hat, der weiß mit Gewißheit, daß er kein Dasein von sich selber hat, sondern daß sein Dasein und die Erhaltung und Vollkommenheit seines Daseins von Gott und zu Gott und durch Gott ist. Gott ist der Schöpfer, der ihm das Dasein gibt und erhält und ihm Vollkommenheit schenkt durch Erschaffung der Eigenschaften der Vollkommenheit und der Mittel zu ihrer Erlangung und der Gnadenleitung zur Benutzung der Mittel. Denn sonst, von sich aus, hat der Mensch kein Dasein, sondern er wäre reines Nichtsein, wenn nicht die Güte Gottes ihm das Dasein schenkte, und er würde, wenn er das Dasein erlangt hat, wieder zugrunde gehen, wenn nicht die Güte Gottes ihn erhielte, und er würde mit Unvollkommenheit behaftet sein in seinem Dasein, wenn nicht die Güte Gottes ihm die Vollkommenheit schenkte. Denn nichts besteht im Dasein durch sich selber außer ihm, dem Beständigen und Lebendigen, der durch sich selbst besteht und durch den alles besteht, was außer ihm ist.

Wenn also der Erkennende sich selber liebt und weiß, daß er sein Dasein von einem anderen empfängt, so muß er notwendig den lieben, der ihm das Dasein gibt und erhält, wenn er ihn erkannt hat als Schöpfer und Geber und Erhalter des Daseins, der selber durch sich besteht und der alles andere bestehen läßt. Wie wäre es denkbar, daß ein Mensch sich selber liebt, aber nicht seinen Herrn, auf dem sein Dasein beruht? Wenn der vom Brand der Sonne Gequälte den Schatten liebt, so muß er notwendig auch die Bäume lieben, auf denen das Dasein des Schattens beruht. Alles aber, was Dasein hat, steht zu der Macht Gottes in dem Verhältnis des Schattens zum Baum und des Lichtes zur Sonne. Denn das ganze All ist die Spur der Wirkung seiner Macht, und das Sein des Alls folgt seinem Sein, wie das Sein des Lichts der Sonne und das Sein des Schattens dem der Bäume. Liebt er ihn aber nicht, so liegt das daran, daß er weder sich selbst noch seinen Herrn erkannt hat. Denn die Liebe ist die Frucht der Erkenntnis und kann nicht vorhanden sein, wenn jene nicht vorhanden ist, sie ist schwach, wenn jene schwach ist, und stark, wenn jene stark ist.

(Freilich sind diese Gleichnisse nur richtig im Hinblick auf die Meinung der Menge, die sich vorstellt, daß das Licht eine Wirkung der Sonne sei und von ihr ausströme und durch sie vorhanden sei. Aber das ist ein Irrtum, denn einsichtigen Leuten ist es klarer als der Augenschein, daß das Licht durch die Allmacht Gottes aus nichts entsteht, wenn die Sonne dichten Körpern gegenübersteht, so wie auch das Licht der Sonne und sie selbst und ihre Gestalt und Form durch die Allmacht Gottes entstehen. Doch die Gleichnisse sollen ja nur zur Erleichterung des Verständnisses dienen, und man verlangt von ihnen nicht, daß sie die genaue Wahrheit wiedergeben[1].)

Wenn also die Liebe des Menschen zu sich selbst etwas von Natur Notwendiges ist, so muß auch die Liebe zu dem, dem er sein Dasein und die Erhaltung seines Daseins verdankt, naturnotwendig sein, wenn er den wahren Sachverhalt erkannt hat. Wenn aber einer diese Liebe nicht hat, so liegt es daran, daß er sich nur um sich selbst und um seine Begierden kümmert und seinen Herrn und Schöpfer vergißt und nicht zu dessen wahrer Erkenntnis kommt, sein Blick vielmehr beschränkt bleibt auf seine Begierden und Sinneswahrnehmungen. Das aber ist die Welt des Augenscheins, in der sich zu vergnügen und auszubreiten ein Tun ist, das der Mensch mit den Tieren gemein hat, nicht jene höhere Welt, in die keiner den Fuß setzt, der nicht der Ähnlichkeit mit den Engeln nähergekommen ist, und in der er schauen kann in dem Maße, wie er in seinem Wesen dem der Engel nahegekommen ist, und blind bleibt in dem Maße, wie er hinabsinkt in die Tiefen der Welt der Tiere.

[1] über die hier zum Ausdruck kommende Kausalskepsis vgl. Obermann, »Der religiöse und philosophische Subjektivismus Ghazālīs«

Die zweite Ursache ist die Liebe des Menschen zu seinem Wohltäter, der ihn mit Hab und Gut unterstützt, ihm mit Freundlichkeit begegnet, Hilfe gewährt und Beistand gegen seine Feinde und die Bosheit der Bösen leistet und ihm zu allem verhilft, wonach er strebt, und worin er seinen Vorteil sieht, sei es in bezug auf die eigne Person oder seine Kinder oder seine Verwandten, denn einen solchen Menschen wird er notwendig lieben.

Dies gerade aber bedingt, daß der Mensch niemand liebe außer Gott. Denn wenn er Gott recht erkennte, so würde er wissen, daß er allein sein Wohltäter ist.

Die mannigfachen Wohltaten Gottes an allen seinen Knechten will ich nicht aufzählen, denn kein Mensch kann ihre Menge ermessen, wie es im Worte Gottes heißt: »Wenn ihr die Wohltaten Gottes zählen wollt, ihr könnt sie nicht zählen[1].« Einen Teil davon haben wir in dem *Buche von der Dankbarkeit* aufgeführt; jetzt wollen wir uns darauf beschränken, darzulegen, daß von Wohltaten der Menschen nur im bildlichen Sinne die Rede sein kann, daß der eigentliche Wohltäter aber Gott ist.

Gesetzt, ein Mensch schenkte dir alle seine Schätze und ließe dich darüber verfügen nach deinem Belieben, dann denkst du wohl, daß diese Wohltat von ihm komme; das ist aber ein Irrtum. – Denn sie kommt von dem, der in seiner Gnade diesen Menschen und sein Geld und seine Macht und den Willen und den Antrieb, das Geld dir zu geben, geschaffen und die Liebe zu dir in ihm erweckt und sein Antlitz dir zugewendet und seiner Seele den Glauben eingegeben hat, daß sein ewiges oder zeitliches Heil davon abhänge, daß er dir diese Wohltat erwiese. Wenn das alles nicht wäre, so würde er dir nicht ein Korn von seiner Habe geben. So aber, da Gott diesen Antrieb über ihn Herr werden läßt und in seine Seele die Überzeugung legt, daß sein ewiges oder zeitliches Heil davon abhänge, daß er dir seine

[1] Sure 16, 18

196

Habe übergebe, handelt er unter einem Zwang, wenn er sie dir übergibt, er kann nicht anders handeln. Dein wirklicher Wohltäter aber ist der, der ihn für dich dazu gezwungen und dir dienstbar gemacht hat und die Antriebe, die ihn zu der Tat genötigt haben, über ihn hat Herr werden lassen. Die Hand des Menschen ist nur das Mittel, mit der Gott seine Wohltat dir zukommen läßt, er selbst aber unterliegt dabei demselben Zwange wie das Wasser, das das Flußbett hinabfließen muß.

Wenn du aber jenen Menschen selbst für den Wohltäter hältst oder ihm so dankst, als ob er selbst der Wohltäter und nicht nur ein Vermittler wäre, so kennst du nicht den wahren Sachverhalt. Denn der Mensch kann wohltun immer nur sich selbst, anderen wohlzutun ist erschaffenen Wesen unmöglich. Denn der Mensch gibt seine Habe immer nur hin um eines Zweckes willen, den er dabei verfolgt, sei dies ein jenseitiger, das heißt der Lohn in der Ewigkeit, oder ein diesseitiger, nämlich der, sich den Empfänger zu verpflichten und gefügig zu machen, oder Lob, guten Namen, den Ruhm der Freigebigkeit und des Edelsinnes zu erwerben, oder die Herzen der Menschen zu gewinnen, daß sie ihm Gehorsam und Liebe entgegenbringen. So wenig ein Mensch sein Geld zwecklos ins Meer wirft, gibt er es in die Hand eines anderen Menschen, ohne einen Zweck dabei zu haben, der das eigentliche Ziel seines Strebens ist. Du bist gar nicht gemeint, sondern deine Hand wird damit, daß sie das Geld nimmt, für den Geber nur zu einem Mittel, durch das er seinen Zweck erreicht, guten Namen, Lob und Dank oder Lohn im Jenseits. Er bedient sich deiner greifenden Hand nur, um zu seinem eigenen Zwecke zu gelangen, er tut sich selber eine Wohltat und tauscht für das hingegebene Geld etwas anderes ein, an dem ihm mehr liegt als an seinem Gelde. Wenn ihm an diesem anderen nicht mehr läge, um deinetwillen würde er sicher nicht auf seine Habe verzichten.

Aus zwei Gründen ist er es also nicht, der den Dank und die Liebe verdient:

Zum ersten erweist er die Wohltat unter einem Zwang, weil Gott den Antrieb dazu über ihn Herr werden läßt, so daß er nicht widerstreben kann. Er gleicht darin dem Kämmerer eines Fürsten, den man auch nicht deswegen als Wohltäter ansieht, weil er das Ehrenkleid eines Fürsten dem damit Beehrten überreicht, denn er ist ja gezwungen zum Gehorsam gegen die Aufträge des Fürsten und kann ihm nicht zuwiderhandeln. Würde der Fürst ihn sich selber überlassen, so würde er das Ehrenkleid nicht übergeben. So ist es auch mit dem Wohltäter, überließe ihn Gott sich selber, so würde er kein Korn von seiner Habe hergeben.

Zum andern aber tauscht der Wohltäter für das, was er hingibt, ein anderes Gut ein, das ihm wertvoller und lieber ist als das hingegebene. So wie man den Verkäufer nicht als Wohltäter ansieht, weil er etwas hingibt für etwas, was ihm lieber ist, so tauscht auch der Schenker Lohn oder Lob und Dank oder etwas anderes ein für sein Geschenk. Denn das Tauschobjekt braucht nicht immer ein dingliches Sachgut zu sein, sondern jede Art von Gütern kann zum Tausch-objekt werden, um dessentwillen man Geld und Sachgüter gering achtet.

Das Wesen der Wohltat liegt doch darin, daß sie aus reiner Güte geschieht. Geben aus reiner Güte aber bedeutet Hin-geben ohne Tausch und ohne Gewinn eines Vorteils. Das aber ist nur Gott allein möglich. Er spendet Gnadengaben über alle Welten, nur um ihnen wohlzutun und um ihret-willen, nicht um eines Vorteiles oder Gutes willen, das er dafür gewänne. Denn er ist erhaben über alle eigennützigen Zwecke. Darum sind die Ausdrücke »Güte und Wohltat«, auf andere angewandt als auf Gott, entweder Lüge oder bildlicher Ausdruck. Daß sie auf andere als auf ihn ange-wandt einen Sinn haben sollten, das ist so undenkbar und unmöglich, wie es unmöglich ist, daß Schwarz zugleich

Weiß sein könnte. Bei ihm allein ist die Güte und die Wohltat, das Schenken und die Gnade. Und wenn die Liebe zum Wohltäter in der Natur des Menschen begründet liegt, so darf der Erkennende niemand lieben als Gott, denn es gibt kein Wohltun außer bei ihm. Daher ist er allein würdig dieser Liebe, andere als er aber sind der Liebe um des Wohltuns willen würdig nur in der Meinung dessen, der nicht weiß, was Wohltun bedeutet und worin sein Wesen besteht.

Die dritte Ursache ist die Liebe zu dem Wohltäter als solchem, auch wenn dessen Wohltun den Liebenden nicht erreicht. Auch diese Liebe liegt in der menschlichen Natur begründet. Wenn du von einem Könige in einem fernen Lande hörst, der fromm und gerecht und weise und milde und freundlich und leutselig gegen die Untertanen ist, und zugleich von einem anderen tyrannischen, hochmütigen, gottlosen und bösen, der auch fern von dir ist, so machst du in deinem Herzen einen Unterschied zwischen beiden und wirst Zuneigung, das heißt Liebe, zu dem ersten und Abneigung, das heißt Haß, gegen den zweiten empfinden, obwohl du selbst von den Wohltaten des ersten ausgeschlossen und vor den Übeltaten des zweiten sicher bist, da du keine Aussicht hast, je in ihre Länder zu kommen. Das ist die Liebe zu dem Wohltäter als solchem, die nicht in einer Wohltat an dir begründet ist.

Auch dies bedingt die Liebe zu Gott, ja bedingt, daß man keinen anderen liebe als ihn, es sei denn um einer Beziehung willen, die dieser andere zu ihm hat. Denn er ist der Wohltäter aller, der seine Gnade überströmen läßt auf alle Geschöpfe, zuerst dadurch, daß er ihnen das Dasein schenkt, sodann dadurch, daß er ihnen Vollkommenheit gibt durch ihre Glieder und die Dinge, deren sie notwendig zum Leben bedürfen, drittens dadurch, daß er ihnen Bequemlichkeiten und Annehmlichkeiten gewährt durch die Erschaffung der Dinge, nach denen sie wohl ein Bedürfnis haben, die aber nicht zum Leben notwendig sind, viertens endlich dadurch, daß er sie schmückt mit mancherlei Überfluß und Zutat, die ihnen zum Schmucke dienen, ohne aber Lebensnotwendigkeit oder Bedürfnis zu sein. Lebensnotwendig sind z. B. solche Glieder wie der Kopf, das Herz und die Leber; Bedürfnis: Augen, Hand und Fuß; Schmuck: die Rundung der Augenbrauen, die Röte der Lippen, die Mandelform der Augen und dergleichen, durch deren Fehlen keine Lebensnotwendigkeit und kein Bedürfnis berührt wird. Lebensnotwendige Gnadengaben außerhalb des menschlichen Leibes sind Wasser und Nahrung; Bedürfnisse: Heilmittel, Fleisch, Früchte; Überfluß und Zutat: das Grün der Bäume, die schönen Formen der Blumen und Blüten, wohlschmeckende Früchte und Speisen.

Diese drei Arten von Dingen aber gibt es für jedes Lebewesen, ja, für jede Pflanze, ja, für jede Art von Geschöpfen vom höchsten Himmelsthrone bis zu den Tiefen der Erde. Darum ist er der alleinige Wohltäter, wie könnte es einen Wohltäter geben außer ihm! Kommt doch die Wohltat jedes Wohltäters von seiner Allmacht, er ist der Schöpfer der Wohltäter und der Wohltat und der Mittel zur Wohltat. Wenn man also aus diesen Ursachen einen anderen liebt als ihn, so ist das reine Unwissenheit. Und wer das erkannt hat, liebt aus dieser Ursache nur Gott, den Erhabenen.

Die vierte Ursache ist die Liebe zu allem Schönen um der Schönheit willen, nicht um eines anderen Gutes willen, außer der Wahrnehmung der Schönheit selbst. Wir haben schon gesagt, daß diese Liebe der menschlichen Natur eingeboren ist und daß es eine Schönheit der äußeren Gestalt gibt, die mit dem leiblichen Auge wahrgenommen wird, und eine Schönheit der inneren Gestalt, die allein mit dem Auge des Herzens und dem Lichte des inneren Gesichts wahrzunehmen ist. Die erste Art der Schönheit wird auch von Kindern und Tieren wahrgenommen, die Wahrnehmung der zweiten aber ist den Menschen mit Herzen vorbehalten, und wer nichts kennt als das äußere Leben des Diesseits, der hat keinen Anteil daran.

Wie nun jede Schönheit von dem, der sie wahrnimmt, geliebt wird, so wird auch das, was das Herz wahrnimmt, von dem Herzen geliebt. Das beweist die Liebe der Menschen zu den Propheten und Gottesgelehrten und zu tugendhaften und edlen Männern, die ja auch dann möglich ist, wenn diese Menschen äußerlich häßlich an Gesicht und Gestalt sind. Das eben ist gemeint mit der Schönheit der inneren Gestalt. Sie kann mit den Sinnen nicht wahrgenommen werden, nur an der Schönheit der Wirkungen, die von ihr ausgehen und von ihr zeugen, kann man sie erkennen. Und wenn das Herz diese Schönheit erkannt hat, so neigt es sich ihr zu und liebt ihren Träger.

Wer den Gesandten Gottes liebt oder den »Frommen« oder den Schâfi'î, der liebt sie um einer Schönheit willen, die ihm an ihnen offenbar wird. Das ist aber nicht eine Schönheit der äußeren Gestalt noch eine solche der Handlungen, sondern die schönen Handlungen bezeugen die Schönheit ihres Wesens, das die Quelle der Handlungen ist und deren Wirkung die Handlungen sind.

Denn wer das schöne Werk eines Verfassers, die schöne Dichtung eines Dichters oder die schöne Malerei eines Malers oder das Bauwerk eines Baumeister sieht, dem offenbart sich in diesen Werken die innere Schönheit des Wesens dieser Menschen.

Die innere Schönheit der Frommen aber, die von den Menschenherzen mit natürlicher Neigung geliebt werden, beruht auf drei Dingen[1]:

Das erste ist die Schönheit des *Wissens*, denn das Wissen und sein Träger werden geliebt, weil es etwas Schönes und Erhabenes ist. Und je größer das Wissen und je erhabener

[1] das Nächste, bis zum Schluß dieses Abschnitts, folgt dem im Aufbau etwas klareren persischen Text

sein Gegenstand ist, desto größer ist auch diè Schönheit. Die erhabenste der Wissenschaften aber ist die Erkenntnis Gottes und seiner Majestät, sie umfaßt die Kenntnis der Engel und heiligen Bücher und Gesandten und der von ihnen gegebenen Gesetze und das Walten Gottes in der sinnlichen und übersinnlichen Welt, im Diesseits und im Jenseits. Deswegen werden die Frommen und Propheten geliebt, weil sie in diesem Wissen Vollkommenheit besitzen.

Das zweite aber ist die *Macht*, die jene besitzen, sich selbst und die Knechte Gottes zur Besserung zu führen und das Reich der Welt und die Ordnungen der Religion aufrechtzuerhalten.

Das dritte ist ihre *Erhabenheit* über Fehler und Mängel und alles schlechte Wesen.

Das aber, was an ihnen geliebt wird, ist ihr inneres Wesen, nicht ihre Handlungen, denn jede Tat, die nicht aus diesem Wesen entspringt, sondern die etwa durch Zufall oder Versehen zustande kommt, verdient kein Lob. Je vollkommener aber ein Mensch in diesem seinem inneren Wesen ist, desto größer wird auch die Liebe zu ihm sein. Darum liebt man Abu Bekr den Frommen mehr als den Schâfi'î und Abu Hanîfa und die Propheten wiederum mehr als Abu Bekr.

Betrachte nun diese Eigenschaften im Hinblick auf Gott und sieh zu, ob er dieser Liebe würdig ist, und ob er diese drei Eigenschaften hat! Da gibt es keinen Menschen von klarem Verstande, der nicht soviel wüßte, daß das Wissen der ersten und der letzten von Engeln und Menschen nichtig ist im Vergleich zu seinem Wissen. Es heißt im Worte Gottes mit Bezug auf alle seine Geschöpfe: »Nur ein weniges ist uns vom Wissen gegeben[1].« Ja wenn sich alle Welt zusammentäte, um das wunderbare Wissen und die Weisheit Gottes allein in der Schöpfung einer Ameise oder Mücke ganz zu verstehen, sie könnten es nicht. Und das wenige,

[1] Sure 17, 87

was sie verstehen, wissen sie nur durch ihn, der ihr Wissen erschaffen hat, wie es im Worte Gottes heißt: »Er schuf den Menschen und lehrte ihn die vernünftige Rede[1].« Alles Wissen der Geschöpfe ist endlich, sein Wissen aber ist unendlich bei allem, worauf es sich erstreckt. Und auch das Wissen der Geschöpfe stammt von ihm, daher kommt alles Wissen von ihm, sein Wissen aber nicht von den Geschöpfen.

Wenn du aber die Macht betrachtest, so wird auch sie geliebt. Darum lieben die Menschen die Tapferkeit des Alî und die Staatsleitung des Omar, denn das beides sind verschiedene Arten der Macht. Was ist aber die Macht der ganzen Menschheit gegenüber seiner Macht! Ohnmächtig sind sie alle bis auf das wenige, was er ihnen an Macht gegeben hat, nicht einmal eine Fliege können sie von sich abwehren. Seine Macht aber ist unendlich, denn Himmel und Erde und alles, was dazwischen ist, Geister und Menschen, Tiere und Pflanzen sind Spuren seiner Macht, und über alles das hat er unendliche Macht. Wie kann man also um der Macht willen einen anderen als ihn lieben!

Was aber die Erhabenheit über Schwächen und die Freiheit von Mängeln anbelangt, wie könnte der Mensch darin je vollkommen sein? Sein erster Mangel ist schon der, daß er ein abhängiger Sklave ist und sein Dasein nicht von ihm selber stammt, sondern daß er erschaffen ist, und welcher Mangel könnte größer sein? Und dann kennt er nicht einmal sein eigenes Inneres, geschweige etwas außer ihm. Wenn eine Ader sich in seinem Gehirn verschiebt, so wird er wahnsinnig und weiß nicht warum. Ja es kann sein, daß das Heilmittel vor ihm steht, und er weiß es nicht.

Wenn du also berechnest, wie groß das *Wissen* und die *Macht* des Menschen ist, so stellt es sich heraus, daß beides sehr gering ist, auch bei den Heiligen und Propheten. Daher ist frei von Mängeln nur der, dessen Wissen unendlich ist und zu dem das Dunkel der Unwissenheit keinen Zutritt

[1] Sure 55, 2-3

hat und dessen Macht vollkommen ist. Denn Himmel und Erde ruhen im Griff seiner mächtigen Hand, und wenn er alles zunichte machen würde, seine Größe und seine Herrschaft würden nicht geringer werden; und wenn er in einem Augenblick hunderttausend neue Welten schaffen wollte, so würde er es können, und doch würde seine Majestät darum nicht größer sein, denn Zunahme gibt es nicht vor ihm, er ist frei von allen Mängeln, denn das Nichtsein findet keinen Weg zu seinem Wesen und zu seinen Eigenschaften, und Mängel gibt es bei ihm nicht. Wenn also ein Mensch nicht ihn liebt, sondern andere, so tut er es aus großer Unwissenheit. Die Liebe aber, von der wir hier reden, ist vollkommener als die Liebe um der Wohltat willen, denn die kann zu- oder abnehmen, je nachdem die empfangenen Gnadengaben größer oder geringer werden. Wenn die Liebe der Ursache entspringt, von der wir hier handeln, so wird sie sich unter allen Verhältnissen als gleich vollkommen bewähren. Darum offenbarte Gott dem David: »Von meinen Knechten ist mir der am liebsten, der mir nicht dient aus Furcht oder Hoffnung, sondern allein darum, weil ich sein Herr und Gott bin.« Und im Psalter heißt es: »Wer ist ungerechter als der, der mir um des Paradieses und der Hölle willen dient? Hätte ich nicht Paradies noch Hölle geschaffen, wäre ich dann nicht würdig des Gehorsams?«

Die fünfte Ursache der Liebe ist die innere Verwandtschaft und Ähnlichkeit, denn jedes Ding wird zu dem ihm Ähnlichen hingezogen, und jede Gestalt neigt sich der ihr gleichen zu. So siehst du den Knaben mit Knaben Gesellschaft halten und den Erwachsenen mit Erwachsenen, die Vögel gesellen sich zu ihrer Art und halten sich von jeder anderen fern. So gesellt sich der Gelehrte zum Gelehrten eher als zum Handwerker und der Tischler zum Tischler eher als zum Landmann. Das alles beweist die Erfahrung und Überlieferung, wie wir das in dem *Buche von der Zucht und Sitte der*

Freundschaft und Bruderschaft dargelegt haben, woselbst du nachsehen mögest.

Diese Verwandtschaft, die die Liebe hervorruft, kann in einer rein äußeren Beziehung bestehen, so wie das Knabenalter, das den Knaben mit seinen Gespielen verbindet, sie kann aber auch eine verborgene innerliche sein, die man nicht durchschauen kann, so wie man zuweilen zwei Menschen sich verbinden sieht, ohne daß der eine am andern eine Schönheit zu bewundern oder von ihm einen Gewinn zu erhoffen hätte oder dergleichen. Es ist das jene Verwandtschaft, die der Prophet mit den Worten andeutet: »Die Geister sind gleich versammelten Heeren; die sich bekannt fühlen, verbünden sich; und die sich fremd fühlen, streben auseinander.« Das »Sichbekanntfühlen«, das ist eben die innere Verwandtschaft, und das »Sichfremdfühlen« die innere Verschiedenheit.

Und auch diese Ursache der Liebe fordert die Liebe zu Gott, wegen einer besonderen inneren Verwandtschaft, die nicht auf äußerer Ähnlichkeit der Gestalt und Form, sondern auf inneren Dingen beruht. Von diesen Dingen darf man einige wohl in Büchern nennen, von den andern aber ist es nicht erlaubt zu schreiben, sondern sie müssen unter der Decke der Eifersucht bleiben, bis die »Schreiter des Weges« von selbst darauf stoßen, wenn sie die Bedingungen des Schreitens erfüllt haben.

Das aber, was man aussprechen darf, ist dies, daß der Knecht seinem Herrn nahekommen und ähnlich werden soll in den Eigenschaften, die vom Wesen Gottes anzunehmen und zu seinen eigenen zu machen ihm geboten ist, wie es heißt: »Nehmet das Wesen Gottes an als euer Wesen.« Das aber besteht darin, daß man gewisse gute Eigenschaften anzunehmen trachtet, die Eigenschaften der Gottheit sind, nämlich das Wissen, die Güte, die Freundlichkeit, Gutes tun und Barmherzigkeit üben an allen Menschen, zum Guten ermahnen, zur Wahrheit leiten, vom Bösen abhalten und andere Tugenden des heiligen Gesetzes. Alles das bedeutet Gott nahekommen und ihm ähnlich werden.

Was aber jene andere, besondere Verwandtschaft anbelangt, durch die der Mensch ausgezeichnet ist und von der man nicht in den Büchern schreiben darf, so ist das jene, die in dem Wort Gottes angedeutet ist: »Sie fragen dich nach dem Geist. Sprich: Der Geist kommt von dem ›Befehle‹ meines Herrn.« Denn damit wird gesagt, daß er ein göttliches Ding ist, das der menschliche Verstand nicht fassen kann. Deutlicher als dies ist die Stelle, wo es heißt: »Und wenn ich ihn gebildet und meinen Geist ihm eingehaucht habe[1].« Aus diesem Grunde hat er auch seine Engel vor dem ersten Menschen niederfallen lassen[2] und gesagt: »Wir haben dich zum Stellvertreter auf Erden eingesetzt[3].« Denn Stellvertreter Gottes zu sein war Adam nur würdig wegen jener besonderen Verwandtschaft. Das gleiche ist auch in dem Wort des Propheten angedeutet: »Gott hat den Menschen nach seinem Bilde geschaffen.« Die kurzsichtigen Leute freilich wähnten, es gäbe keine Gestalt als die äußere, die mit den Sinnen wahrgenommen wird, und schrieben Gott Menschenähnlichkeit und Leib und äußere Gestalt zu, aber Gott ist erhaben über das, was die Toren sagen. Endlich aber deutet darauf hin jenes Wort Gottes, das er zu Mose sprach: »Ich bin krank gewesen, und du hast mich nicht besucht.« Moses sprach: »Mein Herr, wie soll das zugehen?« Da sprach Gott: »Mein Knecht ist krank gewesen, und du hast ihn nicht besucht, hättest du ihn besucht, so würdest du mich bei ihm gefunden haben.«

Aber diese Verwandtschaft ist nur ans Licht zu bringen durch unablässigen freiwilligen Gottesdienst über das durch das Gesetz gebotene Maß hinaus. Gott sagt: »Der Knecht sucht so lange meine Nähe durch freiwilligen Gottesdienst,

[1] Sure 38, 72   [2] Nach mohammedanischer Überlieferung befahl Gott den Engeln, sich vor Adam, als dem höheren Wesen, niederzuwerfen, was alle außer Satan taten   [3] Sure 38, 25

bis ich ihn lieb gewinne; und wenn ich ihn liebe, dann bin ich das Ohr, mit dem er hört, und ich das Gesicht, mit dem er sieht, und ich die Zunge, mit der er redet.« Aber hier muß ich der Feder Halt gebieten.

Die Menschen aber haben sich an diesem Punkte in verschiedene Lager getrennt. Die einen, die Kurzsichtigen, neigten zu einer offenbaren Vermenschlichung der Gottheit, die andern aber, die Übertreiber, überschritten die Grenzen der Verwandtschaft und behaupteten das völlige Einswerden mit Gott und das Einwohnen der Gottheit im Menschen, so daß einer von ihnen gar sagte: »Ich bin die göttliche Wahrheit.« Die Christen aber gingen in die Irre in bezug auf die Person Jesu und behaupteten, daß er Gott sei; und eine Partei von ihnen sagte: »Die Menschheit hat sich mit der Gottheit bekleidet«, eine andere aber sagte: »Sie ist mit ihr eins geworden.«

Diejenigen aber, denen klar geworden ist, daß das Herabziehen Gottes in menschliche Gestalt ebenso unmöglich ist wie das Einswerden und das Einwohnen der Gottheit im Menschen, und denen das Geheimnis in seiner vollen Wahrheit offenbar geworden ist, das sind die allerwenigsten. Vielleicht schaute Abu'l-Husain en-Nûri[1] von dieser Stufe, als ihn über dem Verse

»Ich steh auf einer Stufe deiner Liebe,
Auf der sich alle Sinne mir verlieren«

die Verzückung überwältigte und er in ein Röhricht lief, wo die Rohre abgeschnitten waren und nur die spitzen Stumpfe hervorstanden, so daß seine Füße zerschnitten wurden und zu schwären anfingen und er daran starb.

Dieses ist die größte und stärkste Ursache der Liebe und zugleich die seltenste und fernste, die am wenigsten vorkommt.

[1] s. S. 103

Das sind die Ursachen der Liebe, von denen wir wissen. Sie alle erweisen sich als gültig in bezug auf Gott, und zwar in dem Sinne wirklicher Wahrheit, nicht eines bildlichen Ausdrucks, und als ihre höchste Steigerung, nicht als ihre niedrigste Stufe. Daher ist für Leute mit sehenden Augen begreiflich und vernünftig nur die Liebe zu Gott, so wie den Blinden die Liebe zu dem, was außer Gott ist, allein begreiflich und möglich scheint.

Es ist nun wohl denkbar, daß jemand, der aus einer dieser Ursachen einen Menschen liebt, außer diesem zugleich noch einen anderen liebt, weil dieser andere die Eigenschaften, die seine Liebe hervorriefen, mit dem ersten gemeinsam hat. Das Teilhaben anderer aber bedeutet einen Mangel in der Liebe und eine Herabminderung ihrer Vollkommenheit. Es gibt aber keinen Menschen, der eine liebenswerte Eigenschaft besäße, die sich nicht auch bei irgendeinem anderen fände, oder doch möglicherweise finden könnte. Allein bei Gott ist dies unmöglich. Denn er hat alle diese Eigenschaften in der höchsten Herrlichkeit und Vollkommenheit, und er hat keinen Genossen darin, noch wäre es denkbar, daß er einen solchen haben könnte. Darum kann es auch in der Liebe zu Gott kein Teilhaben anderer geben, Unvollkommenheit ist in der Gottesliebe nicht möglich, so wenig wie ein Teilhaben an seinen Eigenschaften möglich ist.

Darum ist er allein der Liebe würdig und ihrer würdig in der Vollkommenheit, und kein anderes Wesen hat daran mit ihm teil.

VON DER ZUFRIEDENHEIT MIT DEM RATSCHLUSS GOTTES

Wisse: Die Zufriedenheit ist eine Frucht der Liebe und ist eine von den höchsten Stufen derer, die Gott nahe sind. Ihr Wesen aber ist den meisten Menschen verborgen, und die Zweifel und Schwierigkeiten, die sich daran knüpfen, lösen sich nur dem, den Gott selbst die rechte Auslegung gelehrt und dem er selbst das Verständnis in den Dingen der Religion eröffnet hat.

Manche Leute haben behauptet, daß Zufriedenheit mit etwas, was dem eigenen Begehren widerspreche, undenkbar sei, und haben weiter gesagt, wenn es Zufriedenheit mit allen Dingen gäbe, deshalb, weil sie von Gott bewirkt seien, so müsse man auch mit allem Unglauben und aller Sünde einverstanden sein. Dadurch haben sich viele Leute beirren lassen und gemeint, es gehöre zur Zufriedenheit mit dem Ratschluß Gottes, daß man alle Verbrechen und Schändlichkeiten gut heiße und sich jeder Mißbilligung und jedes Widerspruchs dagegen enthalte.

Aber diese Geheimnisse erschließen sich dem nicht, der sich allein an den Buchstaben des heiligen Gesetzes klammert. Sonst hätte der Gesandte Gottes nicht jenes Gebet für Ibn Abbâs[1] gesprochen, in dem er sagt: »Gott, eröffne du ihm das Verständnis in den Dingen der Religion und lehre du ihn die rechte Auslegung.«

So wollen wir denn handeln von der Vorzüglichkeit der Zufriedenheit, sodann von den Geschichten, die von dem Verhalten derer berichten, die sich mit dem Ratschluß Gottes zufrieden gaben, dann von dem Wesen der Zufriedenheit und davon, daß sie auch möglich ist bei Dingen, die dem eigenen Begehren zuwiderlaufen, und endlich von der falschen Meinung, daß das Unterlassen des Bittgebets und das Schweigen zu allen Übeltaten zur Zufriedenheit gehöre.

Von der Vorzüglichkeit der Zufriedenheit

Im Worte Gottes heißt es: »Gott ist mit ihnen zufrieden, und sie sind mit ihm zufrieden[2]« und: »Kann Wohltat durch anderes vergolten werden als Wohltat[3]?« Die höchste Wohltat Gottes ist aber seine Zufriedenheit mit seinem Knecht,

[1] s. S. 117   [2] Sure 5, 119   [3] Sure 55, 60

und sie ist der Lohn für die Zufriedenheit des Knechtes mit Gott. Und weiter: »Schöne Wohnungen in den Gärten Edens, aber die Zufriedenheit Gottes, das ist das höchste[1].« Es wird also die Zufriedenheit Gottes über die Gärten des Paradieses gestellt. Die Zufriedenheit des Herrn des Paradieses ist also etwas Höheres als das Paradies selbst, ja sie ist das letzte Begehren der Paradiesbewohner, und es heißt in der Überlieferung: »Gott wird sich den Gläubigen enthüllen und zu ihnen sagen: ›Bittet mich, um was ihr wollt.‹ Dann werden sie sagen: ›Deine Zufriedenheit.‹« Daß sie darum bitten, nachdem ihnen das Schauen Gottes zuteil geworden ist, das bedeutet doch die höchste Schätzung, die möglich ist.

Was nun das Wesen der Zufriedenheit des Knechts mit Gott anlangt, so werden wir davon sogleich reden. Die Zufriedenheit Gottes mit seinem Knecht aber hat einen anderen Sinn, der dem nahe kommt, was wir in dem Kapitel von der *Liebe Gottes zum Knecht* gesagt haben. Ihren Sinn zu enthüllen aber ist nicht erlaubt, da der Verstand des Menschen das nicht fassen kann. Wer aber stark genug ist, sie zu verstehen, dem wird sie schon von selber klar. –

In der Überlieferung aber heißt es, daß der Prophet eine Schar seiner Genossen fragte: »Was seid ihr?« Sie sagten: »Wir sind Gläubige.« Er sagte: »Was ist das Zeichen eures Glaubens?« Sie sagten: »Wir sind geduldig in der Trübsal und dankbar, wenn es uns wohl ergeht, und sind zufrieden mit dem, was Gott beschließt.« Da sagte der Prophet: »Beim Herrn der Ka'ba, so seid ihr wirklich Gläubige.« – Und weiter spricht er: »Am Jüngsten Tage wird Gott einer Schar von meiner Gemeinde Flügel wachsen lassen, damit werden sie aus ihren Gräbern zum Paradiese fliegen und sich darin ergehen, wie es ihnen gefällt. Dann sagen die Engel zu ihnen: ›Habt ihr die Abrechnung hinter euch?‹ Sie sprechen: ›Wir haben keine Abrechnung gesehen.‹ Dann

[1] Sure 9, 73

sagen die Engel: ›Seid ihr über die Brücke gekommen?‹ Sie sprechen: ›Wir haben keine Brücke gesehen.‹ Sprechen die Engel: ›Habt ihr die Hölle gesehen?‹ Sie sprechen: ›Wir haben nichts davon gesehen.‹ Sprechen die Engel: ›Zu wessen Gemeinde gehört ihr?‹ Sie sagen: ›Wir gehören zur Gemeinde Mohammeds.‹ Dann sagen die Engel: ›Wir beschwören euch bei Gott, sagt uns, was für gute Taten ihr auf Erden getan habt!‹ Sie sagen: ›Wir hatten zwei Eigenschaften, um derentwillen uns Gottes Gnade diesen Ehrenrang hat erreichen lassen.‹ Sprechen die Engel: ›Welches sind diese Eigenschaften?‹ Sie sprechen: ›Wenn wir allein waren, so haben wir uns vor Gott geschämt, Sünde zu tun, und wir waren zufrieden mit dem wenigen, was uns Gott zugeteilt hat.‹ Dann sagen die Engel: ›So habt ihr dies verdient.‹« – In der Geschichte von Mose heißt es, daß die Kinder Israel zu ihm sprachen: »Frage deinen Herrn nach einem Tun, durch das wir seine Zufriedenheit erlangen können.« Sprach Mose: »Mein Gott, du hörst, was sie sagen.« Da sprach Gott: »Sage ihnen, o Mose, sie sollen mit mir zufrieden sein, dann werde ich auch mit ihnen zufrieden sein.« – Dasselbe besagt der Ausspruch, der von dem Propheten überliefert wird: »Wer wissen will, welche Stelle er bei Gott einnimmt, der sehe zu, welche Stelle Gott bei ihm einnimmt, denn Gott räumt dem Knechte bei sich denselben Platz ein, den der Knecht Gott bei sich einräumt.«

In der Geschichte von David heißt es: »Was haben meine Freunde mit der Sorge um die Welt zu schaffen? Sie läßt die Süßigkeit des Gebetsgesprächs mit mir aus ihren Herzen schwinden; das aber liebe ich an meinen Freunden, daß sie aus dem Geiste sind und sich keine Sorgen machen.« – In dem Gebetsgespräche Mosis heißt es: »›Herr, wer ist dir am liebsten von den Menschen, die du geschaffen hast?‹ Gott antwortete: ›Der, der mir treu bleibt, wenn ich ihm sein Liebstes nehme.‹ Sprach Mose: ›Und welchem von ihnen zürnst du?‹ Gott antwortete: ›Dem, der mich um eine

Wohltat bittet und dann mit dem, was ich über ihn beschließe, unzufrieden ist.‹« Und es wird noch ein schärferer Ausspruch Gottes überliefert: »Gott spricht: ›Ich bin Gott, es gibt keinen Gott außer mir; wer die Plagen, die ich sende, nicht ertragen und für die Wohltat, die ich spende, nicht danken und sich mit meinem Ratschluß nicht zufrieden geben will, der suche sich einen anderen Herrn.‹« Ebenso drohend ist jener andere Ausspruch Gottes, von dem der Prophet uns gesagt hat: »Gott spricht: ›Ich habe meine Schöpfung nach festem Maß bestimmt und geordnet und alles darin festgesetzt. Wer damit zufrieden ist, mit dem bin ich zufrieden bis zu dem Tag, da er mir begegnen wird, und wer damit unzufrieden ist, mit dem bin ich unzufrieden bis zu dem Tag, da er mir begegnen wird.‹« Und weiter heißt es in einer bekannten Überlieferung: »Gott spricht: ›Ich habe das Gute und das Böse geschaffen; wohl dem, den ich zum Guten geschaffen habe und durch den ich das Gute geschehen lasse; und wehe dem, den ich zum Bösen geschaffen habe und durch den ich das Böse geschehen lasse; zweimal wehe aber über den, der fragt: Warum und Wieso?‹«

Einer der Propheten wurde zwanzig Jahre lang mit Hunger und Blöße und vieler Trübsal heimgesucht und betete darum zu Gott, fand aber keine Erhörung. Endlich wurde ihm offenbart: »Ehe ich den Himmel und die Erde schuf, war dir in meinem Ratschluß dies bestimmt. Soll ich um deinetwillen Erde und Himmel und die Ordnung meines Reiches umschaffen und meinen Ratschluß ändern, damit das geschieht, was du willst, und nicht das, was ich will, und es nach deinem Wunsche geht, und nicht nach meinem Wunsche? Bei meiner Majestät, wenn sich dies noch einmal in deinem Herzen regt, so tilge ich dich aus der Liste der Propheten[1].« – Gott offenbarte David: »Du willst dies, und ich will das, und es wird das geschehen, was ich will; wenn du dich in das ergibst, was ich will, so gewähre ich dir, was

_____
[1] nach p

du willst; wenn du dich aber nicht darein fügst, so werde ich dir das, was du willst, zur Plage machen, und dann wird doch das geschehen, was ich will.« –

Fudail[1] sagt: »Wenn du nicht ertragen kannst, was Gott dir bestimmt, so kannst du auch nicht ertragen, was du selbst dir bestimmst.« – Ibn Mas'ûd[2] sagt: »Ich will mich lieber an glühenden Kohlen verbrennen, als daß ich von etwas nicht Geschehenem sagte: ›Ach wäre es doch geschehen!‹ oder von etwas Geschehenem: ›O wäre es doch nicht geschehen!‹« – In den israelitischen Geschichten wird erzählt, daß einem Diener Gottes, der sich lange Jahre im Dienste Gottes mühte, im Traum eine Hirtin gezeigt wurde, die seine Gefährtin im Paradiese sein sollte. Er fragte nach ihr, bis er sie fand, und blieb bei ihr drei Tage zu Gast, um zu sehen, worin ihr frommes Tun bestand. Aber wenn er des Nachts betete, so schlief sie, und wenn er des Tags fastete, so aß sie. Da fragte er sie: »Tust du weiter keine Werke, als was ich gesehen habe?« Sie sagte: »Nein, bei Gott, nichts als was du gesehen hast, und ich weiß nichts weiteres.« Er aber hörte nicht auf, in sie zu dringen, daß sie nachdenken sollte, bis sie schließlich sagte: »Ich habe eine kleine Tugend. Wenn ich in Not bin, wünsche ich mir nicht Wohlergehen, wenn ich krank bin, wünsche ich mir nicht Gesundheit, wenn ich in der Sonne stehe, wünsche ich mir nicht, im Schatten zu sein, und wenn ich im Schatten sitze, wünsche ich mir nicht, in der Sonne zu stehen.« Da legte der Mann die Hand auf sein Haupt und sprach: »Ist das eine kleine Tugend? Bei Gott, es ist eine sehr große Tugend, zu der die Diener Gottes zu schwach sind.« –

[1] s. S. 80   [2] s. S. 80

Von dem Wesen der Zufriedenheit und daß sie möglich ist auch
bei dem, was dem eigenen Begehren zuwiderläuft

Wisse: Wenn jemand sagt, der Mensch könne wohl bei den Dingen, die seinem Begehren zuwiderlaufen, im Leiden und in der Trübsal, Geduld und Standhaftigkeit zeigen, aber daß er damit zufrieden sei, das sei nicht denkbar, so bedeutet das nichts anderes, als daß er die Liebe selbst leugnet. Steht es aber fest, daß die Liebe zu Gott und die alleinige Richtung des Sinnes auf ihn denkbar ist, so liegt es am Tage, daß die Liebe als Frucht die Zufriedenheit mit dem, was der Geliebte tut, hervorbringen muß; und zwar kann dies auf zweierlei Weise geschehen.

Zum ersten kann das Gefühl des Schmerzes selbst verschwinden, so daß der Liebende es gar nicht spürt, wenn ihm ein Schmerz angetan, und es gar nicht merkt, wenn er verwundet wird; so wie jemand in der Hitze des Kampfes so von Wut oder Angst beherrscht sein kann, daß er die Wunde, die ihm geschlagen wird, nicht eher gewahr wird, bis er das Blut fließen sieht, oder wie einer, der voll Eifer einer Sache nachläuft, nicht gewahr wird, daß er sich einen Dorn in den Fuß gerannt hat, weil sein Herz so in Anspruch genommen ist, daß er den Schmerz nicht fühlt. – Das kommt daher, daß das Herz, wenn es ganz von einem Dinge in Anspruch genommen und ausgefüllt ist, die Möglichkeit der Empfindung für alles andere verliert. So kann es nun auch geschehen, daß einem Liebenden, dessen Sinn ganz durch den Anblick des Geliebten oder das Gefühl der Liebe zu ihm gefangen ist, etwas geschieht, was ihn sonst schmerzen oder bekümmern würde, er dies aber, weil sein Herz ganz von der Liebe hingerissen ist, gar nicht fühlt. Wenn etwas Derartiges schon möglich ist, wenn der Verursacher des Schmerzes ein anderer ist als der Geliebte, wieviel eher wird das möglich sein, wenn das Leid von dem Geliebten selber kommt! Denn nichts nimmt das Herz so gefangen und nichts zieht es so ab von allem anderen wie die Liebe. Wenn dies nun eine schwache Liebe bei einem leichten Schmerz bewirken kann, so kann es auch große Liebe bei heftigem Schmerz bewirken; denn so wie der Schmerz sich verdoppeln kann, kann auch die Liebe sich verdoppeln, und so wie die Liebe zu schönen äußeren Gestalten, die das äußere Auge wahrnimmt, sehr stark werden kann, so kann auch die Liebe zu schönen inneren Gestalten, die von dem Licht des inneren Gesichts wahrgenommen werden, sehr stark werden. Die Schönheit und Majestät der Gottheit aber ist mit keiner anderen Schönheit und Majestät zu vergleichen, und wem von ihr etwas enthüllt wird, der wird davon so hingerissen, daß er, verwirrt und betäubt, nichts mehr von dem wahrnimmt, was mit ihm geschieht.

Es wird erzählt, daß die Frau des Fatch el-Mausili[1] einst mit dem Fuß ausglitt und sich dabei einen Nagel ausriß. Sie aber lachte dazu, und als man sie fragte: »Fühlst du denn keinen Schmerz?«, antwortete sie: »Die Lust an der Belohnung ließ mich die Bitterkeit des Schmerzes nicht fühlen.« Sahl et-Tusteri[2] litt an einem Leiden, das er selbst bei anderen heilte, nicht aber bei sich selbst. Als einer ihm das vorhielt, sagte er: »Freund, weißt du nicht, daß die Schläge des Geliebten nicht wehe tun?«

Zum zweiten aber kann man den Schmerz wohl fühlen, ihn aber freiwillig auf sich nehmen, ja danach verlangen und ihn wünschen, ich meine, mit der Vernunft, wenn auch die Natur einen Widerwillen dagegen hat. So fühlt einer, der sich vom Chirurgen zur Ader lassen läßt, zwar den Schmerz der Operation, aber er nimmt ihn freiwillig auf sich und verlangt selbst danach und ist dem Chirurgen dankbar dafür; und so empfindet der Kaufmann, der in Geschäften reist, wohl die Beschwerden der Reise, aber der Gedanke an den Gewinn seiner Reise, dem seine Liebe gilt, versüßt ihm die Beschwerden und macht, daß er sie willig auf sich

[1] s. S. 104   [2] berühmter Sufi, gest. 283 oder 273 d. H. (896 oder 886)

nimmt. So wird auch der, den Gott mit Trübsal schlägt, wenn er den festen Glauben hat, daß der Lohn, der ihm dafür beschieden ist, größer sein wird als das, was er verloren hat, das Leiden willig auf sich nehmen, ja danach verlangen und es gern haben und Gott dafür danken.

Dies alles gilt für den Fall, daß er auf den Lohn und die Wohltat sieht, die ihm für den erlittenen Schmerz zuteil wird. Die Liebe kann aber auch so stark werden, daß der Liebende seinen Vorteil nur noch in dem Willen und dem Wohlgefallen des Geliebten findet, nicht in einem anderen, was dahinter stände, so daß also der Wille und das Wohlgefallen des Geliebten selbst der Gegenstand seines Liebens und Wünschens ist. Daß dies in der Liebe zwischen Menschen vorkommt, lehrt die Erfahrung, und es ist oft genug davon gesungen und gesagt worden. Aber bei alledem kommt es doch immer nur hinaus auf das Anschauen der Schönheit einer äußeren Gestalt mit dem äußeren Auge, und wenn du diese Schönheit recht betrachtest, so ist sie nichts als ein Stück Haut mit Fleisch und Blut, das mit Unrat angefüllt ist und dessen Anfang ein schmutziger Tropfen und dessen Ende ein abscheulicher Kadaver ist. – Betrachtest du aber das Organ, das diese Schönheit wahrnimmt, so ist es jenes armselige Auge, das so oft sich irrt und das Kleine für groß und das Große für klein, das Weite für nahe und das Häßliche für schön ansieht.

Wenn es aber möglich ist, daß schon diese Liebe solche Gewalt hat, wieviel mehr muß es dann möglich sein bei der Liebe zu jener ewigen, unendlich vollkommenen Schönheit, die von dem inneren Auge erschaut wird, das nicht dem Irrtum unterworfen ist und das auch der Tod nicht hinwegnimmt, sondern das nach dem Tode lebendig bleibt bei Gott, um sich der Gnadengabe Gottes zu freuen, und das durch den Tod nur größere Schärfe und Klarheit gewinnt! Dem aufmerksamen Blick zeigt sich dies ganz klar, und daß es solche Liebe gibt, das bezeugen die Geschichten und

Aussprüche der Liebenden selbst. – Dschuneid[1] erzählt:
»Ich fragte Sari es-Sakati[2]: ›Fühlt der Liebende den Schmerz
des Leidens?‹ Er sagte: ›Nein.‹ Ich sprach: ›Und wenn
man ihn mit dem Schwerte schlüge?‹ Er sagte: ›Nein, und
wenn man ihm siebzig Schwertstreiche hintereinander
gäbe.‹«

Ein anderer sagt: »Alles, was er wünscht, das wünsche ich
auch; und wenn er wünschte, daß ich in die Hölle ginge, so
ginge ich hinein.«

Bischr ibn el-Hârith, der Barfüßer[3], erzählt: »Ich traf in
der Oststadt von Bagdad einen Mann, der war mit tausend
Peitschenhieben gezüchtigt worden und hatte keinen Laut
dabei von sich gegeben. Darauf wurde er ins Gefängnis
geschleppt, und ich ging ihm nach und fragte ihn: ›Weshalb
bist du so geschlagen worden?‹ Er sagte: ›Weil ich verliebt
bin.‹ Ich sprach: ›Und warum hast du geschwiegen, als
man dich schlug?‹ Er sagte: ›Mein Geliebter stand mir gegenüber und sah mich an.‹ Da sagte ich: ›Wenn du nun den
großen Geliebten sähest?‹ Da schrie der Mann laut auf und
fiel tot zur Erde nieder.« –

Derselbe Bischr erzählt: »Als ich noch am Anfang des
Sufitums stand, kam ich nach Abbadân[4] und sah dort einen
blinden, aussätzigen Epileptiker am Boden hingestreckt,
und die Ameisen benagten sein Fleisch. Da nahm ich seinen Kopf in meinen Schoß und sprach Gebete für ihn.
Als er aber wieder zu sich kam, sprach er: ›Wer ist der Zu-
dringliche, der sich zwischen mich und meinen Herrn drän-
gen will? Wenn er mich in Stücke zerschnitte, so würde
ich ihn doch nur noch mehr lieben.‹« Seitdem, erzählt
Bischr, habe ich nie mehr daran Anstoß genommen, wenn
ich sah, daß ein Knecht Gottes von seinem Herrn gestraft
wurde. –

Es steht ja auch im Korân[5], daß jene Frauen, die Josephs

[1] s. S. 138 [2] s. S. 180 [3] s. S. 135 [4] durch ihren Sufikonvent berühmte
Stadt in Südbabylonien [5] vgl. Sure 12, 30 f.

Schönheit sahen, davon so hingerissen wurden, daß sie sich in die Hände schnitten, ohne es zu merken; und daß, als die Hungersnot in Ägypten ausbrach, die Leute hingingen und sein Antlitz betrachteten und so ihren Hunger vergaßen[1]. — Masrûk[2] erzählt: »Es lebte ein Mann in der Wüste, der hatte einen Hund und einen Esel und einen Hahn. Der Hahn weckte ihn und seine Leute zum Gebet, der Esel trug ihnen das Wasser und ihr Zelt, und der Hund bewachte sie. Da kam der Fuchs und holte den Hahn, und sie waren sehr bekümmert darüber. Der Mann aber war fromm und sprach: ›Vielleicht ist es zum Guten.‹ Darauf kam ein Wolf und riß dem Esel den Leib auf und tötete ihn, und sie waren sehr bekümmert darüber. Der Mann aber sprach: ›Vielleicht ist es zum Guten.‹ Endlich ging es mit dem Hunde ebenso, und wieder sprach der Mann: ›Vielleicht ist es zum Guten.‹ Als sie nun eines Tages aufwachten und um sich schauten, da waren alle Bewohner rings umher als Sklaven weggeschleppt und sie allein übrig geblieben, denn die andern waren durch die Stimmen ihrer Hunde und Esel und Hähne verraten worden. So war der Verlust dieser Tiere für sie zum Guten gewesen, so wie es Gott bestimmt hatte.«

Wer daher die verborgene Güte Gottes erkennt, der ist zufrieden mit dem, was er tut, in allen Lagen. Es wird berichtet, daß Jesus an einem Blinden und Gelähmten vorüberkam, dem das Fleisch vor Aussatz abfiel und der sprach: »Preis sei Gott, der mich geheilt hat von dem Leiden, mit dem er so viele Menschen heimgesucht hat.« Jesus sprach zu ihm: »O Mann, was für ein Leiden gibt es denn noch, von dem du verschont wärest?« Er antwortete: »O Geist Gottes, mir geht es besser als denen, die die Erkenntnis Gottes entbehren müssen, die Gott mir ins Herz gegeben hat.« Da sprach Jesus: »Du hast wahr gesprochen, gib mir deine Hand!« Und als er ihm die Hand gab, da war er auf einmal der schönste Mann von Angesicht und Gestalt, und

[1] gekürzt nach p   [2] s. S. 106

Gott hatte ihn von seiner Krankheit befreit, und er folgte Jesus nach und diente Gott mit ihm. – Ibn Mas'ûd[1] pflegte zu sagen: »Reichtum und Armut sind zwei Reittiere; es ist mir gleich, auf welchem von beiden ich reite. Der Reichtum gibt mir die Fülle der Gaben, die Armut gibt mir die Geduld.« –

Man fragte einen der Erkennenden: »Hast du die letzte Stufe der Zufriedenheit erreicht?« Er sagte: »Die letzte Stufe nicht, aber eine Station darin habe ich erreicht. Wenn Gott mich als Brücke über die Hölle spannen wollte, damit die Menschen auf mir zum Paradiese schritten, und dann die Hölle mit mir ausfüllen wollte an Stelle seiner Geschöpfe, um seinen Eid einzulösen, so würde ich seinen Ratschluß wünschen und damit zufrieden sein.« Der das sagte, wußte, daß die Liebe seinen Sinn so umfangen hatte, daß er die Pein des Höllenfeuers nicht fühlte und daß, wenn ein Gefühl noch übrig bliebe, die Freude darüber, daß mit seiner Verstoßung in die Hölle der Wille des Geliebten an ihm geschähe, dies Gefühl übertäuben würde.

Solch eine Stufe der Liebe ist an sich nicht unmöglich, wenn freilich sie auch weit über das hinausgeht, was unsere Schwachheit vermag. Aber der Schwache soll nicht befremdlich finden, was der Starke vermag, und niemand soll glauben, daß das, was er zu tun nicht imstande ist, den Heiligen unmöglich sei. – Imrân ibn el-Hussein[2] litt an der Wassersucht und lag auf seinem Rücken auf einer Bettstelle dreißig Jahre lang und konnte nicht stehen und nicht sitzen. Einst besuchte ihn Mutarrif[3] mit seinem Bruder Abu l-Alâ[4] und begann zu weinen, als er ihn in diesem Zustand sah. Da sagte Imrân zu ihm: »Warum weinst du?« Er sprach: »Ich weine, weil ich dich in diesem schrecklichen Zustand sehe.« Er sagte: »Weine nicht! Das, was Gott lieb ist, ist auch mir lieb.« Dann sagte er: »Ich will dir etwas erzählen,

[1] s. S. 80   [2] gest. 52 d.H. (672)   [3] gest. 95 d.H. (714)   [4] gest. 111 d.H. (729)

das dir, so Gott will, vielleicht helfen wird, verschweig es aber bis zu meinem Tode. Wisse: Die Engel besuchen mich, und ich genieße ihre trauliche Nähe, und sie grüßen mich, und ich höre ihren Gruß; und daher weiß ich, daß dies Leiden keine Strafe ist, weil ich dadurch solcher Gnadengabe teilhaftig geworden bin.« Wer solches in seinem Leiden erlebt, wie sollte er nicht damit zufrieden sein? – Als Sa'd ibn abi Wakkâs[1] nach seiner Erblindung nach Mekka kam, drängten sich die Leute um ihn und baten ihn, für sie zu beten, denn er hatte die Gabe des erhörlichen Gebets, und er betete für jeden einzelnen. Abdallâh ibn es-Sâib[2] erzählt: »Damals ging ich – ich war zu der Zeit noch ein Jüngling – zu ihm hin, machte mich ihm bekannt und sprach zu ihm: ›Oheim, du betest für die Leute, aber wenn du doch für dich selbst beten wolltest, so würde Gott dir dein Augenlicht wiedergeben!‹ Da lächelte er und sprach: ›Mein Sohn, der Wille Gottes gilt mir mehr als mein Augenlicht[3].‹« Einem Sufi ging einst sein Söhnchen verloren, und man wußte drei Tage lang nicht, wo es geblieben war. Da sagte man zu ihm: »Willst du nicht Gott bitten, daß er dir deinen Sohn zurückschickt?« Er sagte: »Mich dem Willen Gottes zu widersetzen, ist mir schrecklicher als der Verlust meines Sohnes.« –

Einige Leute besuchten Schibli[4] im Irrenhaus, in das man ihn eingesperrt hatte. Er fragte sie: »Wer seid ihr?« Sie sagten: »Wir sind Leute, die dich lieben.« Da begann er, mit Steinen nach ihnen zu werfen, die er um sich gesammelt hatte, so daß sie eilends die Flucht ergriffen. Da sprach er: »Was fällt euch ein? Ihr behauptet doch, mich zu lieben; wenn ihr ehrlich wäret, so müßtet ihr es ertragen, wenn ich euch plage.« –

[1] hervorragender Genosse des Propheten, durch seine kriegerische Tüchtigkeit, insbesondere seine Fertigkeit im Bogenschießen berühmt, gest. 55 d. H. (675)   [2] »Nachfolger«, als Koranlehrer der Mekkaner bekannt, gest. um 72 d. H. (692)   [3] gekürzt   [4] Sufi aus Bagdad, gest. 334 d. H. (945)

Wenn du diese Erzählungen betrachtest, so wirst du erkennen, daß die Zufriedenheit mit dem, was dem eigenen Begehren zuwider ist, nicht unmöglich ist, sondern daß sie eine wichtige Station von den Stationen der Frommen ist. Was aber bei der Liebe zu Menschen und irdischen Gütern möglich ist, ist auch möglich bei der Liebe zu Gott und zu jenseitigen Gütern, und zwar gibt es zu dieser Möglichkeit zwei Wege. Der eine besteht darin, daß man in den Schmerz willigt um eines Lohnes willen, der dafür erwartet wird, so wie man sich freiwillig zur Ader lassen läßt und bittere Heilmittel trinkt, weil man davon die Heilung eines Leidens erwartet, der andere darin, daß man nicht deswegen den Schmerz willig erträgt, weil man auf einen Vorteil hofft, der dahinter steht, sondern weil es der Wille des Geliebten ist und es ihm so gefällt. Denn die Liebe kann so stark werden, daß der Wille des Liebenden ganz in dem des Geliebten aufgeht und es für ihn keine größere Lust gibt, als daß der Geliebte sich freue und zufrieden sei und daß sein Wille geschehe, auch wenn er für den Liebenden den Tod bedeutet. – Das ist möglich, auch wenn das Gefühl des Schmerzes bestehen bleibt. Zuweilen kann aber die Liebe eine solche Gewalt haben, daß sie die Empfindung des Schmerzes selbst übertäubt; Deduktion, Erfahrung und Augenschein beweisen, daß das vorkommt. Wer aber dies nicht bei sich selbst erlebt hat, der hat doch kein Recht, es zu leugnen, denn er kennt es nur deswegen nicht, weil ihm die Ursache fehlt, der Überschwang der Liebe. Und wer die Liebe nicht geschmeckt hat, der weiß auch nichts von den Wundern, die sie zuwege bringen kann. Gibt es doch Wunder der Liebe, die noch größer sind als das, was wir beschrieben haben.

Amr ibn el-Hârith er-Râfiki erzählt: »Ich war in Rakka in einer Gesellschaft bei einem Freunde; und unter uns war ein Jüngling, der eine musikkundige Sklavin liebte, die auch mit in unserer Gesellschaft war. Die schlug die Laute und sang:

›Der Liebe bittre Not zeigt sich durch Weinen an,
Wie erst, wenn der, der liebt, sie niemand klagen kann!‹

Da sagte der Jüngling zu ihr: ›Wahrlich, du hast schön gesungen, Herrin. Erlaubst du mir, daß ich sterbe?‹ Sie sagte: ›Stirb immerzu!‹ Da legte er sein Haupt auf das Kissen und schloß den Mund und die Augen; und als wir ihn schüttelten, war er tot.«

Dschuneid[1] erzählt: »Ich sah einen Mann sich demütig flehend an den Ärmel eines Knaben hängen und ihm seine Liebe bezeugen. Der Knabe wandte sich nach ihm um und sprach: ›Wie lange willst du dies heuchlerische Spiel noch treiben?‹ Sprach der Mann: ›Gott weiß, daß ich es ehrlich meine mit dem, was ich sage. Wenn du mir befiehlst zu sterben, so sterbe ich.‹ Sprach der Knabe: ›So stirb denn, wenn du ehrlich bist!‹ Da trat der Mann zur Seite und schloß die Augen und war tot.« –

Wenn man solche Dinge in der Liebe zu Geschöpfen für möglich hält, so muß man sie erst recht in der Liebe zum Schöpfer für möglich halten, denn das innere Auge sieht wahrer als das äußere, und die Schönheit der Gottheit überstrahlt alle andere Schönheit, ja alle Schönheit in der Welt ist nur ein Gnadengeschenk jener Schönheit. Aber wer kein Gesicht hat, der leugnet die Schönheit der sichtbaren Form, und wer kein Gehör hat, der leugnet die Schönheit der Melodien und rhythmischen Weisen, und wer kein Herz hat, der muß notwendig jene höchste Lust leugnen, die allein das Herz empfinden kann.

Manche[2] Leute aber haben gesagt, es gehöre zur Zufriedenheit auch dies, daß man nicht bete und Gott um nichts, was nicht schon da ist, bitte und mit allem, was vorhanden ist, zufrieden sei und daher auch keine Sünde und Übeltat mißbillige, da auch sie auf dem Ratschluß Gottes beruhe, und aus keiner Stadt, in der die Sünde oder die Pest herrsche,

[1] s. S. 138 [2] das folgende nach p

fliehe, weil das eine Flucht vor dem Ratschluß Gottes sei. Das alles ist falsch. Was das Gebet anlangt, so hat der Prophet selbst gebetet und das Gebet geboten und dazu angehalten, da er sagt: »Das Gebet ist das Mark des Dienstes Gottes.« Und tatsächlich ist doch auch die Wirkung des Gebetes die, daß der Mensch im Herzen ergriffen und zerknirscht und demütig wird und seine Ohnmacht und Niedrigkeit fühlt und bei Gott seine Zuflucht sucht. Das alles aber sind gute Eigenschaften. Und ebensowenig wie es der Ergebung in den Ratschluß Gottes zuwiderläuft, zu essen, um den Hunger, zu trinken, um den Durst, und sich zu bekleiden, um die Kälte abzuwehren, ebensowenig widerspricht es der Zufriedenheit mit Gottes Ratschluß, daß man betet, um von einem Leiden erlöst zu werden. Ja bei allen Dingen, für die ein Mittel erschaffen ist, das zu benutzen uns geboten ist, heißt das gerade sich dem Ratschluß Gottes widersetzen, wenn man dies Gebot nicht befolgt und das festgesetzte Mittel nicht benutzt.

Daß man aber mit der Sünde einverstanden sein soll, wie könnte das erlaubt sein, da uns das doch ausdrücklich verboten und gesagt worden ist, daß Billigung der Sünde Teilnahme an ihr bedeutet. Es heißt: »Wenn ein Mensch im Osten ermordet wird und im Westen ist einer, der den Mord billigt, so ist er mitschuldig daran.«

Denn die Sünde ist zwar durch den Ratschluß Gottes bedingt, sie hat aber ein doppeltes Gesicht. Beim Menschen ist sie freier Entschluß und ein Zeichen, daß er Gott verhaßt ist, bei Gott aber ist sie Gottes Ratschluß und Bestimmung.

Insofern es nun Gottes Ratschluß ist, daß die Welt nie von Unglauben und Sünde frei sein soll, muß man sich damit zufrieden geben. Insofern die Sünde aber freier Entschluß des Menschen und eine Eigenschaft von ihm und ein Zeichen seiner Gottverhaßtheit ist, darf man sich nicht damit zufrieden geben. Das ist kein Widerspruch, denn wenn z. B. ein Mensch den Tod eines Feindes erfährt, der zugleich der

Feind eines anderen Feindes von ihm war, so wird er darüber sowohl traurig als auch froh sein, froh in der einen und traurig in der anderen Hinsicht. Einen Widerspruch gibt es immer nur da, wo das eine dem andern in derselben Hinsicht entgegengesetzt ist[1].

Ebenso soll man auch aus einem Ort, wo die Sünde überhand genommen hat, fliehen. Heißt es doch im Worte Gottes: »Herr, führe uns aus diesem Dorf, dessen Bewohner Frevler sind[2].« Auch sind die Alten immer aus solchen Städten geflohen, denn die Sünde steckt an, und wenn sie es nicht tut, so breitet sich doch die Heimsuchung und Strafe, die durch sie kommt, auf alle aus. »Fliehet die Versuchung, denn durch sie werden nicht allein die unter euch, die gefrevelt haben, betroffen[3].« Wenn sich jemand an einem Ort aufhält, wo sein Auge auf ein Weib fällt, das ihm verboten ist, und von dort flieht, so widerstreitet das der Ergebung in den Ratschluß Gottes nicht, und wenn in einer Stadt Not und Hunger herrscht, so ist es auch erlaubt, sie zu verlassen, es sei denn, daß die Not in einer Seuche bestände, dann ist das Fortgehen verboten; denn wenn dann die Gesunden fortgehen würden, so würden die Kranken ohne Pflege bleiben. Bei allen anderen Plagen aber gilt das nicht, sondern da soll man sich, wie es geboten ist, der Mittel bedienen, so wie sie einmal festgesetzt sind. Dann aber, wenn dies Gebot erfüllt ist, soll man mit dem zufrieden sein, was Gott beschließt, und wissen, daß darin das Heil besteht.

[1] Diese Argumentation wird im arabischen Text ausführlicher entwickelt [2] Sure 4, 77 [3] Sure 8, 25